中小企業の戦略
― 戦略優位の中小企業経営論 ―

井上善海 編著

瀬戸正則
小寺崇之
木下良治
増田幸一
山本公平
大杉奉代
中井 透　著
遠原智文
森 宗一
山本久美
木村 弘
遠藤真紀
奥居正樹

同友館

は　し　が　き

―グローバル・リセッションと中小企業―

　国際金融危機に端を発した世界的な景気低迷（グローバル・リセッション）は，輸出関連型の大企業だけでなく，わが国中小企業にも大きな影響を与えている。しかし，そのような環境激変の中でも，変化（change）を機会（chance）ととらえ，果敢に挑戦（challenge）する中小企業が数多く見られる。
　これらの企業に共通するのは，本書の序章でも取り上げる「自社を取り巻く経営環境の変化に敏感に反応し適応している」「他社とは異なった事業の仕組みをつくっている」「自社の将来像を描いている」戦略的な企業である。言い換えれば，浮足立つことなく，経営の基本に忠実に，将来を見据えている企業でもある。

―中小企業の戦略研究の意義―

　軍事用語の「戦略（strategy）」が企業経営の場に登場してから，これまで数多くの研究者やコンサルティングファームにより戦略の理論が体系化され，今や大企業を中心に戦略を策定し実行していくことは当たり前の世界となっている。
　しかしながら，中小企業に目を向けてみると，未だ戦略とは無縁の成り行き型の経営を行っている企業が多く見受けられる。大企業に比べて企業規模が小さく従業員数も少ないことから，経営者の目が隅々まで行き届き，戦略など無用だと言われればそれまでだが，自社の将来像を描く戦略を持たずに本当に長期的な企業成長が望めるのだろうか。
　これには，われわれ研究者にも責任の一端があるような気がする。戦略の研究と言えば，大企業を対象としたものがほとんどで，中小企業を対象とした戦略研究が十分ではなかった。中小企業はただ単に大企業を小さくしたものではなく，経営特性面で質的に大きく異なっている。たとえば，大企業と比較して

非組織的な意思決定がなされる割合が高いことや，経営資源面で質・量ともに限りがあることなどがあげられる。

このような大企業とは異質な経営特性を持つ中小企業に，大企業と同じような戦略理論をそのまま適用してもうまくいくはずがない。中小企業には中小企業に合った戦略の理論が必要なはずである。かといって，これまでに構築されてきた戦略理論をまったく無視することも現実的ではない。要は，これまでに築かれてきた戦略理論を，中小企業に適合させるための応用・展開の理論が必要なのである。

―本書の構成―

以上のような目的から編集し2008年に刊行した『中小企業の成長と戦略』(同友館)が予想外に市場で受け入れられ，たちまち増刷しなければならなくなった。また，市場に出した後，先輩諸氏から多数の論評やアドバイスをいただいた。そこで，このまま単に増刷するのではなく，増補改訂を行うことにした。しかし，作業を始めた矢先，グローバル・リセッションに陥り，本書の研究対象である中小企業も厳しい経営環境下に置かれることになった。こうなると，増補改訂レベルでは対応が難しくなる。出版社の編集担当者とも話し合い，思い切って全く新しい編著書として刊行することにした。既存章については経営環境の激変を受け大幅な加筆修正を，中小企業の戦略として不足していると考えられる項目については新たに4つの章を付け加えた。それが本書『中小企業の戦略』である。

本書では，中小企業の戦略を，「基本戦略」「成長戦略」「競争戦略」の3つの視点から考察している。第1部の基本戦略では，中小企業の戦略の基本となる「理念経営」「意思決定」「共同経営」「事業承継」について，第2部の成長戦略では，中小企業が持続的成長を図るための戦略である「新事業開発戦略」「多角化戦略」「M&A戦略」「グローバル戦略」について，第3部の競争戦略では，中小企業が厳しい競争を勝ち抜くための戦略である，「競争優位戦略」「OEM戦略」「ネットワーク戦略」「環境経営戦略」について，それぞれの理論

を考察した上で,実際の中小企業の戦略展開を実態調査や事例調査により明らかにしている。

また,序章では,中小企業の戦略行動や戦略展開に必要とされる人材の育成と業績との関係について,終章では,中小企業の戦略実現とその評価の具体的な手法について,実態調査や事例調査をもとに明らかにしている。

―謝辞―

　実態調査に回答していただいた企業や事例調査に応じていただいた企業の方々には,貴重な資料やご意見を数多く頂戴した。これらの企業の協力がなければ本書は日の目を見なかったであろう。この場を借りてお礼申し上げたい。事例企業については,より具体的に内容を理解できるよう,経営者の方々に許しをいただき企業名を明示しているものもある。

　なお,本書における事例分析は,中小企業の戦略実態について考察したものであり,事例企業の優劣について考察したものではないことを断わっておく。本書の研究はまだ始まったばかりで,十分な考察ができているかと言えば心もとない。読者の方々からの忌憚のないご批判を賜れば幸いである。

　最後に,出版事情が厳しい中,本書を出版する機会を与えていただいた株式会社同友館脇坂康弘社長と,編集を担当していただいた出版部の佐藤文彦氏に,お礼申し上げたい。

2009年7月

　　　　　　　　　　　　　　　　　　　　　　　編著者　井上　善海

目　次

はしがき

序　章　中小企業の戦略行動と人材育成　7
　Ⅰ　はじめに　7
　Ⅱ　中小企業の戦略行動と業績との関係　8
　Ⅲ　中小企業の人材育成と業績との関係　20
　Ⅳ　考察　24
　Ⅴ　おわりに　26

第1部　中小企業の基本戦略

第1章　中小企業の戦略と理念経営　31
　Ⅰ　はじめに　31
　Ⅱ　中小企業と理念経営の理論　32
　Ⅲ　中小企業における理念経営の実際　40
　Ⅳ　おわりに　50

第2章　中小企業の戦略と意思決定　53
　Ⅰ　はじめに　53
　Ⅱ　中小企業と意思決定の理論　53
　Ⅲ　中小企業における意思決定の実際　58
　Ⅳ　おわりに　70

第3章　中小企業の戦略と共同経営　73
　Ⅰ　はじめに　73
　Ⅱ　中小企業と共同経営の理論　74
　Ⅲ　中小企業における共同経営の実際　82
　Ⅳ　おわりに　95

第4章　中小企業の戦略と事業承継　99
　Ⅰ　はじめに　99
　Ⅱ　中小企業と事業承継の理論　100
　Ⅲ　中小企業における事業承継の実際　104
　Ⅳ　おわりに　114

第2部　中小企業の成長戦略

第5章　中小企業の成長と新事業開発戦略　119
　Ⅰ　はじめに　119
　Ⅱ　中小企業と新事業開発戦略の理論　119
　Ⅲ　中小企業における新事業開発戦略の実際　127
　Ⅳ　おわりに　136

第6章　中小企業の成長と多角化戦略　139
　Ⅰ　はじめに　139
　Ⅱ　中小企業と多角化戦略の理論　140
　Ⅲ　中小企業における多角化戦略の実際　147
　Ⅳ　おわりに　157

第7章　中小企業の成長とM&A戦略　161
　Ⅰ　はじめに　161
　Ⅱ　中小企業とM&A戦略の理論　162
　Ⅲ　中小企業におけるM&A戦略の実際　168
　Ⅳ　おわりに　177

第8章　中小企業の成長とグローバル戦略　181
　Ⅰ　はじめに　181
　Ⅱ　中小企業とグローバル戦略の理論　182
　Ⅲ　中小企業におけるグローバル戦略の実際　186
　Ⅳ　おわりに　194

第3部　中小企業の競争戦略

第9章　中小企業の競争と競争優位戦略　199
　Ⅰ　はじめに　199
　Ⅱ　中小企業と競争優位戦略の理論　200
　Ⅲ　中小企業における競争優位戦略の実際　207
　Ⅳ　おわりに　214

第10章　中小企業の競争とOEM戦略　217
　Ⅰ　はじめに　217
　Ⅱ　中小企業とOEM戦略の理論　218
　Ⅲ　中小企業におけるOEM戦略の実際　221
　Ⅳ　おわりに　231

第11章　中小企業の競争とネットワーク戦略　233
　Ⅰ　はじめに　233
　Ⅱ　中小企業とネットワーク戦略の理論　234
　Ⅲ　中小企業におけるネットワーク戦略の実際　238
　Ⅳ　おわりに　248

第12章　中小企業の競争と環境経営戦略　251
　Ⅰ　はじめに　251
　Ⅱ　中小企業と環境経営戦略の理論　252
　Ⅲ　中小企業における環境経営戦略の実際　257
　Ⅳ　おわりに　266

終　章　中小企業の戦略実現と評価　271
　Ⅰ　はじめに　271
　Ⅱ　BSCによるナビゲーション経営　273
　Ⅲ　BSCの構築プロセス　279
　Ⅳ　戦略マップに見る中小企業の戦略　284
　Ⅴ　おわりに　292

索　引　294

序章　中小企業の戦略行動と人材育成

I　はじめに

　本章では，中小企業の戦略的な経営行動と業績との関係を明らかにすることを目的としている。具体的には，筆者が実施した中小企業5,000社を対象とした実態調査の結果から中小企業の戦略行動と人材育成に関する部分を抽出し考察を試みる[1]。

　戦略の概念については，これまでさまざまな議論がなされてきたが，多様で一般的な定義というものはない。ただ，戦略論の創始者であるチャンドラー（Chandler）やアンゾフ（Ansoff）以降の主な定義からキーワードを抽出し整理してみると，「環境」「資源」「行動」「競争」「長期」「目的」「構想」「意思決定」といった用語に集約できる（井上・佐久間［2008］）。

　本章における中小企業の戦略行動についての考察に当たっては，これらの用語を「環境適応」「事業の優位性」「将来構想」の３つに再集約したものを視座とし，業績（過去３期の売上高・営業利益の傾向）との関係について分析・評価を行った[2]。その結果から，売上高・営業利益ともに毎年連続して増加している中小企業と売上高・営業利益ともに毎年連続して減少している中小企業との経営行動の違いが明確となり，中小企業の戦略的な経営行動と業績との関係を明らかにすることができた。

　また，日本の労働市場では，若年の就業状況悪化と労働力の高齢化といった構造的な変化に直面し，終身雇用制や年功序列賃金制の見直しなど企業の雇用慣行の変化がもたらされている。このような日本の労働市場の大きな変化の中で，中小企業も人材確保や育成面で大きな影響を受けている。

　そこで，中小企業の戦略展開上必要とされる人材の効果的な育成法を探るこ

とを目的に，人材育成と業績との関係についても分析・評価を行った。その結果から，売上高・営業利益ともに毎年連続して増加している中小企業と，売上高・営業利益ともに毎年連続して減少している中小企業との人材育成方法のタイプの違いが明確となり，従業員の能力開発意欲が高く，研修やキャリア開発よりも自己啓発を重視している中小企業の方が，売上高・営業利益ともに毎年連続して増加していることが明らかになった。

II 中小企業の戦略行動と業績との関係

1. 環境適応と中小企業

(1) 戦略論における「環境適応」の位置づけ

企業は政治・経済・社会・文化といったマクロ環境から，顧客・競合・業界といったタスク環境までの多様な環境要因と交換関係を持つオープンシステムである。しかし，大半は企業側からの制御が難しく，また，変化が複雑かつ不確定であることから，企業としてはこれらの環境変化にいかに適応していくかということが最大関心事となる。この環境適応のパターンを指し示すのが戦略の役割である（アンゾフ（Ansoff [1965]），ホファー＆シェンデル（Hofer & Schendel [1978]））。

企業進化論の考え方からすると，企業は環境への適応を図っていく有機体であり，自らが変化しながら，環境へ創造的に適応を果たそうとしていくものとされる（野中 [1985]）。そして，企業はそのような自己革新を行っていくことにより，寿命を克服できる。つまり，企業は絶え間ない革新（innovation）の連続を遂行してこそ生き残り，成長が図られるのである。いうなれば，革新を時限的なプロジェクトとしては考えず，革新の常態化を目指す発想が必要なのである。

また，対峙する環境の変化が構造変革を迫るほど激しい場合には，企業を支える価値体系そのものまでを見直すような根本的な革新が行われなければならなくなる。なぜならば，環境の変化が激しい場合には，これまで抱いてきた価値前提を大いに揺るがし，価値前提の変更を促すからである。そして，価値前

提の変更はそのまま企業の意思決定システムの変更にもつながり，意思決定に必要な意味情報まで変わってくるからである。

そこで本節では，1番目の視座として「環境適応」を設定し分析を行う。

(2) 調査結果

・「売上高・営業利益」と「これまでに経験した経営上の問題」との関係

調査対象企業がこれまでに経験した経営上の問題は，「一般的な経済環境（不況など）が予想以上に変化した」(47.1%)，「業界の経営環境（技術革新，新規参入など）が予想以上に変化した」(42.8%)，「必要なときに必要な人材が得られなかった」(42.8%) の順となっている。

これを，過去3期の売上高と営業利益の傾向とクロス分析[3]すると，売上高・営業利益が毎年連続して増加している企業ほど「必要なときに必要な人材が得られなかった」の割合が高く，売上高・営業利益が毎年連続して減少している

図表0－1　売上高とこれまでに経験した経営上の問題との関係

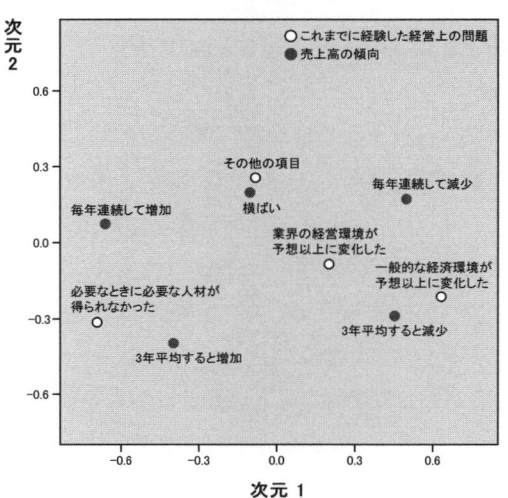

図表0-2 営業利益とこれまでに経験した経営上の問題との関係

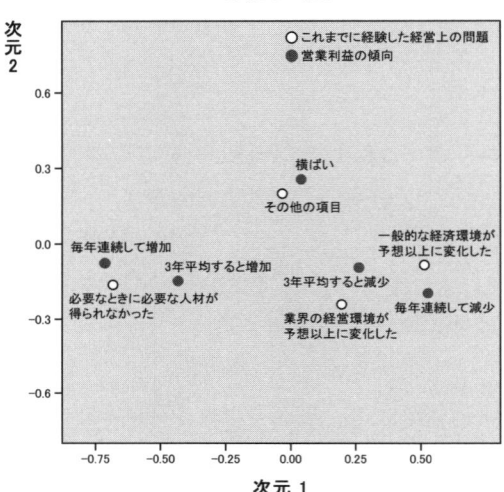

企業ほど「一般的な経済環境（不況など）が予想以上に変化した」「業界の経営環境（技術革新・新規参入など）が予想以上に変化した」の割合が高いことがわかった（図表0-1，0-2）。

(3) 発見事実と評価

今回の調査結果から，自社を取り巻く経営環境の変化に適応できなかった企業は売上高・営業利益が毎年連続して減少しており，「環境適応」と業績との関係が明らかになった。さらに，売上高・営業利益が毎年連続して増加している企業が，「必要なときに必要な人材が得られなかった」のは，経営環境の変化にうまく適応し事業が成長軌道に乗っているにもかかわらず，事業規模に見合う人材が質・量ともに充足できていないことを示している。業績が好調な中小企業でも人材確保・育成が難しく重要な経営課題となっている状況がうかがえる。

ダフト（Daft［2001］）は，経営環境が組織に影響を与える基本的な2つの側面として，「環境についての情報の必要性」と「環境から得る資源の必要性」

をあげている。経営環境が複雑化して変化しやすいときは，情報を集め，その情報をもとに対応していかなければならず，また，経営資源の希少性に関心を向け，確実に資源を利用できるようにしておかなければならない。このことからすると，売上高・営業利益が毎年連続して減少している企業は，前者の段階ですでに対応できない状態に陥っており，売上高・営業利益が毎年連続して増加している企業の場合でも，後者の段階で課題（人材確保・育成難）が発生していることになる。

2．事業の優位性と中小企業

(1)　戦略論における「事業の優位性」の位置づけ

　ポーター（Porter [1980]）は，競争の基本戦略を「コスト・リーダーシップ」「差別化」「集中」の３つにまとめ，少なくともこのうちの１つにおいて優位性を構築することが必要であると指摘している。また，ホール（Hall [1980]）は米国の陸運業界における戦略研究から，差別化の度合いが高く単位コストが適切であれば，企業は高い収益性を達成することを見出している。ピュンピン（Pumpin [1987]）も企業が優位性を獲得する方法として，「差別化」と「低コスト」をあげ，最も魅力的な組み合わせは低コストと高差別化の組み合わせであり，次に望ましいのが純粋な差別化であるとしている。

　差別化とは，ポーターによれば，企業の提供する製品やサービスが業界を通じてユニークであると感じられる何かを企業がつくり出すことである。差別化を行うには，通常，２つのレベルが考えられる。製品・サービスレベルの差別化と事業の仕組みレベルの差別化である（伊丹・加護野 [1993]）。

　製品・サービスレベルの差別化とは，競合他社の製品と品質や性能，価格などの面において違いをつくる方法である。しかし，近年では分解工学（reverse engineering）の発達により，模倣が短期間のうちに容易となり優位性を維持させることが難しくなってきていることから，後者の事業の仕組みレベルでの差別化が重要となってきている。

　事業の仕組みレベルの差別化とは，経営資源を活用した事業の仕組みの面に

おいて違いをつくる方法である。仕組みレベルでの優位性は、それを構成する経営資源の蓄積に時間がかかることや、製品・サービスとは異なり仕組み自体が外部からは見えにくいことなどから、一般に模倣が難しいと言われる。このため、事業の仕組みレベルでの差別化は、長期間に渡って優位性を持続させることが可能となる。

さらに、事業の仕組み構築はドメインの定義と深く関わる。ドメインの定義とは、「わが社の事業は何か」との重要な質問に答えるものであり、自社の生存領域または事業領域といった戦略空間を決定することである。レビット（Levitt［1960］）は、ドメインの定義について、製品に基づいてなされた物理的定義は「近視眼的」となり、将来の成長の方向性を見誤ることになることから、市場の基本的なニーズに関連させて事業を定義する機能的定義が望ましいとした。

しかし、レビットの言う機能的定義では、反対に事業の定義があまりに広すぎて役に立たないとの批判も出てきたことから、ドメインの定義を「顧客層」と「技術」の2次元で捉える考え方が一般的となった。顧客層とは、顧客を地理、人口統計、ライフスタイルなどといった基準によってセグメントしグループ化したものである。技術とは、製品やサービスの根源となる企業が持つ中核的な能力や資源のことである。この2次元でドメインの定義を考えることにより、環境変化に合わせて自社事業の領域・範囲を拡大、縮小することが可能となった。

その後、エーベル（Abell［1980］）は、伝統的な顧客層と技術の2次元による定義に、「顧客機能」を加えた3次元でドメインを定義することを提唱した。顧客機能とは、製品やサービスが満たすべき顧客ニーズのことである。市場が成熟し、顧客ニーズが多様化してくると、単にターゲットとする顧客層を明確にしただけの製品やサービスだけでは顧客の満足を得られず、顧客が求める製品やサービスに対する機能を明確にしたドメインが必要となってきたからである。

そこで本節では、2番目の視座として「事業の優位性」を設定し分析を行う。

(2) 調査結果

・「売上高・営業利益」と「事業の優位性」との関係

調査対象企業における事業の優位性は,「製品・サービス面で他社と差別化できている」(25.4％) が最も多く,「有効な取引先・人脈などを持っている」(17.1％),「特にない」(13.1％) の順となっている。

これを,過去3期の売上高と営業利益の傾向とクロス分析すると,売上高・営業利益が毎年連続して増加している企業ほど「製品・サービス面で他社と差別化できている」「有効な取引先・人脈などを持っている」の割合が高く,売上高・営業利益が毎年連続して減少している企業ほど「特にない」の割合が高いことがわかる (**図表0－3, 0－4**)。

・「企業の成長段階」と「ターゲット市場の絞り込み」との関係

調査対象企業の市場の絞り込み方は,「顧客や顧客層を絞り込む」(39.0％) が最も多く,次いで「特に絞り込んでいない」(32.0％) の順となっている。

図表0－3　売上高と事業の優位性との関係

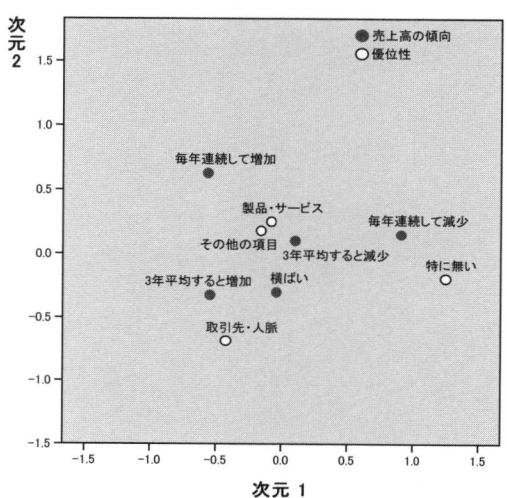

図表0-4　営業利益と事業の優位性との関係

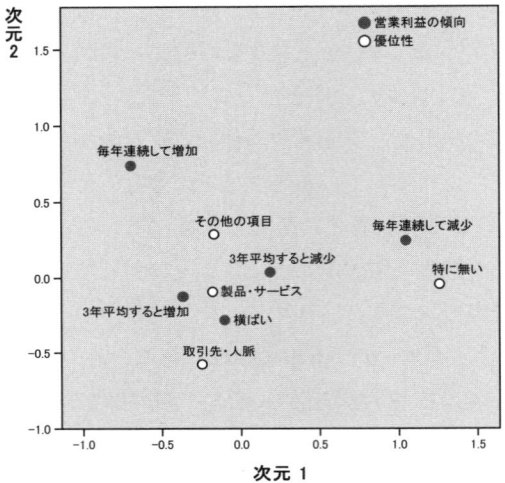

図表0-5　成長段階とターゲット市場の絞り込みとの関係

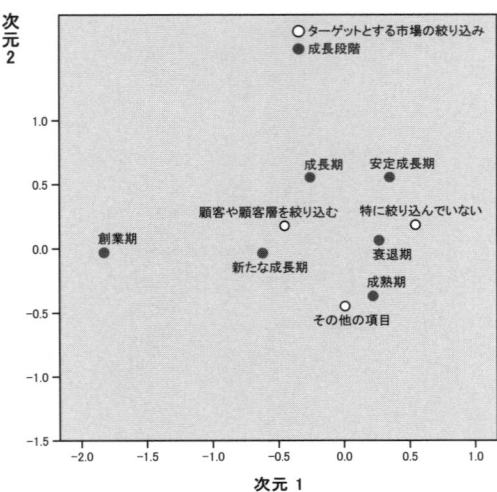

これを，企業の成長段階[4]とクロス分析すると，成長期に位置する企業では「顧客や顧客層を絞り込む」の割合が高く，成熟・衰退期に位置する企業では「特にない」の割合が高くなっていることがわかる（図表0－5）。

(3) 発見事実と評価

今回の調査結果から，製品・サービス面や取引先・人脈などの面で他社と差別化できている企業は売上高・営業利益が毎年連続して増加しており，他社との差別化ができていない企業は売上高・営業利益が毎年連続して減少していることから，「事業の優位性」と業績との関係が明らかになった。

また，売上高・営業利益が毎年連続して増加している企業は製品・サービスレベルの差別化のみならず，「有効な取引先・人脈」などといった経営資源を活用した事業の仕組みレベルでの差別化まで取り組み，事業の優位性を発揮していることがわかった。

次に，事業の仕組みを構築する際に重要な「ターゲット市場の絞り込み」が企業の成長段階とどのように関係しているかを見てみると，環境変化に合わせて顧客や顧客層を絞り込むことによって，自社のドメインを明確に定義し事業展開を行っている企業が成長期に多く，絞り込みを特に行わずドメインがあいまいな企業は成熟・衰退期に多いことが明らかになった。

3．将来構想と中小企業

(1) 戦略論における「将来構想」の位置づけ

従来は長期経営計画が企業の長期的な成長・発展を図る基本的方向性を指し示す役割を担っていたが，企業を取り巻く経営環境の変化が一段と激しくなってきた今日においては，固定化された数値目標としての経営計画では対応が難しく，ビジョンやコンセプトといった将来方向を指し示す「構想」としての戦略の重要性が増してきている。

ミンツバーグら（Mintzberg & Ahlstrand & Lampel [1998]）は，実現された戦略は最初から明確に意図したものではなく，行動の1つ1つが集積され，

そのつど学習する過程で戦略の一貫性やパターンが形成されるとしている。つまり，当初意図された戦略が，環境変化により原形をとどめないほど変更を加えられ実現されていくプロセスのことであり，これをミンツバーグらは「創発戦略（emergent strategy）」と呼んでいる[5]。このため戦略は，環境変化が激しく先行きが不透明な時代においては，数値目標まで落とし込んだ詳細なものを策定するより，将来方向を指し示す構想レベルに留め，実行過程において創発された知識をもとに具体化していくことが求められることになる。

そこで本節では，3番目の視座として「将来構想」を設定し分析を行う。

(2) 調査結果

・「売上高・営業利益」と「目指している企業規模」との関係

調査対象企業が目指している企業規模は，「中小企業」（48.4％）が最も多く，次いで「小規模企業」（33.5％）となっている。

これを，過去3期の売上高と営業利益の傾向とクロス分析すると，売上高・営業利益が毎年連続して増加している企業ほど「大企業」「中堅企業」を目指しており，売上高・営業利益が毎年連続して減少している企業ほど「家族経営」「個人経営」「小規模企業」を目指していることがわかる（**図表０－６，０－７**）。

・「売上高・営業利益」と「目指している活動地域」との関係

調査対象企業が目指している活動地域は，「県内レベル」（40.1％）が最も多く，「市町村レベル」（27.6％），「日本全国レベル」（25.5％）の順となっている。

これを，過去3期の売上高と営業利益の傾向とクロス分析すると，売上高・営業利益が毎年連続して増加している企業ほど「グローバルレベル」「日本全国レベル」を目指しており，売上高・営業利益が毎年連続して減少している企業ほど「市町村レベル」「県内レベル」を目指していることがわかる（**図表０－８，０－９**）。

(3) 発見事実と評価

今回の調査結果から，目指している企業規模や活動地域など自社の将来の成

序章　中小企業の戦略行動と人材育成　17

図表０－６　売上高と企業規模との関係

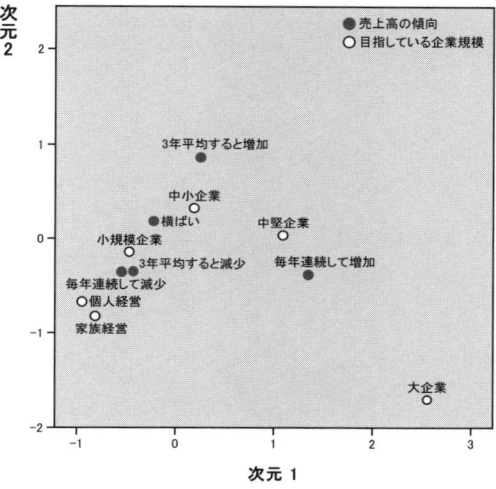

図表０－７　営業利益と企業規模との関係

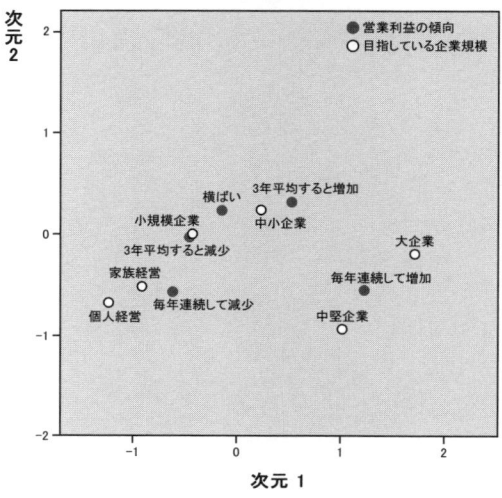

図表0-8 売上高と活動地域との関係

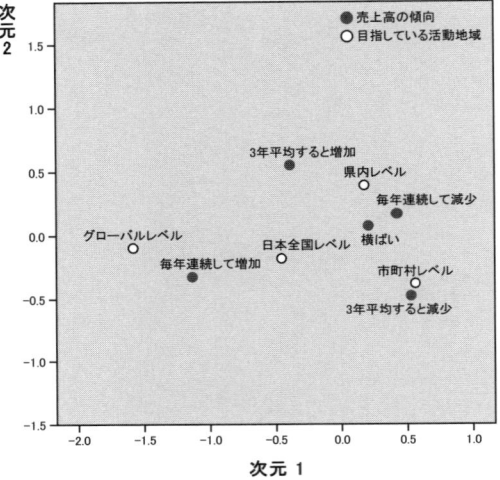

図表0-9 営業利益と活動地域との関係

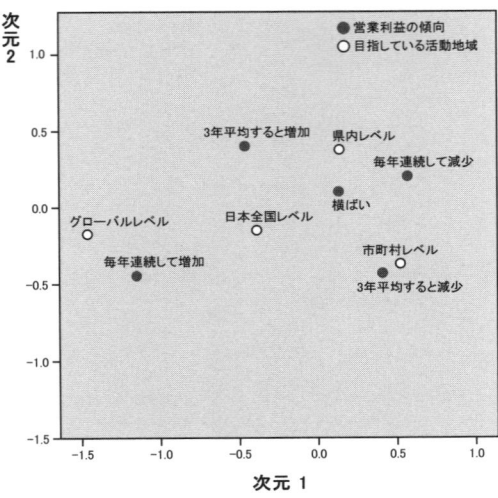

図表0－10　売上高と現在の経営課題との関係

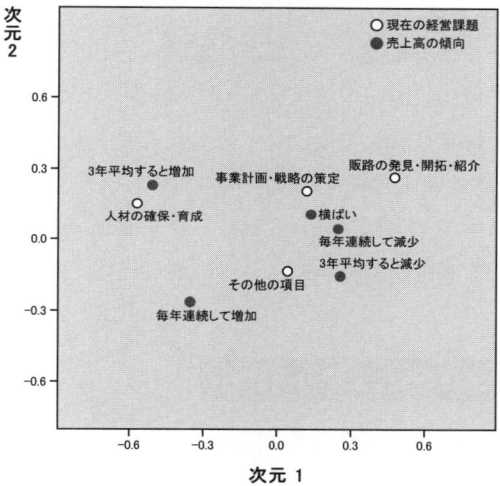

図表0－11　営業利益と現在の経営課題との関係

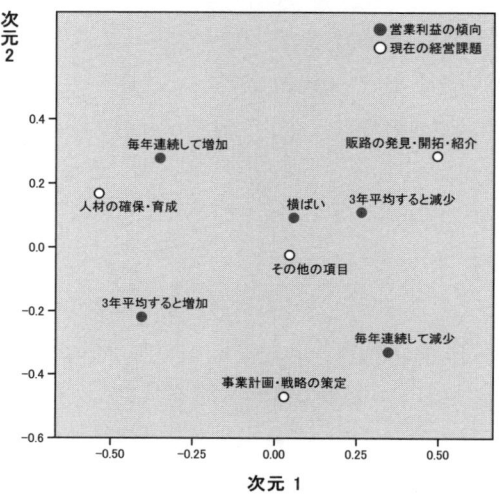

長方向を指し示している企業は売上高・営業利益が毎年連続して増加しており、現状維持志向の企業は売上高・営業利益が毎年連続して減少していることから、「将来構想」と業績との関係が明らかになった。

また、調査対象企業が現在抱えている経営課題を見てみると、売上高・営業利益が毎年連続して増加している企業は「人材の確保・育成」をあげ、反対に、売上高・営業利益が毎年連続して減少している企業は「販路の発見・開拓・紹介」「事業計画・戦略の策定」をあげている。このことからしても、売上高・営業利益が毎年連続して減少している企業は、将来構想がないために戦略の策定すらできないでいる状況が明らかである（図表0−10、0−11）。

Ⅲ 中小企業の人材育成と業績との関係

1. 中小企業における人材育成の実態

(1) 人材育成の制度・運用

今回の調査対象企業では、「人材育成方針」は約半数の企業が持っているが、それを具体化する「人材育成計画」や「教育訓練計画」については7割強の企業が策定していない。また、6割強の企業で「従業員が習得すべき能力」を従業員に対して明示しているが、「従業員の能力開発への取り組みを評価する制度」については6割強の企業でその制度がない。これらのことから、中小企業では、人材育成の必要性は感じているが、制度・運用面での取り組みが十分ではないことがわかった。

(2) 必要とする人材

現在の事業運営のために必要とされる人材の能力については、「自社特有の技術的、専門的な能力」が7割強と最も多く、次に「問題解決能力」5割強、「コミュニケーション能力」5割弱となっている。また、将来の事業運営のために必要とされる人材の能力については、やはり「自社特有の技術的、専門的な能力」が6割強、次は「企業の将来像を描く能力」6割弱、「リーダーシッ

プ能力」5割強となっている。これらのことから，中小企業では，現在も将来も業績に直結する事業のコアとなる技術や専門的な能力が求められていることがわかった。

(3) 人材育成方法

現在採用している人材育成方法では，「社内教育」が8割強と最も多く，次いで「社外教育」6割弱，「リーダーへの登用」「配置換え，担当換え」がそれぞれ3割強となっている。また，今後採用したい人材育成方法については，反対に「社外教育」が5割強，次いで「社内教育」4割強，「リーダーへの登用」の順となっている。さらに，従業員自身が能力開発にどの程度意欲的に取り組んでいるかについては，「まあまあ意欲的に取り組んでいる」4割弱，「どちらともいえない」3割強となっている。これらのことから，中小企業では，自己啓発やキャリア開発よりも研修による人材育成方法を志向していることがわかった。

2．発見事実と評価

調査結果から判明した事実を基に，人材育成と企業の業績との関係について分析してみると，以下のようなことがわかった。

人材育成方法の回答を，①研修系（社内教育，社外教育），②キャリア系（配置転換，担当換え，リーダーへの登用，他社への出向や転籍，社内ベンチャーや新規事業の担当），③自己啓発系（通信教育，インターネットを使った通信教育，専門学校や大学（院）への通学）の3つに分類し，企業の業績（過去3年間の売上高・営業利益の傾向）とクロス集計したものをコレスポンデンス分析により散布図を作成し評価を行った。

その結果，売上高・営業利益が毎年連続して増加している企業は「自己啓発系」を，売上高・営業利益が毎年連続して減少している企業は「キャリア系」を，両者の中間に位置する企業は「研修系」を，主な人材育成方法としていることが判明した（図表0－12，0－13）。

図表0-12 売上高と人材育成方法との関係

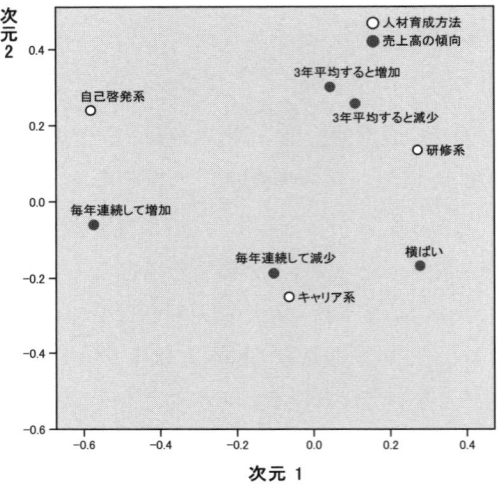

図表0-13 営業利益と人材育成方法との関係

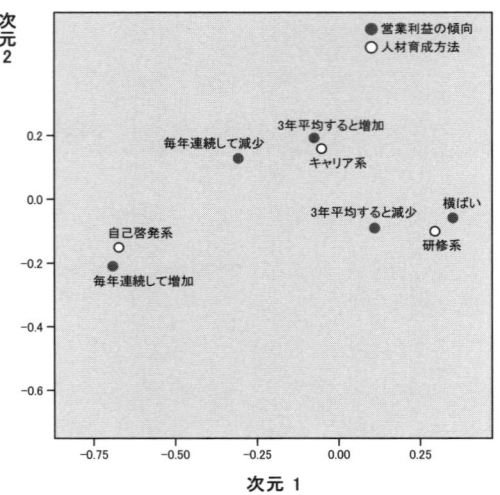

図表0-14 売上高と従業員の能力開発意欲との関係

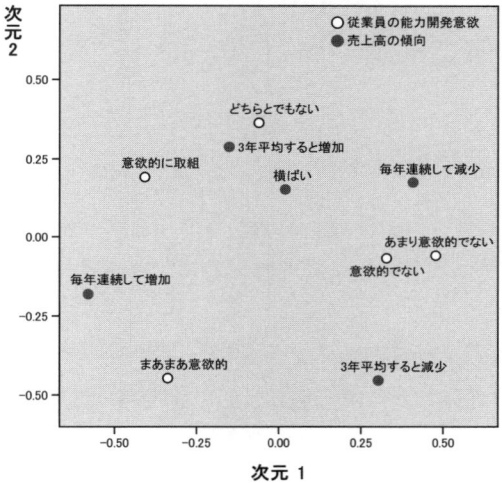

図表0-15 営業利益と従業員の能力開発意欲との関係

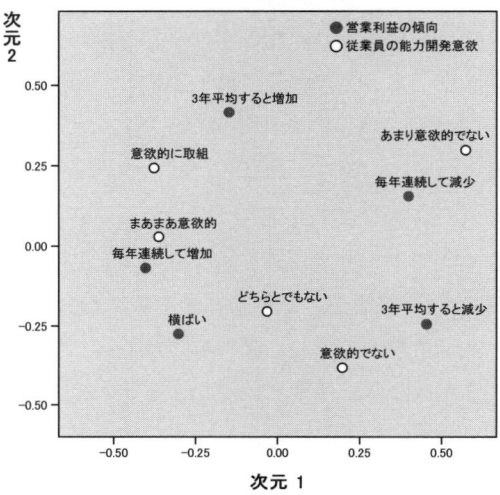

また，従業員の能力開発意欲と企業の業績とをクロス集計したところ，当然のことながら，売上高・営業利益が毎年連続して増加している企業は「意欲的に取り組む」で，売上高・営業利益が毎年連続して減少している企業は「意欲的でない」ことが判明した（**図表０－14，０－15**）。

Ⅳ 考察

本章では，中小企業の戦略行動と業績との関係を明らかにすることを目的に，中小企業5,000社を対象とした実態調査の結果をもとに分析・評価を行ってきた。

具体的には，戦略行動分析のため「環境適応」「事業の優位性」「将来構想」という３つの視座を設定し，業績（過去３期の売上高・営業利益の傾向）との関係について分析・評価を行った。その結果，以下のような発見事実があり，中小企業の戦略行動と業績との関係を明らかにすることができた。

第１に，自社を取り巻く経営環境の変化に適応できなかった企業は売上高・営業利益が毎年連続して減少しており，「環境適応」と業績との関係が明らかになった。

第２に，製品・サービスレベルのみならず事業の仕組みレベルまで他社と差別化できている企業は売上高・営業利益が毎年連続して増加し，他社との差別化ができていない企業は売上高・営業利益が毎年連続して減少しており，「事業の優位性」と業績との関係が明らかになった。

第３に，自社の将来の成長方向を具体的に指し示している企業は売上高・営業利益が毎年連続して増加し，現状維持志向の企業は売上高・営業利益が毎年連続して減少しており，「将来構想」と業績との関係が明らかになった。

以上のことから，中小企業が持続的に成長を続けていくためには，自社を取り巻く経営環境の変化に適応し，他社と差別化することによって事業の優位性を構築するとともに，長期的な方向性を指し示す将来構想としての戦略にもとづき経営行動をとることが求められていると言える。

さらに，中小企業の戦略展開上必要とされる人材の効果的な育成法を探ることを目的に，人材育成と業績との関係について分析・評価を行った。その結果，以下のような発見事実があり，中小企業の人材育成と業績との関係を明らかにすることができた。

 売上高・営業利益ともに毎年連続して増加している中小企業と，売上高・営業利益ともに毎年連続して減少している中小企業との人材育成方法のタイプの違いが明確となり，従業員の能力開発意欲が高く，研修やキャリア開発よりも自己啓発を重視している中小企業の方が，売上高・営業利益ともに毎年連続して増加しており，中小企業の人材育成と業績との関係が明らかになった。

 守島［2008］は，「職場の変化に伴うOJT（on the Job Training）の機能不全」「高い人材育成機能を有する良質の仕事経験の減少」「組織と個人の関係の変容」などにより，新たな人材育成の仕組みが日本企業に求められていると指摘している。

 まず第1に，成果主義の浸透，職場での仕事の多さ，非正規従業員の増大も含めた人員構成の歪みなどの要因により，OJTを機能させ得るような職場環境が失われていることから，OJTが機能する職場環境の再生が課題とされている。

 第2に，OJTの機能不全に加えて，高い人材育成機能を有する良質な仕事経験が減少していることがあげられ，キャリアを通じて順番と時期を考えながら連続する仕事経験を提供することが課題とされている。

 第3に，働く人のキャリア自律意識の向上による組織と個人の関係の変容である。学習意欲の高い従業員は人材育成に投資しない企業を見捨てるし，キャリアの未来を示せない企業には長期的に居つかない。具体的で明確な学習目標を提示し，それと報酬を結びつけることで，自律的な能力開発を支援する仕組みを構築することが課題とされている。

 本章における発見事実である，従業員の能力開発意欲が高く，研修やキャリア開発よりも自己啓発を重視している中小企業の方が高業績であることは，守島が指摘した上記3つの課題のうち，中小企業の人材育成においては，第3の

「組織と個人の関係の変容」に対応した人材育成法(自己啓発系)を採用することの重要性を示唆しているものと言える。

V おわりに

本章では,中小企業における戦略行動や人材育成と業績との関係を,アンケート調査に基づく統計分析の結果から考察を行ってきた。しかし,統計分析だけでは,ある一定時点での業績からの考察であり,事業年数など異なった企業同士を比較分析した包括的なものであることから,十分な考察がなされたとは言えないであろう。

そこで,そのような統計分析の不備な部分を補完する意味で,今後は統計分析結果をもとにしたケース・スタディを行い,考察を深める必要がある[6]。なぜならば,包括的な統計分析結果である「統計的一般化(statistical generalization)」を,個別的なケース・スタディにおいて詳細に追求していくことにより「分析的一般化(analytic generalization)」が得られ,実証研究の精度が高まるものと考えられるからである[7]。

このため,次章以降では,中小企業を対象としたさらに詳しい実態調査や事例調査を行うことによって,中小企業の戦略研究を深めていくことにする。

【注】
1) 調査を実施するにあたっては,独立行政法人中小企業基盤整備機構中国支部の協力を得た。初出論文「中小企業の戦略行動と業績に関する一考察」『広島大学経済論叢』,第32巻第1号(2008年7月),「中小企業の人材育成と業績に関する一考察」『広島大学経済論叢』第33巻第1号(2009年7月)に加筆・修正。調査の概要は以下のとおりである。
①調査対象:中国地域5県・四国地域4県の中小企業5,000社を対象とした。県別及び業種別の分散を実態に近いものとするため,2004年事業所統計の県別・業種別分散を参考に調査票発送件数を計算した。
②調査期間:2007年1月5日〜1月25日
③調査方法:自記式郵送調査法により調査対象企業へ調査票を郵送し,郵送による

回収をした。
　　④調査票の回収結果：配布数　5,000票，回収数　847票（うち回答辞退2票，締切後到着15票），回収率　16.9％，有効回答数　830票
2) 過去3期の売上高・営業利益の傾向については，「毎年連続して」「3年平均すると」「横ばい」で増加・減少の傾向を質問し，本章では，「毎年連続して」増加・減少していると答えた企業を分析対象としている。
3) 本章では，クロス集計したものをコレスポンデンス分析（correspondence analysis）により散布図を作成し評価を行っている。コレスポンデンス分析は，類似した項目を近くに配置し，類似していない項目は遠くに配置する計算を行い，計算結果は2軸の散布図で表現される。このため，散布図上にプロットした点同士の距離を見ることによって関係の強弱を感覚的に把握することができるメリットがある。なお，回答割合が低かった質問項目については「その他の項目」として集約し図示している。
4) 「成長期」「新たな成長期」の回答を合計したものを成長期に位置する企業，「成熟期」「衰退期」の回答を合計したものを成熟・衰退期に位置する企業に分類している。
5) ミンツバーグらは「戦略は計画的に策定されると同時に，創発的に形成されなければならない」とし，計画的戦略を否定しているわけではなく，現実的な戦略はすべてこの2つを併せ持たなければならないとしている。
6) イン（Yin [1994]）によれば，ケース・スタディとは，「あらかじめ特定した手続きに従って経験的なトピックを研究する方法」であり，ケース・スタディが望ましいのは，「どのように」あるいは「なぜ」という問題が提示されている場合，研究者が事象をほとんど制御できない場合，そして現実の文脈における現在の現象に焦点がある場合とされる。また，ケース・スタディの持つ長所として吉原[1986]は，少数のケースについて奥深い分析が可能であること，実態や因果関係について全体像を提供することが可能であること，時系列的，歴史的な動きや変化をとらえることができることの3点をあげている。これらの要件からすると，本章のような戦略行動や人材育成と業績を扱う研究においては，ケース・スタディは適しているものと考えられる。
7) 「統計的一般化」と「分析的一般化」という用語はイン（Yin [1994]）で用いられているが，坂下[2007]によれば，統計的一般化は「代表性」によって保証され，分析的一般化は「再現可能性」によって保証される。

【参考文献】

[1] Abell, D. F. [1980] *Defining the Business:The Starting Point of Strategic Planning*, Prentice-Hall. 石井淳蔵訳『事業の定義』千倉書房，1984年。
[2] Ansoff, H. I. [1965] *Corporate Strategy:An Analytic Approach to Business Policy for Growth and Expansion*, McGrow-Hill. 広田寿亮訳『企業戦略論』産業能率短期大学，1969年。
[3] Daft, R. L. [2001] *Essentials of Organization Theory & Design, 2nd Edition*, South-Western College Publishing. 高木晴夫訳『組織の経営学─戦略と意思決定を支える─』ダイヤモンド社，2002年。
[4] Hall, W. K. [1980] "Survival Strategies in a Hostile Environment" *Harvard Business*

Review, Sep.-Oct..
- [5] Hofer, C. W. & Schendel, D. [1978] *Strategy Formulation: Analytical Concepts*, West Publishing. 奥村昭博・榊原清則・野中郁次郎訳『戦略策定：その理論と手法』千倉書房，1981年。
- [6] Levitt, T. [1960] *Innovation in Marketing*, McGraw-Hill. 土岐坤訳『マーケティングの革新』ダイヤモンド社，1983年。
- [7] Mintzberg, H. & Ahlstrand, B. & Lampel, J. [1998] *Strategy Safari: A Guided Tour Through the Wilds of Strategic Management*, Simon & Schuster. 齋藤嘉則訳『戦略サファリ』東洋経済新報社，1999年。
- [8] Porter, M. E. [1980] *Competitive Management*, Free Press. 土岐坤・中辻萬治・服部照男訳『競争の戦略』ダイヤモンド社，1982年。
- [9] Pumpin, C. [1987] *The Essence of Corporate Strategy*, Gower Publishing Company. 高梨智弘・吉田博文訳『企業戦略マニュアル』ダイヤモンド社，1990年。
- [10] Yin, R. K. [1994] *Case Study Research 2/e*, Sage Publications. 近藤公彦訳『ケース・スタディの方法』千倉書房，1996年。
- [11] 伊丹敬之・加護野忠男［1993］『ゼミナール経営学入門（2版)』日本経済新聞社。
- [12] 井上善海・佐久間信夫［2008］『よくわかる経営戦略論』ミネルヴァ書房。
- [13] 井上善海［2008］「中小企業の戦略と業績」『中小企業の成長と戦略』同友館。
- [14] 坂下昭宣［2007］「実証研究と結論の一般性」組織学会編『組織科学』第41巻，第1号，白桃書房。
- [15] 中小企業庁［2005］『中小企業白書2005年版』ぎょうせい。
- [16] 野中郁次郎［1985］『企業進化論』日本経済新聞社。
- [17] 守島基博［2008］「人材育成と企業競争力」『やさしい経済学―経営学のフロンティア』日本経済新聞2008年10月30日号他。
- [18] 吉原英樹［1986］『戦略的企業革新』東洋経済新報社。

（執筆担当：井上善海）

第 **1** 部

中小企業の基本戦略

第1章 中小企業の戦略と理念経営

I はじめに

　21世紀は変革と戦略の世紀と言われるなか,世界的な景気後退が顕著となり,中小企業の業況も悪化の一途を辿っている。業績の確保を,昨今伸び悩む民間消費に大きく依存している中小企業の場合,労働生産性の向上はもとより,製品・サービスの開発における「新たな付加価値の創出」への挑戦が求められている。しかし企業経営には,どのような環境下で変化が求められようとも決して変えてはならない基軸がある。それが「経営理念」であり,事業の創始者がまず抱く最も重要な志,使命感,事業に対する夢・ビジョンなどさまざまな想いを基に表されている場合が多い。

　経済社会が進化し,変動性が高まる現況を転機と捉えながら企業経営をかじ取りし,戦略の具現化による業績確保に繋げていくためには,経営理念を念頭においた人的資源の有効活用を図りつつ,企業としての組織一体感を醸成していく取り組みが肝要と考えられる。たとえば,近年の経営環境変化に対する組織を挙げた対応の迅速化や,業務・サービス品質の向上に対する市場(特に,株主などの利害関係者)からの厳しい要請をみても,その重要性は一層高まっていると言える。このことは,奥林[2003]が人的資源管理の諸制度が持つ組織統合機能という側面から捉え,「経営理念を組織成員に周知させることは,組織成員における価値観の共有を促進し,企業文化において組織一体感を形成することにも繋がる」と述べていることからも明らかである。また,経営効率の最適化に向けては,企業としての付加価値創出を図るなかで組織を取り巻くビジネスリスクをいかに受容していくかの意思決定が要となろう。したがって,組織横断的・一体的な管理が問われるような重大なリスクに係わる経営判

断プロセスにおいて，リーダーの不要な揺らぎや迷いを生じさせないためにも，経営理念を基軸とした戦略の策定・実行が求められる。

　中小企業は，職位による階層が少なく組織構造が比較的コンパクトであるため，経営理念を活用した経営手法を採りやすい特性がある。つまり，経営理念の永続的な組織内浸透を通じた人的資源の活性化により，戦略的な組織行動を導出し，企業価値の向上に繋げていくことが，大企業に比べて図りやすいのである。そこで本章では，企業経営形態の原点と言われる同族経営の中小企業を対象に，経営理念の組織内浸透実態把握を目的とした事例調査を実施した結果から，経営理念の組織内浸透を図るうえで経営トップや中間管理職といったマネジメント層に求められる，具体的な行動特性を明らかにする。

II　中小企業と理念経営の理論

1．理念経営に係わる基礎理論

　理念を基軸とした経営の重要性は，わが国では以前よりさまざまな形で唱えられてきている。たとえば，60年代後半の経営理念の注目に始まり，80年代からの企業文化への関心の高まり，80年代後半からのＣＩ（Corporate Identity）導入の流行，そしてここ数年は，企業倫理と社会的使命の観点から経営理念が再度注目されているといった変遷となっている（野林・浅川［2000］）。

　最近では，前節で触れたリスクが今後ますます巨大化，複雑化，複合化していくなかで，それらに的確に対応し得る能力を企業としていかに高めていくか，という視点からの指摘もなされている（刈屋［2007］）。

　本節では，企業経営における経営理念の位置づけや活かし方に関する既出の理論の中から，以下の視点から論究されている内容を考察する。

(1)　経営理念の定義と階層性

　経営理念の定義については，これまで数多くの研究者がさまざまな視角から分析し，信念，イデオロギー，行動基準，規範，指針など多様な見解を提示し

ているが,学説的に一貫した明確な規定はなされていない状況にある。しかし北居［2001］は,共通点を見出すことはできるとして,①企業の存在意義・遵守すべき価値観について述べられている,②明文化され,従業員に広く浸透することが図られている,という2点を挙げている。

また,経営理念という抽象的な観念を表す際に求められる構造的な要件として,「階層性」という特性が挙げられている（奥村［1994］）。これは,経営理念を①会社の使命や存在意義,②①を具体化して実効あらしめる経営方針,③従業員の行動を指示する行動指針といった内容で構成することにより,理想としての上位概念から,実践原理としての下位概念に至る目的と手段までを網羅することを指している。この特性は,後述（第Ⅲ節）する事例調査実施企業が掲げる経営理念でも盛り込まれており,理念の組織内浸透を図るうえでの基本かつ重要な構造要件と捉えることができる。

(2) 経営理念の機能

経営理念のもつ機能についても,理念が何故必要なのか,理念を浸透させることがその経営組織にどのようなメリットをもたらすのかといった観点を中心に,多くの見解が述べられている。

そのなかで,まずキーワードと捉えられるのが「統合機能,適応機能」である。これは,企業内部の組織的な統合（組織成員が目指す目標・方向性の一体化）や,労使関係の安定をもたらし,外部組織や社会との適応機能を果たすという重要な役割・機能が経営理念に求められることを示している（間［1984］）。

また,経営理念は組織成員のモチベーション,判断,コミュニケーションのベースとなり得るものであり,その潜在的な利点として,行動と決断を導く源であることも指摘されている（伊丹・加護野［2003］）。

清水［1996］は,理念の浸透がもたらすものとして,①革新への抵抗の低減,②能力の向上,③情報の共有,④権限委譲,⑤挑戦意欲,⑥帰属意識,⑦業績を挙げている。さらに松葉［2007］は,理念主導型の経営による理念浸透施策が浸透度を深め,精神の理解を進めるとともに,そこから「顧客満足（Customer Satisfaction：ＣＳ)」と「従業員満足（Employee's Satisfaction：ＥＳ)」の双方に，直接的または間接的に繋がってくることを指摘している。

(3) ミドル・アップダウン・マネジメント

　経営理念は，ただ掲げるだけではなく，組織を構成する従業員一人ひとりが理解し自らの行動に結びつけていく必要がある。しかしながら，経営トップが掲げる理念と従業員の認識との間にはギャップがあることが，これまでのさまざまな研究でも明らかにされている。そのひとつが「ミドル・アップダウン・マネジメント」理論であり，チームのリーダーを務めることが多いミドル・マネージャー（中間管理職）が，経営組織内において戦略的な「結節点」としての役割を担うことで，経営トップが掲げるビジョンとしての理想論と，第一線の従業員が直面する錯綜したビジネスの現実や彼らの持つ現場感覚との矛盾やズレを，発展的に解消しようとする組織システムの必要性が指摘されている。そして，ミドル・マネージャーの具体的な役割として，第一線従業員の持つ「暗黙知（人間一人ひとりの体験に基づく個人的な知識)」と経営トップの持つ「暗黙知」とを統合させ，「形式知（マニュアルなどに見られる形式言語によって表現されるもの)」に変換することが求められている（野中［1996]）。

　中小企業の現状をみると，経営トップは構築した組織によって一定の統制は受けるものの，自らの意思で業務遂行の方針や組織運営のルールなどを自由に変更できる唯一の存在である。一方，経営トップ以外の従業員は，基本的に組織に統制される存在であり，業務目標や方針などを変更しようとすれば，ほぼ例外なく経営トップの承認を受けなければならない。だからといって，経営トップが経営理念を基軸に構築した戦略を基に指示命令を下しても，必ずしもそのことがトップの意図や認識通りに従業員に理解されるとは限らないのである。したがって，このギャップの解消は，企業としての長期的な存続を図るうえでの重要な経営課題と考えられる。

(4) ミッションマネジメント

　ミッションとは何か。小野［2002］は，「誰のために何を実現しようとするのかを考えることであり，仕事の本質は人の役に立つことである。この，人の役に立つという社会的使命に基づく経営が，会社と個人を成長させ幸せな社会をつくる」と述べている。つまり，明確なミッション（使命感）を基軸とした企業経営を実現することは，企業経営上の諸問題の解決のみならず社会的問題の改善にも資することが指摘されている。さらに小野は，経営トップが決めなければならないミッションとして，「企業が社会に対して果たすべき使命」と，「経営トップ自身が指揮する企業（およびその構成員たる従業員）に対して果たすべき役割」の2つを挙げている。

　そこで，ミッションマネジメントとは何かを考えてみると，顧客の先には常に社会があるという意識に則りながら，「顧客のための仕事を通して社会に貢献する経営を行うこと」と言えるのではないだろうか。このような視点からも，経営理念を活用した経営のあり方を検討していく必要がある。

(5) リスクマネジメント

　企業経営環境が一層厳しくなるなかで，企業価値の向上に向けた経営戦略の策定・実行が問われていることは，第Ⅰ節で述べたとおりである。経営戦略の達成を合理的に保証し得る経営管理システムのひとつとして，また企業保全や現状維持を図る企業防衛マネジメントとして，日常的かつ不可欠な機能を有しているとされるのが，「リスクマネジメント（Risk Management：以下，RM）」である（伊藤［2001］）。小林［2004］はRMについて，内部統制を合理的に保証し，ゴーイング・コンサーン（継続企業の公準）としての存立を維持し得る経営管理システムのひとつであり，日常不可欠な機能と位置づけている。そして，経営理念の組織内浸透を図る取り組みを通じて，このようなマネジメントプロセスの組織横断的な推進が求められているとしている。

　さらに刈屋［2007］は，企業を「社会の中で戦略的にリスクに関与して価値創造する主体であり，イノベーティブな新商品を開発してこれまでの陳腐化商

品を置き換えていく主体」と捉えながら，近年の企業を取り巻く内外環境の大きな変化に伴うリスクの巨大化，複雑化に鑑み，リスクを全社的視点で管理する手法である「全社横断的リスクマネジメント（Enterprise Risk Management：以下，ＥＲＭ）」構築の必要性を主張している。

　従来のＲＭは，個々のリスクに対しその主管（責任）部門が個別的に対応するものが主体であり，必ずしもリスクが体系的に整理され可視化されている訳ではないことから，対応の漏れや重複による無駄といった不完全さの見られるケースが多いと指摘される。一方のＥＲＭは，組織目標の達成を妨げるような自社内のビジネスリスクをポートフォリオ化し，個別の取り組みを全社的な視点で見つめ直しながら，企業全体での整合やバランスを取りつつ統合的に管理することを通じて，企業価値の向上に繋げていくための有効かつ具体的な経営手法と言える。この意味からも，ＥＲＭの必要性が高まっていることは当然の動向と言えよう。

(6)　企業のアイデンティティ

　横山［2007］によれば，企業にとって重要なことは，従業員が創造性を発揮しやすい条件をつくることであり，アイデンティティは，企業という組織（システム）が情報の相互作用の場として円滑に機能する共通基盤となるものと指摘されている。そしてアイデンティティとは，「独自性，自分らしさ，こうありたいという価値観」であり，場において従業員同士がアイデンティティに基づき相互作用し，従業員個人が情報や知識などの価値を創造し，さらに創造された知識や情報は，他の従業員や管理職，経営者に波及し，企業の戦略やイノベーションなどへの創造力に繋がると述べている。

　また，企業としての価値アイデンティティの要素として，企業理念やビジョン，企業文化，コア・コンピタンスを挙げている。企業理念は，言語によって明示された企業の価値観であり，ビジョンとは将来像としての価値を示すものとして捉えている。企業文化は，価値観，行動基準として従業員に無意識に内在化されている暗黙の前提であり，企業理念や習慣によってもたらされ，コ

図表1−1　経営理念，経営戦略と人的資源の関係

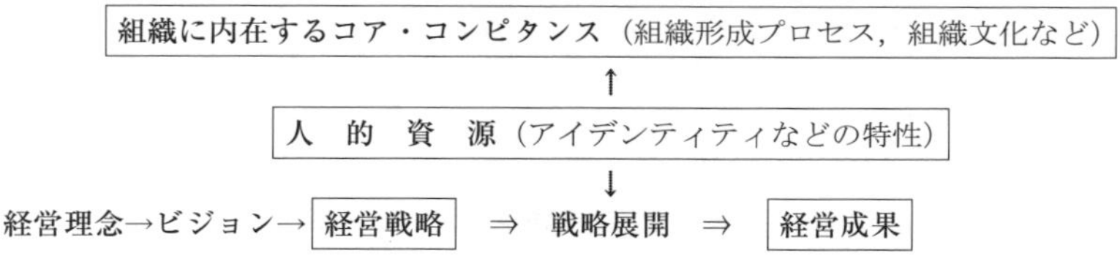

```
┌─────────────────────────────────────────────┐
│ 組織に内在するコア・コンピタンス（組織形成プロセス，組織文化など）│
└─────────────────────────────────────────────┘
                        ↑
            ┌─────────────────────────┐
            │ 人 的 資 源（アイデンティティなどの特性）│
            └─────────────────────────┘
                        ↓
経営理念→ビジョン→ 経営戦略  ⇒  戦略展開  ⇒  経営成果
```

出所：横山（2007）p.30「図1」を基に筆者一部修正。

ア・コンピタンスの基盤であるだけでなく，コミュニケーションを円滑にし，情報の相互作用を活発化するとしている。コア・コンピタンスについては，必ずしも従業員が意識しているとは限らないが，他者に対して優位をもたらすものであり，戦略を考える場合の前提とされるものとして位置づけられている。

以上の指摘を図式化すると**図表1−1**のように示されるが，この内容からも，理念を基軸とした経営の成否は人的資源のあり方次第であることが考察される。

(7) 優良企業共通の経営特性

「業績」と経営理念との関係については，コリンズ＆ポラス（Collins & Porras [1994]）が明らかにしている。彼らは，先見性を持った未来志向型企業であり，商品のライフサイクルや優れた指導者が活躍できる期間を超えて永続的に繁栄し続ける企業を「ビジョナリー・カンパニー」と称して抽出し，そこでは時代に影響されない永続的な経営理念が確立されているとしている。そして「自らの会社をビジョナリー・カンパニーにするためには，基本理念を維持し，進歩を促す方向で組織に一貫性を持たせることが重要かつ真髄である」と説いている。また，「基本理念を，組織文化，戦略，戦術，計画，方針などの基本理念ではない慣行と混同しないことも，何より重要である」と指摘している。時間の経過とともに，戦略，戦術，目的，目標，能力，組織構造，処遇など変わらなければならないものは多々あるが，ビジョナリー・カンパニーになりたいのであれば，少なくとも基本理念だけは変えてはならないというのが彼らの示唆

であり，強い競争力により業界内で卓越した地位を確立した企業の多くは，経営理念の具現化に極めて積極的であることが理解できる。

2．理念経営の具体的展開
(1) 中小企業における理念経営を取り巻く現状と課題

企業の経営活動を取り巻く環境変化が，組織の規模・歴史・業態を問わず一層複雑化するなかで，とりわけ，経営トップの経営姿勢に対する市場の評価が厳しくなっている。このことは，市場が企業に対し，コンプライアンス（法令・規律遵守）の徹底をはじめとする経営活動の根本的な見直しを要請している近年の動向を見ても明らかである。事実，法令遵守に係わる悪質な不祥事を起こした企業は，経営規模の大小を問わず市場から厳しく断罪され，ゴーイング・コンサーンとしての存立が不可能となる事例が，中小企業においても散見される。しかし，中小企業は一般的に大企業に比べ，ヒト・モノ・カネ・情報という経営資源に限りのあることは論を待たない。とりわけヒトの面からみても，優秀な人材の確保や，離職率の高さゆえの人材定着化の難しさが構造的に顕在している。したがって，長期的かつ継続的な人材育成や，組織成員に対し反復継続的に経営理念の組織内浸透を図っていくうえでの課題が多い組織であることは，現実的に否めない事実である。

このような現状の下で，たとえ経営理念を強烈に掲げ，企業経営に対する強力な経営トップのリーダーシップが機能しているとしても，それだけで従業員に対し幅広く理解・浸透を図っていくには限界があることは前項でも指摘した。そこで考えられるのは，従業員に経営理念を理解・納得させ共感を醸成するために，経営理念として掲げる内容の「可視化」を図ることである。そのための方策のひとつとして，前項で述べたように，経営トップ層と一般従業員層との戦略的な結節を可能とする役割が期待される中間管理職の能力発揮が求められる。中小企業には，経営資源の脆弱性ゆえに経営トップの判断如何で即重大な経営危機に陥るリスクが潜在していることは言うまでもない。この点からも，現場実務に精通しながら高次の意思決定にも参画し得る中間管理職によ

る，経営理念の組織内浸透に対する自律的で献身的な努力は要であり，そのことが，組織統合に向けて発揮される経営トップのリーダーシップを補完しながら相乗効果をもたらすまでに役立つか否かが，経営理念の可視化を図るうえでのポイントとして挙げられよう。

　また，経営理念が経営戦略を策定するうえでの基軸となり得るという点で，両者が密接な関係にあることは第Ⅰ節で述べたとおりである。つまり，経営戦略は経営理念と企業の現実の姿とのギャップを埋める具体的方法論であり，事業活動や組織成員の言行に付随する「不確実性」を削減する動機のひとつとなり得るものと言える。その戦略策定のベースに位置づけられる経営理念を組織で活かすことで，不確実性削減の阻害要因である「多義性」を低減し，組織内共有言語としての機能により組織成員の目的・目標意識のベクトルを合わせ，事態の解決・改善を図るというスキームを経営組織内に構築していくことが求められる。

(2) 経営理念と戦略的組織行動との関係

　経営理念という抽象的な観念が，企業活動の成果である業績を着実に生み出していくうえで果たすべき役割や機能について，再度考察してみる。まず，その類型[1]や掲げる内容の如何に関わらず，企業として最後にたどり着きたい目標点であると同時に，問題解決など何らかの判断が必要な折に立ち返る原点でもあり，いかなる時代においても自組織のポジションを見失うことなく安全に目的地へと誘導してくれる「羅針盤」的な存在であることが挙げられる。それゆえ，経営理念は従業員の「ベクトル合わせ」に活かせる唯一のツールとも言える。このことは，経営理念の起草や刷新，一部改定時に留意されるべき重要なポイントとして指摘できる。

　そのような経営理念を組織内に浸透させていくためには，理念が示す精神を基盤とした経営トップの「言行一致」の姿勢が求められる。なぜならば，経営トップ自らがまず「わが社をこのような会社にするのだ」という明快な経営ビジョンを打ち出し，その達成に向けた方向づけを行動で示しておかなければ，

経営トップとして考える経営の方向とは異なる事態が往々にして起こり得ると考えられるからである。したがって，経営トップの考えや想いをさまざまなコミュニケーションを通じて従業員の心に訴え，共感を呼び，信頼感に繋げていくことで，全員の行動が同方向に向くよう力を集中させるべきである。

(3) 中間管理職の重要性

さらに中小企業の場合には，経営トップとの相性が良く強固な信頼関係を構築しながら，自己のさまざまな経験を統合させて現職務に応用し得る中間管理職が存在し，彼らが経営トップや一般従業員に対する的確なサポートを惜しまない自律的な姿勢が，経営理念の浸透・定着において要となることも，次節で具体的に示す事例から明らかとなっている。そして，高度な意思決定を伴うような経営参画がある程度可能であり，自らのマネジメント担当領域の実務にも精通しながら一般従業員層と経営トップとの橋渡し役が果たせることが，トップから信頼される中間管理職に求められる重要な要件となり得ることも併せて指摘しておきたい。

以上の論点を踏まえ，次節では，経営理念を経営の基軸におきながら堅実に業績に繋げている中小企業の事例を取り上げ，考察していく。

Ⅲ 中小企業における理念経営の実際

1．事例調査の概要

(1) 目的

本調査では，強力なリーダーシップを発揮している創業者や経営継承者を中心にして組織成員が職務満足度を高めながら効率性を追求しているような活性化された企業においては，経営理念がいかなるプロセスにより組織内への浸透が図られ，経営組織としてのメリットをどのように享受しているのかという観点から，その実態を把握し分析することを目的としている。

(2) 調査対象および方法

　まず第 1 次調査として，従業員数500名未満程度の同族経営中小企業 4 社（サービス業 2 社，金属加工業 1 社，印刷・出版業 1 社）を対象企業として選定し，事例調査方式により実施した[2]。各調査先では，独自に設計したアンケート用紙により，経営トップおよび中間管理職（課長職相当者）2 名に対するインタビューを行っている。さらに，必要に応じてフォローインタビューも行いながら，聴取内容の確認の補強にも注力した。

　その結果を基に，4 社の内で最も理念経営実態の具体的把握が可能であった 1 社（サービス業）を本調査における「ベンチマーク企業」に位置づけたうえで，第 2 次調査として，当該社と同業の 2 企業における経営トップインタビューを実施し，ベンチマーク企業を含めた 3 社の実態比較から新たな知見を得ることを試みた。ただし紙幅の都合により，本章では「ベンチマーク企業」および第 2 次調査の内 1 社（以下，A 社および B 社）の実施結果について取り上げる。

2．第 1 次事例調査の内容

　経営トップおよび中間管理職を実施対象とした第 1 次調査では，特に経営トップ自身が，自らの立場からいかに自社の経営理念を意識して捉えているかといった観点から実態把握を行うことを念頭に置いた。そのうえで，経営理念浸透の重要要件の一つと捉えている，日常的な組織内コミュニケーションの充実・深化への取り組みに対するマネジメント層の意欲度や問題意識，さらには，自らの言行が従業員に及ぼす影響結果に対する評価法を把握することにも注力した。

(1) 経営トップインタビュー
①円滑な組織内コミュニケーション浸透への強い意思

　経営トップインタビューでは，大きく 2 つの見解が示された。1 点目は，経営トップとして経営理念を「自分自身の生き方・人生観そのものであり，その

重要な機能や役割は,従業員に行動規範や指針を与え啓発的教育を施すこと」と捉えていることである。そして,経営理念を「生起した問題の解決方向を見出すための礎として位置づけ,その対処判断が難しい局面で特に強く意識している」ことも確認された。2点目は,経営トップとして「組織内のコミュニケーションを円滑にしていくためには,職位・職階に関わりなく全員が同じ目線で同じ方向に向いて進展していくよう,マネジメント層がリーダーシップを発揮する形が理想的」と捉えていることである。リーダーシップ発揮の具体的な形としては,「まず経営トップ自身が,従業員に共感を与え得る強固な意思に基づく言行を,日々率先垂範で反復していること」が挙げられた。さらに,従業員に対し経営トップとしての意思の理解促進を図るため,中間管理職には「職階を超えた組織内コミュニケーションをリードする仲介役として,その現状評価と見直しを繰り返す役割」を期待していることも示された。

②リーダーシップ観・倫理観および人的資源管理への課題認識

経営トップとしてのリーダーシップを発揮する際の最重要ポイントを質した結果,「問題・課題の迅速的確な解決を図り,決して先送りしないよう従業員をリードしていくこと」との回答が得られた。これは,トップ・マネジメントの判断や行動如何で社業の行く末が左右されるような経営リスクを負っている,中小企業経営トップならではの見解と言える。また,経営トップとして抱く倫理観について「中小企業の場合は,従業員の倫理観は経営トップのそれとイコールになる面があり,トップ自らが厳しい倫理観を常に持ちながら,透明感や清潔感ある質素で謙虚な言行に日々努めている姿勢が肝要となる」との見解が示された。この背景には,「倫理という多義性のある概念をいかに従業員にわかりやすく伝え,理解や共感を深めていけるかがまさに経営トップに問われる倫理性そのもの」との強い意思も把握された。

以上のようなリーダーシップ観や倫理観を基に,経営トップとしてどのような想いを抱きながら従業員に日々接しているのかという,人的資源管理に係わる姿勢についても質した。その結果,心の根底に「経営のあり方以前に『人はいかに生き,いかに働くのか』といった人間観や倫理観,労働観,常識・モラー

ルなどを重視する」観念のあることが示された。そのうえで,「人間としての基本的な生き方を自らに問いながら,従業員にも説いている」という強固な意思に基づいた言行が,地道に成されていることも把握した。

なお,人的資源管理の仕組みの一つである人事考課制度を活用しながら経営理念の組織内浸透を図る試みが,過去の一定時期に成されていたことも判明した。現在は,人事管理制度全体の抜本見直しにより人事考課の活用はされていないが,「対象をマネジメント層に絞る形であれば,人事考課を,経営理念の組織内浸透を補完する制度としても位置づけていく方法はあるのではないか」といった,経営トップとしての問題意識も確認できた。

(2) 中間管理職インタビュー

中間管理職2名（以下,C氏・D氏）に対するインタビューは,経営トップインタビューから得られた判明事実（トップの姿勢や観念）を彼らがいかに捉え,斟酌し,自らの行動に活かしているのかに特に注目しながら実施した。その結果,両氏揃って自社の経営理念を,「何らかの心の拠り所となっている,経営トップとの一体感を感じさせるものである,問題解決を図るうえでの拠り所となっている,社長のカリスマ性そのものである,仕事を進めるうえでの基準である」と捉えていることが判明した。このなかで,経営理念を問題解決上の拠り所としている点についてC氏は,「生起する諸問題への対応を図る際に,経営理念を意識しながら根本に立ちかえって判断している経営トップの日々の行動を目の当たりにしつつ,特に部下に対し重要な指示・命令を下す場合には,自分なりに経営理念との整合を確認し行動している」と述べている。したがって,単に捉えているだけでなく自らの具体的な行動に落とし込まれている実態も併せて勘案すると,本調査対象企業においては,経営トップが創業以来抱いている経営思想・信条が経営理念を通して着実に中間管理職層の意識に浸透し,両氏の日々の言行の基軸として活かされている実態が浮き彫りとなったと言える。

また,経営理念の組織内浸透促進に向けて人事考課制度を補完的に援用することについても,「経営組織内で一定の責任と影響力を担う中間管理職層以上

を対象とするのであれば，整備・運用していく余地はある」といった，A社経営トップとの共通認識も得られた。

3．第1次事例調査結果の分析

本調査の実施結果については，その分析結果に係る現実性や一般性について今後さらに検討を加えるため，第2節で示した経営理念に係る先行研究に基づきながら設定した，以下の「分析視座」を基に判明事実を整理した。

- 経営理念の組織内浸透を図るためには，理念自体にどのような整備要件が求められるのか。

- 経営理念の組織内浸透を図る際に求められる，経営トップおよび中間管理職の役割・機能，言行上の要件とはどのようなものか。

その結果は，以下の3点に集約される。
1点目は，組織内浸透を促進し得る経営理念整備上の重要な要件として，階層性や領域性の具備が求められることである。これらの特性については，第2節で既述の先行研究でも指摘しているが，A社の経営理念内容を確認すると，従業員が自らの行動にいかに反映させていくべきなのかが体系的に理解できる記載となっている。この点についてC氏は，「社長の創業時の想いが社是の形で描かれ，その内容がさらに社訓として，従業員に求める具体的行動や心構えに描きなおして明示されており，従業員にも説明し理解を求めやすい」と述べている。このように，経営理念が経営トップによるリーダーシップの下に経営活動に活かされている当該企業の理念からも，特に階層性が保持されていることが把握される。
2点目は，経営理念の組織内浸透の実効性を上げるためには，その取り組みを支えるマネジメント層の自発的・継続的行動が重要となることである。まず経営トップには，強い意思の下に日々の言行の礎を経営理念に置きながら透明

性あるものとし，潜在的な経営能力の発揮により社業をリードしていくことが求められる。同時に中間管理職に対しては，理念に基づく経営トップの意思や指示を咀嚼し，その要諦を自らの言葉に置き換えて一般従業員にわかりやすく説明することを日々繰り返しながら，理解促進を図る役割を担うことが求められる。この点についてC氏は，「部下に対しては，社長からの指示をただ単に指示するのではなく，若手従業員でもその指示内容が咀嚼できるようわかりやすく説明し，それを達成するにはどうしたら良いのかを考えさせることで皆を巻き込み，常に参画意識を持たせている。特に自分はいろんな意味で全社的な調整役でもあり，従業員が悩みや不満からやる気を低下させることのないよう意識して努めている」と，自身の行動基準を明らかにしている。また，C氏の見解である「経営理念（社訓）に描かれている『根本にかえる』意識の徹底を図る」ためにも，経営トップと中間管理職とが組織内を交流する重要な情報の「可視化」に向けて協働することで，一般従業員層が抱くマネジメント層に対する信頼感はより強固なものとなり，組織内コミュニケーションの円滑化に繋がるものと考えられる。

　3点目は，経営理念の組織内浸透を図るためには，前述したような経営理念の構造面や人的資源の言行面の課題に留まらず，浸透の実効性を補完し得る制度の整備・運用も検討に値することである。D氏によれば，A社では「以前の人事考課表では『社長の方針・会社の方針が理解できているか』という主旨の評価項目があったが，2年前の人事評価制度見直し時に削除した経緯がある」とのことであった。また，A社経営トップは「経営理念というのは，ある意味『仕事そのもの』である。言い換えれば，仕事に反映していなければ経営理念ではないと考える。経営理念という言葉のオブラードに包まれたものが仕事に現れ，それが評価に繋がるという図式が，中間管理職以上の処遇においては考えられる」と述べている。たとえばこのように，経営理念の内容に基軸をおいた日々のマネジメントの過程や導出された成果を基に，その実績を人事考課に反映させるという経営管理的な制度が，少なくとも中間管理職以上のマネジメント層には求められる。

4．第2次事例調査の内容

本調査対象企業の経営トップを主体とした第2次調査では，図表1－2に示すさまざまな観点から，経営者の意思・考え方・日々の行動についての確認を

図表1－2　経営トップインタビュー結果の比較

主要インタビュー項目	A社（ベンチマーク企業）	B社（A社と同業企業）
現経営理念の起草者	創業者（＝現経営者）	創業者の起草理念を，現経営者が経営継承時に変更
経営理念とは何か	経営者の根本的な考え方・思想そのもの	経営者の根本的な考え方・思想そのもの
経営理念が何故必要か	経営者の考え方・意思を，社内外に確実に伝えるため	経営者の考え方・意思を，社内外に確実に伝えるため
経営理念の浸透が何故必要か（メリット）	・組織力の強化 ・社会貢献意識の高揚	・組織力の強化 ・企業価値の向上
経営理念の浸透方策	経営者自ら，以下の取り組みを主体に率先垂範 ・社内教育，啓発の反復継続 ・部下との直接対話	経営者自ら，以下の取り組みを主体に率先垂範 ・顧客会員（の一部）を対象に実施の「社長と著名人との対話活動」を通じた社員啓発 ・マスコミの活用による，社員含む利害関係者への経営者思想の伝播
経営理念の浸透を図る際に，中間管理職が主体的に果たすべき機能	社内の各階層を超越したコミュニケーションを図る上での，重要な結節点を担うこと	社長の意図や考えを的確に部下に伝え，指導すること
経営の根幹を揺るがすリスク	・食中毒 ・火災	・食中毒 ・企業イメージを損なうような風評
ＥＲＭへの取り組み	上記リスクに特定し，全社横断的に管理中	上記リスクを重要視しているが，具体的な取り組みはこれから
経営理念浸透の有効策としての，ＥＲＭ評価	経営そのものがRMであり，ＥＲＭは企業存続においても極めて重要	リスクを多々抱えながらの経営であるが，リスクは商機と捉えたプラス思考での経営者姿勢が肝要
経営理念の浸透効果を意識する機会	経営の中枢に係わる判断を伴う議論の場や，朝礼，経営発表会	経営の中枢に係わる判断を伴う議論の場
経営者として，マネジメント層に求める資質	・人間性（謙虚さ，誠実さ） ・リーダーシップ　・忍耐力 ・判断力　　　　　・サービス精神	・感性 ・自立性 ・素直さ
経営理念の浸透を阻害する要因	・会社の次代を担う，人材育成の遅れ ・中間管理職のＥＲＭに対する意識の個人間格差	・中間管理職を含む，従業員の感性の乏しさ
情報の「多義性・不確実性」への認識，対処	・情報の「不確実性」は，重要な経営リスクとして管理 ・「多義性」は管理の必要性自体に疑問有	・特に漏洩リスクの大きい情報管理は外部委託し，確度の高い情報によるトップダウンでの業務指示を徹底
企業価値の捉え方	・企業としての永続的な存続 ・社会貢献度 ・社員生活の保障	・世の中における，企業としての存在意義
事業の継承時における，経営理念の果たし得る機能，扱い方	・経営の根本的指針の明示 ・何代にも渡り，不変的に継承されてこそ本物	・交代する新経営者の感性で，適宜変更すべきもの

出所：筆者作成。

行った。本節では，ベンチマーク企業を含む2社からの判明事実を比較し，考察する。

5．第2次事例調査結果の分析

以上の結果から新たに得られた知見は，以下のとおり整理できる。

(1) 経営理念浸透の必要性，メリット

「経営理念は経営者そのものである」との認識のもと，特に組織統合（組織成員が持つ目的・目標意識のベクトル合わせ）を図る手段として有用であることや，企業としての社会貢献意識・行動や存在意義・価値の対外的なアピール手段としても有用であることが明らかとなった。さらに，事業継承時には，唯一根本的な経営指針になり得ることも示された。

(2) 経営理念の浸透を組織横断的に図る際に，経営者として中間管理職に求める機能

自己のさまざまな経験を統合させて職責に応用しながら，経営者が発揮するリーダーシップに対し，自律しながら補完し得る能力や，部下に対する経営参画意識の発掘，醸成が，特に求めたい機能として指摘された。

(3) 経営理念の実現を阻害し得るリスク対応

食事提供部門を持つ業態として，深刻な風評リスクの生起を導く「食中毒」の未然防止に特に注力する際の具体的な行動・判断基準としても，経営理念を明確に位置づけ，全社組織を挙げた対応に活用されている実態が把握された。

(4) 情報の多義性・不確実性

情報のもつ「多義性」については，経営リスクのひとつとして管理するという明確な経営トップ方針のもとで，特に経営上重要な情報についてはその一義化に向けた努力が払われている。しかし「不確実性」については，情報の持つ本来的特質としての捉え方があるなかで，具体的な対処は検討課題となっている。

(5) 経営理念の浸透方策としての，ERMの有効性

経営者を中心としたリーダーシップに基づいて，経営の根幹を揺るがしかね

ないリスクを特定し，ＥＲＭで規定される手順に則ったリスク管理に取り組むことは，経営者の意思（＝経営理念）の組織内外への浸透に効果をもたらすとして，特に経営者に評価されている。その有効策として，①経営者から中間管理職・一般従業員への，直接的かつ反復継続的な働きかけ，②外部機能（顧客満足度・信頼度，情報媒体）を活用した，中間管理職・一般従業員への間接的働きかけが挙げられる。

(6) 経営理念浸透の阻害要因

社内における人材育成・啓発の遅れが指摘され，特に中間管理職に対しては，自律した当事者としての自覚・リスク感性・経営参画意識の再構築，高揚が急務であることが示された。

6．事例調査結果の考察

(1) 経営理念の組織内浸透に繋がる行動要件

事例調査により得られた判明事実を再整理し，経営理念の組織内浸透に必要な要件として，経営トップや中間管理職といったマネジメント層に求められる機能や行動特性について，再度検討を加える。

まず始めに，経営トップに求められる行動特性として「言行一致」「透明性」「反復継続性」が挙げられる。これは，Ａ社の経営トップインタビューから得た次の発言からも読み取ることができる。「経営理念は各構成員の行動に枠組み・規範と指針を与え，啓発的な教育性を持つことは勿論のこと，経営理念とは企業として目指しているものであり，経営トップ自身の生き様そのものである。したがって，理念が企業活動そのものになっていると感じる際に，経営理念を強く意識しており，日々責任の持てる行動を自ら徹底している。また，経営理念に特に表していることではないが公私混同は絶対に行わない。従業員は皆，常に経営トップの行動を良く見ており，トップ自らがまずフェアに生きていくことが肝要である。つまり，トップが経営理念に反した言行をすれば，人は決してついて来ない。この点が，中小企業と大企業との違いであり，中小企

業は経営トップの生き方が会社そのものである。また，経営理念は新入社員研修や階層別の社員研修で，自ら繰り返し説明しており，その全内容を従業員証に明記もしている。社訓は，毎月1回の幹部社員中心の朝礼時に唱和し，各部門では日々の朝礼時に唱和することで，日々の意識づけの徹底を図っている。経営環境の変化時には，自ら社訓などの表現の中からキーワードを抜き出し，当面のスローガンとして年1回全従業員に明示している」。この発言が示すように，経営理念が示す精神を礎とした経営トップとしての言行一致の姿勢や，その言行が毅然として透明性が高いこと，さらには周囲の声に耳を傾けながら言行を自己評価し，自身のモラール高揚に繋げる取り組みを反復継続しているという行動が，社業の最終責任者である経営トップには求められる。

次に中間管理職に求められる行動特性として，「咀嚼」「可視化」「経験統合」が挙げられる。経営理念に基づく経営トップの意思や指示といった重要な組織内交流情報の内容を咀嚼し，その要諦を自らの言葉で描き直すことでわかりやすい内容とする可視化への地道な取り組みが，職階を越えたコミュニケーション円滑化の一翼を担う中間管理職に求められる。さらに，職階が比較的少ないことで従業員から経営トップの顔がよく見える中小企業の場合，経営トップとの強固な信頼関係を構築しながら，自己のさまざまな経験を統合させて職責に応用し得るような臨機応変なマネジメントが，中間管理職には求められる。

(2) 理念経営を可能とするフレームワーク

経営トップと中間管理職とが，以上の行動を日々反復実行することを基本としたリーダーシップをそれぞれの立場から相互に発揮することは，組織内にマネジメント層による協働=コラボレーション体制を構築することに繋がる。このことが，組織内での縦横双方向の円滑なコミュニケーションを生み，従業員にとっては共有言語的な存在といえる経営理念への理解・共感が深まることとなろう。以上のような形で，経営理念を組織内に浸透させるプロセスが考えられる（図表1-3）。

なお，生起した問題や課題に迅速的確に対処すべき時こそが，経営理念の浸

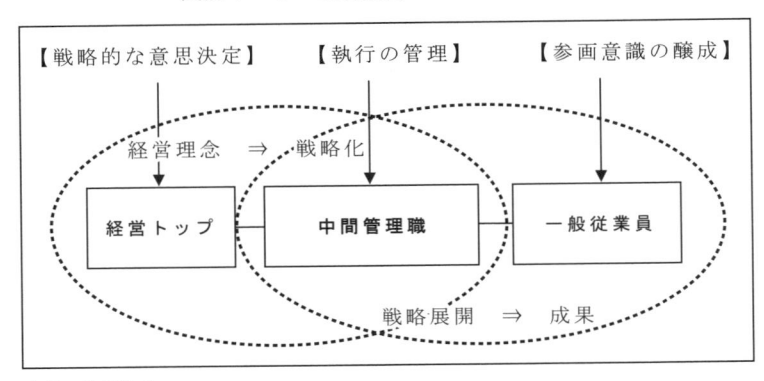

図表1－3　理念経営のフレームワーク

【戦略的な意思決定】　【執行の管理】　【参画意識の醸成】

経営理念　⇒　戦略化

経営トップ　―　中間管理職　―　一般従業員

戦略展開　⇒　成果

出所：筆者作成

透を促進させ，その効果を測定・評価する最良の機会であるとのＡ社経営トップによる示唆も，本事例調査から得た成果である。

Ⅳ　おわりに

　本章では，経営理念の組織内浸透を有意かつ効果的に図っていくためのマネジメント層に求められる行動特性について，同族経営の中小企業を事例に挙げながら明らかにした。

　まず，組織内に浸透させるにあたり経営理念自体に求められる構造的要件として，理想としての上位概念と具体的行動基準を示す下位概念による「階層性」を指摘した。行動基準は，従業員全体で共有され，総力を挙げて経営理念を具現化していく「基軸」であると同時に，人づくりの原点でもあり続けなければならない。しかしながら，従業員一人ひとりが仕事を進めるうえで大切にしている考え方や価値基準といったものは多様であるだけに，経営理念を浸透させていくためには，理念の内容と従業員自身の価値観とを戦わせ，自ら咀嚼させていくことから始めなければならない。この過程を経て，経営理念が本当に従業員自身のものとなるであろう。

次に，経営理念の組織内浸透を図るうえでマネジメント層に求められる行動要件を明示したが，本章で採り上げた調査対象企業の関係者からは，さまざまな示唆を得た。そのなかで特筆すべきことは，マネジメント層には振れない信念に基づいて繰り返し自らの心を伝えていくことが求められること，そして，従業員をまず幸せにできなければ大切な顧客を幸せにすることもできないという意識のもとで，従業員が自らの職務に対するやり甲斐やプライドを持ち続けられるようなマネジメントを推進していくことである。このような姿勢こそが，結果として顧客満足度を高める原動力となり得ると言えよう。

　経営理念の組織内浸透を図るには，理解促進期→定着期→成熟期といった段階を経ながら長期間を要するものと考えられるが，理念は会社生活を豊かなものにする術であり，従業員一人ひとりが信条として持ち続け，判断や行動の拠り所として活かし続けるよう，全社全部門を巻き込んだ組織横断的かつ反復継続的な取り組みが求められる。

【注】

1)　1．経営者のタイプによる分類：(a) 創業者・中興の祖型　(b) 内部経営層合議型
　　　　　　　　　　　　　　　　(c) 外部知識人依存型　(d) 従業員意思集約型
　　2．企業形成過程による分類　：(a) 官業型　(b) 官業払下げ型　(c) 民業型
　　　　　　　　　　　　　　　　(d) 合弁型
　　3．産業分類別による分類　　：(a) 第2次産業型　(b) 第3次産業型
　　4．企業規模による分類　　　：(a) 大企業　(b) 中小企業　(c) 零細企業
　　　　　　　　　　　　　　　　　　　　　　　　　　　　（間［1984］，p.18）
2)　2006年8月から10月にかけて，広島県内で事業展開している企業を対象に実施した。広島県内企業に限定した理由は，実施結果の精度向上に必要なフォロー調査を容易に行うためであり，県内の同族経営企業リストを基に決定した。

【参考文献】

[1]　Collins. J. C. & Porras. J. I. [1994] *Built to Last : Successful Habits of Visionary Companies*, New York: Harper Business. 山岡洋一訳『ビジョナリー・カンパニー』日経BP出版センター，1995年．
[2]　伊丹敬之・加護野忠男［2003］『ゼミナール経営学入門（3版）』日本経済新聞社．
[3]　伊藤勝教［2001］『インターナル・コントロール―内部統制システム構築の手引き―』

商事法務研究会。
- [4] 奥林康司［2003］『入門　人的資源管理』中央経済社。
- [5] 奥村憲一［1994］『現代企業を動かす経営理念』有斐閣。
- [6] 小野桂之介［2002］「ミッション経営に関する基礎的考察」『慶應経営論集』第17巻3号，pp.25-44。
- [7] 刈屋武昭［2007］「エンタープライズ・リスクマネジメント（ERM）への展望」『日本統計学会誌』第37巻第1号，pp.3-23。
- [8] 北居明［2001］『経営学への旅立ち（第3章）』八千代出版。
- [9] 小林誠［2004］「リスクマネジメントの『機能』と『システム』」『CUC view & vision』千葉商科大学経済研究所〔編〕第18号，pp.11-15。
- [10] 清水馨［1996］「企業変革に果たす経営理念の役割」『三田商学研究』第39巻2号，pp.87-101。
- [11] 野中郁次郎・竹内弘高［1996］『知識創造企業』東洋経済新報社。
- [12] 野林晴彦・浅川和宏［2000］「理念浸透『5つの策』—経営理念の企業内浸透度に着目して—」『慶應経営論集』第18巻1号，pp.37-55。
- [13] 間宏［1984］「日本の経営理念と経営組織」『組織科学』第18巻第2号，pp.17-27。
- [14] 松葉博雄［2007］「経営理念の浸透が顧客と従業員へ及ぼす効果—事例企業調査研究から—」『経営行動科学学会年次大会発表論文集』第10巻，pp.75-78。
- [15] 横山正博［2007］「戦略的人的資源管理を生かす従業員の創造性について」『星城大学経営学部研究紀要』第3巻，pp.27-52。

（執筆担当：瀬戸正則）

第2章　中小企業の戦略と意思決定

I　はじめに

　1980年代から1990年代初頭に至るまでは，わが国が，非常に高い産業競争力を有する時期であった。いわゆるバブル経済と呼ばれ，日本的経営が世界から大きく賞賛された時期でもある。同時に，中小企業もわが国の産業競争力を下支えする存在として役割を果たし，成長・発展してきた。

　しかし，バブル経済の崩壊によりわが国では，これまで当たり前のように思われていた右肩上がりの経済成長が終焉し，長期的な不況の時期を迎え，中小企業をめぐる経営環境も大変厳しいものとなった。

　厳しい経営変化に飲み込まれ，事業の停滞ひいては廃業にまで至る中小企業が存在する一方で，ベンチャー企業と呼ばれるような新たな事業分野を開拓し，急成長を遂げる企業の存在や，日本をはじめ世界でも活躍するような中小企業の例も多く見られる。この両者の違いは何に起因するのであろうか。

　本章では，中小企業で行われる意思決定を業績に違いをもたらす要因の1つとして取り上げ，高い業績に結びつく意思決定の特徴を明らかにすることを目的とする。

II　中小企業と意思決定の理論

　中小企業を含め，組織が何らかの行動をとる場合，それに先立ち，どのような行動をとるのか，それはいつ，誰が行うのかなどを決定するため，何らかの思考過程が存在するものと考えられる。この思考過程の結果が行動となって表れるのである。こうした行動に先立って行われる思考過程，すなわち行為に先

立ちいくつかの代替案を立案し，そのなかからひとつを選ぶという過程が意思決定である。

1．意思決定の基礎理論
(1) 意思決定の分類

バーナード（Barnard [1938]）は，個人の行為を区別したうえで，原則的には「熟考，計算，思考の結果である行為」と，「無意識的，自動的，反応的で，現在あるいは過去の内的もしくは外的状況の結果である行為」とに分けられることを明らかにした。また，前者の行為に先行する過程は，どのようなものであれ最後には意思決定と名づけうるものに帰着すると説明し，行為と意思決定の関係を明らかにしている。

その上でバーナードは，意思決定を「個人的選択の問題としてかかる努力を貢献するかどうかに関する当該個人の意思決定」，すなわち個人的意思決定（individual decision）と，「個人的結果に直接の，あるいは特定の関係をもたないものであるが，意思決定を必要としているその努力を，それが組織に与える効果と，それが組織目的に持つ関係の見地から，非人格的なものとみる」意思決定，すなわち組織的意思決定（organizational decision）に分類することができるとしている。言い換えれば，個人的意思決定とは個人が個人の目的や動機を満足させるために行う意思決定であり，組織的意思決定とは主に個人が組織の目的のために行う意思決定である。

また，意思決定はサイモン（Simon [1977]）によっても意思決定構造の複雑さの程度により定型的意思決定（programmed decision）と非定型的意思決定（nonprogrammed decision）に分類されている。定型的意思決定とは，決定すべき問題が常時反復して発生し，その問題の構造もすでに明らかであるため，あらかじめ解決策が用意されていたり，決定ルールが設定されている意思決定のことである。一方，非定型的意思決定とは，決定すべき問題が新規であり，問題構造が不明確または不安定であるため，その都度，意思決定の複雑な過程を経て行われる意思決定である。

(2) 意思決定の階層性

　企業の内部で，その企業が有する目的や目標を遂行するために行われる意思決定すなわち組織的意思決定について，アンゾフ（Ansoff [1965]）がその階層性の研究を行っている。アンゾフは，企業内で行われる意思決定について，全体的な意思決定をいくつかの個々に独立したカテゴリーに分割することで，統合的な意思決定過程の研究が容易になることを指摘し，意思決定を大きく3つに分類している。それが，戦略的意思決定（strategic decision），管理的意思決定（administrative decision），業務的意思決定（operating decision）である。

　戦略的意思決定では，意思決定の主要な対象を社外の課題とする点が特徴である。具体的な例としては，自社が生産する製品ミックスや販売市場の選択などであり，主に社内のトップマネジメントにより行われる意思決定である。

　また，管理的意思決定においては，その決定事項が大きく2つに分けられる。1つは組織構造すなわち権限と責任の関係，仕事の流れ，流通経路，施設立地などの社内に有する資源の構造化に関する事項であり，もう1つは，原材料の調達先の開発，社員の能力開発，資本や設備の調達といった経営資源の調達と開発に関する事項である。なお，この管理的意思決定は，主にミドルマネジメントにより行われる。

　一方，業務的意思決定では，日常業務の効率的遂行を通じて，企業の資源転換における効率を最大にするための意思決定を行う。具体的な決定事項としては，価格決定，生産の日程計画，適正在庫の設定など，各職能部門および製品ラインの資源配分が中心となる。この業務的意思決定は，主にロワーマネジメントにより行われる。

(3) 意思決定のプロセス

　サイモンは，意思決定を決定のための機会を見出すこと，可能な行為の代替案を見出すこと，行為の代替案のなかから選択を行うこと，および過去の選択を再検討すること等の4つの主要な局面からなることを明らかにした。その上

で，意思決定は一般に次にあげる4つのプロセスを経て行われることを説明している。

①**情報活動**（intelligence activity）

意思決定が必要となる条件を見きわめるために環境を探索する活動である。なお，この段階では意思決定の対象となる問題の識別も行われる。情報活動の段階においては，問題の識別と同時に，問題解決のための情報収集が行われる。

②**設計活動**（design activity）

問題解決のための可能な行為の代替案を発見あるいは開発し，分析を行う活動である。第1段階である情報活動で識別された意思決定問題を解決するため，実行可能と考えられる代替的な行動を探索する段階と言える。この代替案の探索・識別には2つの方法がある。1つは，日常反復的な決定問題についてすでに行動代替案のリストが作成されていて，それを探索するという方法である。もう1つは，新規の決定問題について行動代替案を求めるという方法であり，後者のほうがより創造的かつ革新的対応が必要である（村松［1991］）。

③**選択活動**（choice activity）

先の設計活動にて探索された行動代替案のなかから，最適と思われる案を選び出す段階である。用意された代替案について，それぞれの案を実行に移した場合，どのような結果を生むかを予測し何らかの基準によって評価を行い，最適なものを1つ採用するという手順をとる。

④**検討活動**（review activity）

選択活動にて選ばれた最適行動代替案を実行した際に，結果として生じた成果を検討する活動である。望ましい成果が得られないと判断されたり，連続的に他の意思決定にも続いていくタイプの意思決定に関しては，再び第1段階である情報活動へ立ち戻り意思決定のサイクルが繰り返される。

以上が，サイモンが明らかにした意思決定プロセスであるが，実際の意思決定はさらに複雑である。特定の意思決定の各段階は，それ自体が複雑な意思決定プロセスにより構成される。選択活動の段階で代替案を評価しても，採用可能な適切な案が存在しなければ，再び代替案の探索すなわち設計活動を行うよ

うに，前の段階にさかのぼって意思決定が行われる場合もあることもあり，意思決定は，常に情報活動，設計活動，選択活動，検討活動の順序に従って行われるわけではない（徳重［1994］）。

2．中小企業における意思決定の特性
(1) 中小企業における意思決定の特徴
　中小企業では非組織的な意思決定の果たす役割が大きく，同じ条件を与えられた場合であっても，その際に行う意思決定が企業により大きく異なることが予想される。なぜなら，中小企業の場合には，オーナー経営，ワンマン経営などという呼称で示されることが多いように，個人的な意思決定が頻繁に行われている可能性が高いためである。

　中小企業では，経営者をはじめとしたトップマネジメントの経営に対する想いや思想などを色濃く映した意思決定が日常的に行われ，その結果として中小企業の独自性を生み出しているものと考えられる。その独自性により，それぞれの企業が示す業績の指標に影響を与えているのではないかという可能性は無視することができない。

　また，中小企業は総じて保有する経営資源に限界があり，それによるさまざまな制約を受けている。そのため，中小企業では限られた経営資源の有効的な利用が特に不可欠であり，企業経営に際し生じてくるさまざまな問題や課題に対し，経営資源をいつ，どれだけ配分するのか，あるいは全く配分しないのかなどの意思決定が，その業績を大きく左右するものと考えられる。経営資源が比較的豊富な大企業であれば，日々生じる問題や課題に対して人的な資源だけでなく資金などを比較的容易に投入することができる。しかしながら，経営資源に制約を受ける中小企業にとっては問題や課題の全てに十分な経営資源を投入することは現実的に不可能であり，さまざまな事項に対して，取捨選択の意思決定が必要となる。

(2) 中小企業における意思決定の重要性

　意思決定が導く結果も中小企業の経営には重大な事項と言える。中小企業はその規模の小ささから，一つひとつの意思決定が企業全体に及ぼす影響が大きい。大企業であれば許される失敗であっても，中小企業にとっては企業としての死活問題となる場合もある。

　例として製造業を営む中小企業における研究・開発を挙げることができる。研究・開発とは企業における未来への投資である。そのために，ヒトや設備，資金などを投入するが，何年か続けた後にその研究・開発が失敗だったということは，その間に投入した経営資源が直接的には全て無駄であったことを意味する。もともと経営資源の少ない中小企業にとって，これがどれほどの影響を及ぼすのかは想像に難くない。このような例からも，中小企業にとっての意思決定の重要性を示すことができる。

Ⅲ　中小企業における意思決定の実際

　高い業績につながる意思決定の特徴を明らかにすることを目的に，中小企業における意思決定の実態調査を行った。中小企業で行われる意思決定という不可視的な概念と，その意思決定がもたらす業績との関係を明らかにするといった同様の調査・研究は筆者の知る限り数少ないため，ここで明らかになった結果は今後の中小企業経営に対して多くの戦略的な示唆を与えるものと考える。

1．調査項目の設定

　メンデルソン＆ジーグラー（Mendelson & Ziegler [1999]）は，企業で行われる意思決定と業績の関係を明らかにしている。彼らは，海外の大企業を対象とした調査で企業が行う意思決定を，組織が持つ能力としてポイント化し，それを組織ＩＱ（organizational intelligence quotient）として表した。組織ＩＱはサイモンの意思決定プロセスを理論背景に，意思決定の構成要素を5つの項目に分解したものである。各項目についてのアンケート調査等により，各項目

におけるポイントが高いほど業績も高くなることを実証している。組織ＩＱを構成する５つの項目を以下に示す。なお、各項目と意思決定プロセスの関係は**図表２－１**のとおりである。

①**外部情報認識（ＥＩＡ：external information awareness）**

外部情報認識とは、環境変化をもたらす外部の情報を早く的確に捉えるための能力である。ここで取り扱う主な外部の情報を大別すると顧客の情報、競合の情報、技術や業界の情報などに分けられるため、外部情報認識を構成するサブ要素として、「顧客」「競合」「技術」の細分化した項目を用いている。なお、外部情報認識は意思決定プロセスにおいては、情報活動に包含される能力と位置付けられる。

②**内部情報発信（ＩＫＤ：internal knowledge dissemination）**

内部情報発信とは組織がその内部において有する知識や情報を共有し、学習

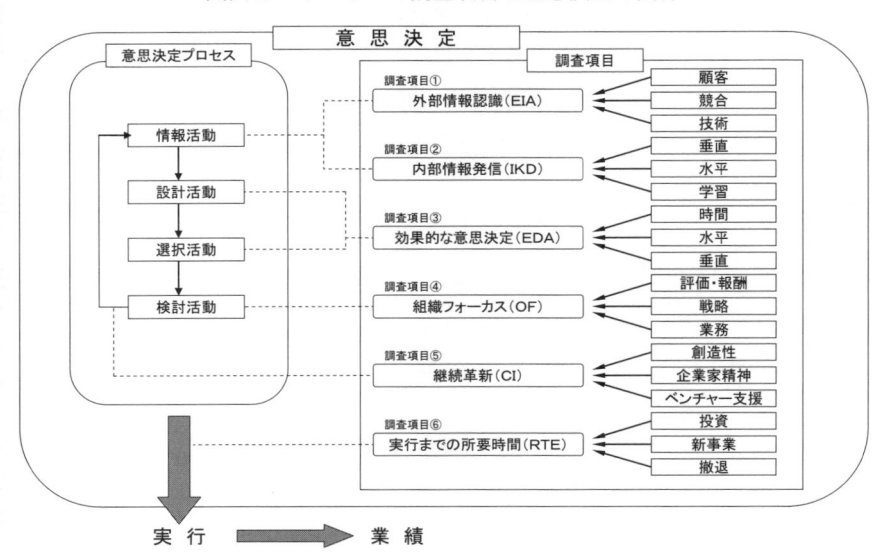

図表２－１　６つの調査項目と意思決定の関係

```
意思決定プロセス → 意思決定
  情報活動        調査項目
  設計活動        ①外部情報認識(EIA) ← 顧客／競合／技術
  選択活動        ②内部情報発信(IKD) ← 垂直／水平／学習
  検討活動        ③効果的な意思決定(EDA) ← 時間／水平／垂直
                  ④組織フォーカス(OF) ← 評価・報酬／戦略／業務
                  ⑤継続革新(CI) ← 創造性／企業家精神／ベンチャー支援
                  ⑥実行までの所要時間(RTE) ← 投資／新事業／撤退
→ 実行 → 業績
```

出所：筆者作成

につなげるための能力である。内部情報発信を構成するサブ要素として，組織内における階層間での情報認識を示す「垂直」，階層内での情報認識を示す「水平」，得られた情報の学習への利用を示す「学習」に細分化する。また，この内部情報認識も外部情報認識と同様に，意思決定プロセスの情報活動に包含される能力と位置付けられる。

③**効果的な意思決定**（ＥＤＡ：effective decision architecture）

効果的な意思決定とは，前段階の意思決定の構成項目である外部情報認識，内部情報発信すなわち情報活動により収集された情報を分析し，いくつかの行動代替案を設計し，それらのうちから選択を行うための能力である。この効果的な意思決定は，決定までに要する時間を示す「時間」，決定に際し他の部門などとどれだけ協調を行うかを示す「水平」，決定にあたり最終的な決定権を組織内のどの階層が有しているのかを示す「垂直」のサブ項目で構成される。なお，効果的な意思決定は意思決定プロセスの設計活動，選択活動に含有される能力と位置付けられる[1]。

④**組織フォーカス**（ＯＦ：organizational focus）

組織フォーカスとは，組織が明確な目標や価値観に対して取り組む増進力を増すための能力であり，意思決定プロセスにおける検討活動にあたる能力と位置付けられる。この組織フォーカスを構成するサブ項目には，目標に対する達成度合いを評価する制度の整備，評価に基づき適切なインセンティブを与える制度の有無などを示す「評価・インセンティブ」，組織が戦略を重要視する度合いや戦略の共有の程度を示す「戦略」，業務における進捗管理や手順やプロセスの明確化の度合いなどを示す「業務」がある。

⑤**継続革新**（ＣＩ：continuous innovation）

継続革新とは組織が新たな活力や創造性を生み出すための能力である。意思決定プロセスでは，特定の問題や課題に対して，情報を集め，いくつかの代替案を生み出し，そのうちの１つを選択し検討を行うといった手順で行われることは先述したとおりである。しかしながら，実際の企業で行われる意思決定はこのように単純ではない。意思決定のプロセスは一度何らかの行動をとること

が決定されればそれで終わりではなく,実行に移されるまで,あるいは,問題や課題が解決されるまでは,より適切な決定を探索するため,意思決定プロセスは何度も繰り返される。すなわち,意思決定プロセスのサイクル化である。よって,意思決定プロセスにおける継続革新の位置付けは,第4段階目にあたる検討活動から再度,第1段階の情報活動につながる部分にあたる。この継続革新を構成するサブ項目には,ＱＣ活動や提案制度,組織横断的な組織の活用の度合いを示す「創造性」,組織の構成員に対して企業家精神を高めるための風土や制度の有無を示す「企業家精神」,起業や業務改善のための研修制度の有無を示す「ベンチャー支援」がある。

　本章にて,中小企業の意思決定と業績に関する調査・分析を行うにあたっては,組織ＩＱの5つの構成要素を調査項目とした。しかしながら,次のような理由から,この5つに加えて,もう1つの調査項目を加えた。
　ゴールドマン（Goldman［1995］）は企業における俊敏性に関する研究を行い,俊敏性に関する機能は企業活動の中で,一番重要な存在に移行させなければならないとしている。また,ストーク＆ハウト（Stalk & Hout［1990］）は,時間と企業経営の関係について調査研究を行い,時間は経営の業績を左右する基本的な変数であるとしている。彼らは共に,企業の業績に及ぼすスピードの重要性を示唆している。そこで,いくら速く,的確な意思決定を行ったとしても,決定内容が実行に移されるまでに多くの時間を要していたのでは,効果的な意思決定が行われたことにならないのではないかと考えた。企業内において,意思決定が行われた場合,決定内容にもとづいて何らかの行為が行われるが,その間には必ず実行までの所要時間が存在する。この時間をどのくらいに設定するのか,あるいは結果的にどのくらいになってしまうのかも,意思決定能力の重要な構成要素となり得るものと考え,6つ目の調査項目として決定が行われた後に,その内容を迅速に行動に移すための能力を示す「実行までの所要時間（ＲＴＥ：required time for execution）」を設けた。なお,「実行までの所要時間」のサブ項目には,投資案件の決定がなされた後に,決定内容が実

際に実行に移されるまでの時間を示す「投資」，新たな事業分野への進出が決定された後に，決定内容が行動に移されるまでに要する時間を示す「新事業」，不採算事業などからの撤退が決定された後に，実際に撤退のための行為に移るまでの時間を示す「撤退」を設定した[2]。

2．調査の概要

　調査を実施するにあたり調査対象とする企業を選定した。今回の調査では，中小企業を対象とするため，その定義として「中小企業基本法」における量的基準を用いた。しかしながら，その定義を満たす企業を取り上げる場合，対象となる企業の範囲は広く大企業以外の全ての企業が対象となってしまう。本調査の目的すなわち意思決定と業績との関連性を解明することからすれば，企業の業種や規模，創業年数などは同一であることが望ましい。なぜなら，業績と意思決定の関係を明らかにしようとした場合，業績に影響を与えることが考えられる要因をあらかじめ取り除くことが必要だからである。

　例えば，創業間もない企業の成長率は高いことが知られている。企業の成長率を雇用創出能力でみた中小企業総合研究機構［2004］の調査によれば，多くの企業では，創業後1～2年目の雇用創出力が高く，創業後5年以降は比較的落ち着いて推移することが明らかになっている。これは，売上や従業員の伸び率などの業績指標を用いた場合，それぞれの企業の意思決定の実態とは別の要因で業績に差が生じることを示している。そのため，調査対象とする企業は中小企業であることはもちろんであるが，さまざまな要素から絞込みを行う必要がある。

　まず，企業規模の範囲を絞り込むために，調査対象に従業員数50～100名の条件を設定した。企業規模を示す指標には，中小企業の定義でも触れた資本金の額などもあるが，中小企業の場合，資本金の額と企業の規模が一致することは稀であり，企業の規模を測る指標として用いることは不適切と判断した。なぜなら，中小企業では経営者やその親族などによる会社への貸付金や内部留保された資本を資本金同様の扱いとして長期に利用しているケースが多く見ら

れ，見かけよりも資本金の額が少なくなっている場合が多いためである。そのため，企業規模を測るための指標として従業員数を用いた。

さらに，創業による企業の成長および業績の伸びの効果を除くために，創業後10年以上の企業を対象とした。これは，先に示した中小企業総合研究機構の調査結果から，創業後5年程度までは創業による成長への効果が見られることを考慮した。

以上の条件を満たす中小製造業を，調査の対象企業として設定し，郵送によるアンケート方式により調査を行った[3]。

3．調査結果の集計および分析

アンケート結果に基づき，各企業ごとに算出された各調査項目と業績との関係について分析を行った。集計については，質問表の回答をもとに，各設問ごとにポイントの高かった企業から順に，$1，1-2/(n-1)，1-4/(n-1)，\cdots，-1$ というように等間隔にスコアを与えた。そして，各企業ごとに各設問のスコアの平均値を求めることにより，サブ項目のスコアを算出した。

しかしながら，業績評価としてどのような指標を用いるかという問題がある。産業研究所［2005］が大企業を対象に行った同種の調査における分析では，売上成長率および売上利益率，一人当り売上高が用いられている。これらの指標を，中小企業間の業績を比較するための指標として用いることが可能なのであろうか。

経営上の裁量により，利益などはトップマネジメントの意向や選好を一定レベル反映させることが考えられ，公表される数値は実情とは全く異なったものになる可能性がある。また，長期的視野に立った複数年度にまたがる投資は，その投資が直接収益を生み出さない年度においてもコストとして賦課される点も指摘できる。企業全体に対し経営者個人の及ぼす影響力が大企業と比べ大きく，また，規模の小ささから投資の結果が利益に影響を及ぼしやすい中小企業にとっては，この傾向が更に大きくなるものと考えられる。

このような理由から，本章では中小企業間の業績を比較するための指標とし

て従業員数を用いることとした。事実,『中小企業白書』などでも中小企業の業績あるいは成長を見るための指標として従業員数は頻繁に取り上げられている。なお,業績については,その状況を企業間で比較するために直近3期の従業員数を用いて回帰式を求め,その傾きすなわち従業員数成長率を業績評価の指標とした。

4. 分析結果の考察

　高い業績をあげる中小企業においては,どのような意思決定がなされているのか。これまでの調査や分析結果をもとに,業績に違いを及ぼす意思決定の特徴についていくつかの視点から考察を加える。併せて,大企業に対して行われた同様の調査結果との比較を行うことで,中小企業で行われる意思決定の特徴を明らかにする。

　図表2－2は,組織IQを構成するサブ項目について,従業員数成長率上位1/3となる14社と,下位1/3となる14社の平均スコアの差を示したものである。組織IQを構成するサブ項目ごとの比較を行うことにより,高い業績をあげる企業とそうでない企業の間にある意思決定の違いが明らかになった。また,図表2－3は,本章における調査結果および以下で行う考察により明らかになった中小企業における意思決定と業績との関係を示したものである[4]。

(1)　分析結果からみた意思決定の特徴

　分析結果では,業績の上位企業と下位企業との間で意思決定を構成するサブ項目において様々な違いが見られた。図表2－2はその違いをスコアの差としてまとめたものであるが,各項目によりスコアの差が大きく異なっている。差が特に大きなものについては,その項目が業績の違いに大きく影響を及ぼしているものと考えられる。ここでは,以下に示す各視点から分析結果の考察を行う。

①技術志向と革新性

　従業員数成長率の上位企業と下位企業の間でスコアの差が大きなサブ項目を

図表2-2　各サブ項目における業績上位企業と下位企業のスコアの差

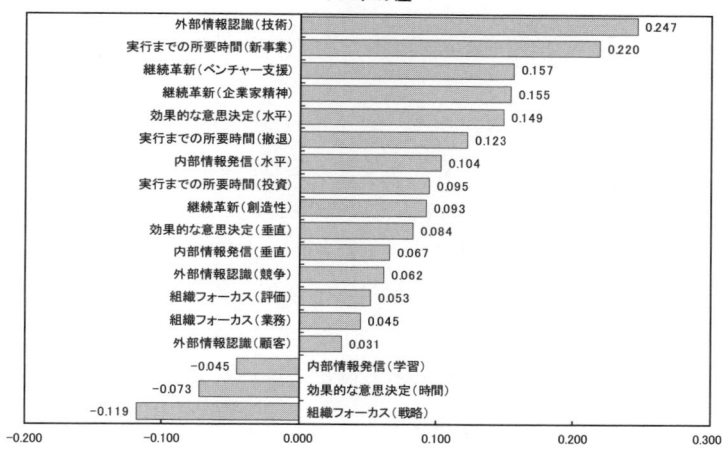

スコアの差

外部情報認識(技術)	0.247
実行までの所要時間(新事業)	0.220
継続革新(ベンチャー支援)	0.157
継続革新(企業家精神)	0.155
効果的な意思決定(水平)	0.149
実行までの所要時間(撤退)	0.123
内部情報発信(水平)	0.104
実行までの所要時間(投資)	0.095
継続革新(創造性)	0.093
効果的な意思決定(垂直)	0.084
内部情報発信(垂直)	0.067
外部情報認識(競争)	0.062
組織フォーカス(評価)	0.053
組織フォーカス(業務)	0.045
外部情報認識(顧客)	0.031
内部情報発信(学習)	-0.045
効果的な意思決定(時間)	-0.073
組織フォーカス(戦略)	-0.119

出所：筆者作成

図表2-3　中小企業における意思決定と業績との関係

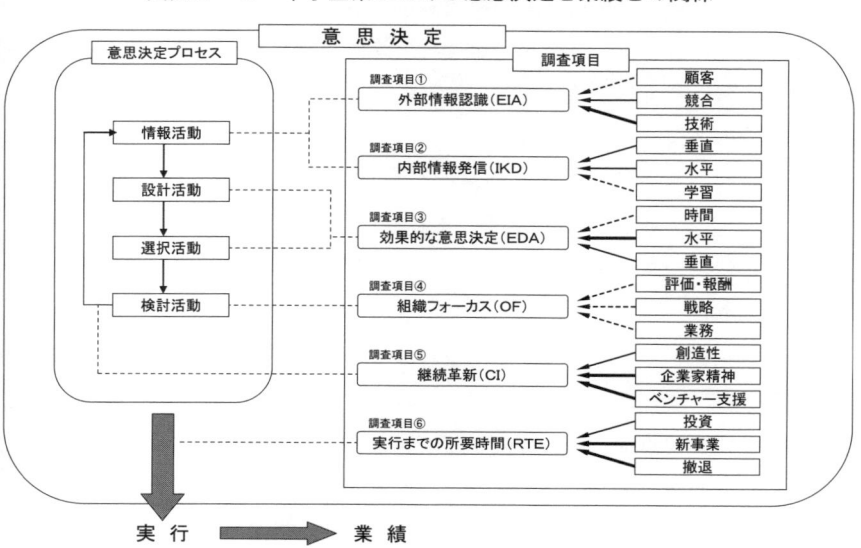

意思決定

意思決定プロセス：情報活動 → 設計活動 → 選択活動 → 検討活動

調査項目：
- 調査項目① 外部情報認識(EIA) ← 顧客／競合／技術
- 調査項目② 内部情報発信(IKD) ← 垂直／水平／学習
- 調査項目③ 効果的な意思決定(EDA) ← 時間／水平／垂直
- 調査項目④ 組織フォーカス(OF) ← 評価・報酬／戦略／業務
- 調査項目⑤ 継続革新(CI) ← 創造性／企業家精神／ベンチャー支援
- 調査項目⑥ 実行までの所要時間(RTE) ← 投資／新事業／撤退

実行 ⇒ 業績

出所：筆者作成

みると,「実行までの所要時間（新事業）」（0.220ポイント),「継続革新（ベンチャー支援）」（0.157ポイント),「継続革新（企業家精神）」（0.155ポイント）となっている。これらは,ともに企業における革新性に関する項目という共通点がある。

ハメル＆プラハラード（Hamel & Prahalad［1994］）は,他の条件が同じならば,革新的な新製品を素早く展開する能力を社内に構築してきた企業が激しい競争の中で高い位置を確立できることを指摘している。このことからすれば,「外部情報認識（技術）」（0.247ポイント）が上位にくることも,いち早く新製品や新たな技術を導入するために外部の情報を積極的に取り込もうとする企業行動に起因するものと考えられる。ピーターズ＆ウォーターマン（Peters & Waterman［1982］）は,好業績をあげるためには俊敏性とあわせて絶えず企業家精神を育てていくことが重要であることを指摘している。またアーカー（Aaker［1984］）は,企業家精神の重要性を示し,企業家精神に溢れる者が力を発揮できるような環境を企業が整備することの必要性を指摘している。今回の調査の結果はこれらに沿うものであったと言える。以上により,中小企業が行う意思決定において,技術志向を持ち,革新性を意識することが高い業績に結びつくものと考えられる。

②部門間の連携

同様に従業員数成長率の上位企業と下位企業のスコアの差を見ると,「効果的な意思決定（水平）」（0.149ポイント),「内部情報発信（水平）」（0.104ポイント）が上位に示されることがわかる。これらはともに,部門間の連携に関する項目である。

加護野［1980］は,所属部門が異なれば成員が保有する情報の量,種類,情報源が異なり,各部門が仮に全く同一の目標を持ったとしても,それを達成するための手段の妥当性についての判断が異なることをあげている。その上で,部門間での共同意思決定の必要性と,目標あるいは認知の差すなわち各部門が有している情報の差異をできる限り小さくすることの必要性を指摘している。また,沼上［2004］は,部門間での水平関係について,各部門の担当者が直接

連絡を取り合い問題解決や調整を行うことの有用性とともに，そのためのインフラの必要性を指摘している。これらは，今回の調査において，部門間の連携に関する項目で上位企業と下位企業との間に差が見られたことによっても確かめられた。以上により，中小企業が高い業績をあげるためには，意思決定における部門間の連携が重要であるものと考えられる。

③実行までの所要時間

「実行までの所要時間（新事業）」(0.220ポイント)，「実行までの所要時間（撤退）」(0.123ポイント)，「実行までの所要時間（投資）」(0.095ポイント) と，意思決定後にそれが行動に移されるまでに要する時間についての項目でも，従業員数成長率の上位企業と下位企業との間に比較的大きなスコアの差が見られた。前節で触れたゴールドマンやストーク＆ハウトらの示した時間と業績との関係が，この調査でも再現されたことになる。この結果から，中小企業においては意思決定が行われた後に，できるだけ早くその実行に取り掛かることが，高い業績につながるものと考えられる。

(2) 大企業との比較からみた意思決定の特徴

組織ＩＱを用いた大企業を対象とした同様の調査が産業研究所によってなされている。本章ではこれまで調査結果を業績の上位，下位に分けて分析を行ってきたが，産業研究所の調査では反対に，組織ＩＱのスコアについて上位1/3および下位1/3の企業それぞれについて，業績指標の平均値を用いて分析が行われている。

図表２－４は，産業研究所［2005］の分析データをもとに，本章における調査で得られたデータを加え，各調査項目のスコアの平均値を比較したものである。なお，業績指標として用いた成長率のデータは，大企業では産業研究所が用いた売上高成長率を，中小企業では本章の調査で用いた従業員数成長率を用いている。また，「実行までの所要時間」の調査項目については，産業研究所の調査では項目として取り上げられていないため，ここでの比較項目からは除外した。

図表2－4　組織ＩＱ上位企業と下位企業の業績比較

		平均値				成長率(%)
		外部情報認識	サブ項目			
			顧客	競合	技術	
大企業	外部情報認識上位1/3	0.436	0.400	0.517	0.392	2.400
	外部情報認識下位1/3	−0.511	−0.567	−0.517	−0.450	−1.000
	上位－下位	0.947	0.967	1.034	0.842	3.400
中小企業	外部情報認識上位1/3	0.211	0.209	0.217	0.208	1.077
	外部情報認識下位1/3	−0.208	−0.183	−0.228	−0.213	0.763
	上位－下位	0.419	0.392	0.445	0.421	0.314

		平均値				成長率(%)
		内部情報発信	サブ項目			
			垂直	水平	学習	
大企業	内部情報発信上位1/3	0.317	0.310	0.443	0.200	−0.302
	内部情報発信下位1/3	−0.398	−0.452	−0.443	−0.300	−0.024
	上位－下位	0.715	0.762	0.886	0.500	−0.278
中小企業	内部情報発信上位1/3	0.185	0.106	0.182	0.267	1.088
	内部情報発信下位1/3	−0.203	−0.093	−0.264	−0.253	0.106
	上位－下位	0.388	0.199	0.446	0.520	0.982

		平均値				成長率(%)
		効果的な意思決定	サブ項目			
			時間	水平	垂直	
大企業	効果的な意思決定上位1/3	0.346	0.389	0.375	0.274	−1.806
	効果的な意思決定下位1/3	−0.403	−0.306	−0.500	−0.405	0.808
	上位－下位	0.749	0.695	0.875	0.679	−2.614
中小企業	効果的な意思決定上位1/3	0.164	0.213	0.275	0.004	0.117
	効果的な意思決定下位1/3	−0.176	−0.228	−0.250	−0.049	0.189
	上位－下位	0.340	0.441	0.525	0.053	−0.072

		平均値				成長率(%)
		組織フォーカス	サブ項目			
			評価・報酬	戦略	業務	
大企業	組織フォーカス上位1/3	0.430	0.583	0.411	0.295	1.614
	組織フォーカス下位1/3	−0.523	−0.633	−0.443	−0.492	−1.050
	上位－下位	0.953	1.216	0.854	0.787	2.664
中小企業	組織フォーカス上位1/3	0.174	0.110	0.161	0.253	2.997
	組織フォーカス下位1/3	−0.166	−0.092	−0.192	−0.214	1.533
	上位－下位	0.340	0.202	0.353	0.467	1.464

		平均値				成長率(%)
		継続革新	サブ項目			
			創造性	企業家精神	ベンチャー支援	
大企業	継続革新上位1/3	0.452	0.296	0.700	0.361	1.614
	継続革新下位1/3	−0.573	−0.333	−0.683	−0.701	−1.050
	上位－下位	1.025	0.629	1.383	1.062	2.664
中小企業	継続革新上位1/3	0.633	0.618	0.628	0.654	3.301
	継続革新下位1/3	−0.610	−0.643	−0.646	−0.540	0.339
	上位－下位	1.243	1.261	1.274	1.194	2.962

出所：産業研究所［2005］pp.77-80 を参考に筆者作成

①情報収集と共有

　比較データから，大企業と中小企業の間で概ね同様の結果が得られたものの，情報に関する調査項目において特筆すべき違いが見られた。「外部情報認識」において，大企業の場合は外部情報認識のポイント上位1/3と下位1/3の企業群で3.400ポイントの成長率の差が見られたものの，中小企業では0.314ポイントの差が見られたのみである。反対に，「内部情報発信」においては大企業が－0.278ポイントの差であったのに対し，中小企業ではそれが0.982ポイントであった。これは，大企業と比較した場合に，中小企業にとって外部情報認識の能力が高いことよりも，内部情報発信の能力が高い方が高い業績に結び付く可能性が高いことを意味するものと考えられる。社外情報の収集は重要であることに違いはないが，それにも増してそうして得られた情報をいかに社内共有し活用を図るかということは，中小企業にとって業績向上の大きな手掛かりになるものと思われる。

②意思決定の迅速性

　「効果的な意思決定」については，大企業，中小企業ともに，そのスコアが高いほど成長率は低くなるという結果が示された。この原因については，図表2－2および図表2－3などから，「効果的な意思決定」を構成する3つのサブ項目のうち，「時間」が大きく関わっているものと考えられる。

　「効果的な意思決定（時間）」は，意思決定に要する時間を示すものであり，その時間が短いほど，すなわち早く意思決定を行うほどスコアが高くなるように設計されている。もともと，組織ＩＱという概念はメンデルソン＆ジーグラー（Mendelson＝Ziegler［1999］）により生み出されたものであり，その研究対象は米国シリコンバレーにおけるIT業界におけるハイテク企業を対象として実証が行われた。IT業界におけるハイテク企業といえば，業界自体の変化のスピードも速く，そのため迅速な経営活動が求められるのであろう。もちろん，この経営活動に大きな役割を果たす意思決定も迅速である必要がある。こうした背景から生まれた組織ＩＱという概念を，わが国における製造業に当てはめようとするとき，その迅速性の位置付けが変化する可能性は多分にあ

る。

　今回の調査でも明らかになったように，一度意思決定された事項は迅速に行動へと移すことが重要である。しかし，大企業および中小企業を含むわが国の製造業においては，意思決定を行うまでは時間をかけることの方が，早く意思決定することよりも業績に対してプラスの効果をもたらすのではないかと考える。

Ⅳ　おわりに

　本章では，中小企業で行われる意思決定を能力として捉え，意思決定と業績との関係を6つの調査項目を用いて分析した。各調査項目を構成するサブ項目と業績との関係を明らかにすることで，高い業績をあげる中小企業の意思決定の特徴を示すことができた。

　企業経営にとって意思決定は欠かすことのできない最も基本的な事項であることは言うまでもない。企業経営では，全社的な戦略，マーケティング戦略，人事・組織戦略や財務戦略などさまざまなものを取り上げ，決定や実施がなされるが，その根源には必ず意思決定が存在する。有効かつ効率的な意思決定を追求することが，高い業績につながるものと考える。

　しかし，当然のことではあるが，意思決定が行われる時点において完全な正解と言える選択肢は誰も知り得ることができない。さらに言えば，意思決定された内容が最善のものであったかどうかは，意思決定の時点だけでなく将来にわたっても検証することはできない。また別の見地からは，それぞれの中小企業が置かれた状況が異なること，将来における経営環境の変化に対する不確実性の存在などの理由から意思決定内容の是非を判断することは非常に難しいとも言える。ならば，中小企業がいかにすれば高い業績につながるような有効かつ効果的な意思決定を行うことができるのであろうか。答えのひとつは，本章で繰り返し述べてきたように，意思決定という行為を組織の持つ能力として捉え，その能力を高めるための取り組みを行うことである。

【注】

1) 便宜上，サブ項目である「時間」については，決定に要する時間が短いほどポイントが高く，「垂直」については低い階層が決定権を有するほどポイントが高くなるようにモデルを設計している。
2) 便宜上，実行に移すまでに要する時間が短いほどポイントが高くなるようにモデルを設計している。
3) アンケート調査の実施期間は，2006年10月11日発送，10月24日締め切りとした。調査依頼を行った企業は，『広島会社手帳2006年版』に掲載された，上記の条件を満たす全ての企業116社である。内，47社から回答があり（回収率40.5%），有効回答数は42社であった（有効回答率36.2%）。アンケートへの記入については，経営者または経営に関わるトップマネジメント層による回答を依頼した。
4) 業績に対する影響が大きいサブ項目を太い矢印で示し，反対にあまり業績に影響を与えないサブ項目は波線の矢印で示している。

【参考文献】

[1] Ansoff, H. I. [1965] *Corporate Strategy*, McGraw-Hill. 広田寿亮訳『企業戦略論』産業能率大学出版部，1969年。
[2] Aaker, D. A. [1984] *Strategic Market Management*, John Wiley & Sons. 野中郁次郎・北洞忠宏・嶋口充輝・石井淳蔵訳『戦略市場経営』ダイヤモンド社，1986年。
[3] Barnard, C. I. [1938] *The Functions of the Exective*, Harvard University Press. 山本安次郎・田杉競・飯野春樹訳『新訳 経営者の役割』ダイヤモンド社，1968年。
[4] Goldman, S. L., Nagel, R. N. & Preiss, K. [1995] *Agile Competitors & Virtual Organizations Strategies For Enriching The Customer*, Thomson Publishing. 野中郁次郎監訳『アジル・コンペティション』日本経済新聞社，1996年。
[5] Hamel, G. & Prahalad, C. K. [1994] *Competing For The Future*, Harverd Business School Press. 一條和生訳『コア・コンピタンス経営』日本経済新聞社，1995年。
[6] Mendelson, H. & Ziegler, J. [1999] *Survival of The Smartest*, John Wiley & Sons. 校條浩訳『スマートカンパニー』ダイヤモンド社，2000年。
[7] Peters, T. J. & Waterman, R. H. [1982] *In Search of Excellence*, Harper & Row. 大前研一訳『エクセレントカンパニー』講談社，1983年。
[8] Simon, H. A. [1977] *The Science of Management Decision*, Prentice Hall. 稲葉元吉・倉井武夫共訳『意思決定の科学』産業能率大学出版部，1979年。
[9] Stalk, G. Jr. & Hout, T. M. [1990] *Competing Against Time*, The Free Press. 中辻萬治・川口恵一訳『タイムベース競争戦略』ダイヤモンド社，1993年。
[10] 加護野忠男 [1980] 『経営組織の環境適応』白桃書房。
[11] 産業研究所 [2005] 『製造産業の組織コーディネーションに関する調査研究』財団法人産業研究所。
[12] 中小企業総合研究機構 [2004] 『中小企業の創業環境・雇用創出力実態調査』財団法人中小企業総合研究所。

[13]　徳重宏一郎［1994］『経営管理要論（改訂版）』同友館。
[14]　沼上幹［2004］『組織デザイン』日本経済新聞社。
[15]　村松司叙［1998］『現代経営学総論（第2版）』中央経済社。

（執筆担当：小寺崇之）

第3章 中小企業の戦略と共同経営

I はじめに

　中小企業の半数以上は共同経営であると推測されているにもかかわらず[1]，共同経営をメインテーマとした学術的研究は，ほとんど存在しない。

　複数の人達が出資をするとともに，経営者として経営に深く係る共同経営企業の中には，大きな成長を果たしている企業が多数存在する。創業当時に遡れば，ソニー，マイクロソフトやコカ・コーラなども共同経営を基に，大きく成長した企業である。

　共同経営には，出資者，且つ経営者という比較的対等な複数の経営者が存在するため，利益に関する分配や蓄積などの経営方針に関して共同経営者間の意見対立が起こりやすく，内部分裂のリスクを孕んでいる。巷間よく耳にする経営陣の内部分裂が現実になると，製造ノウハウや顧客に関する秘密情報を熟知し，一定程度の社会的信用を有する強力な敵対的企業が出現することになり，企業成長どころか，存続にかかわる深刻な事態になることは容易に想像できる。最悪の場合，かつては互いに共同経営者として運命共同体であった人たちが，感情のもつれなどから泥沼の法廷闘争に至るケースも散見される。

　そこで，本章では，企業成長を成し遂げている共同経営企業を成功モデルとし，より良い共同経営を行うには何が大切なのか，を見出すことを目的に調査研究を行っている。

Ⅱ 中小企業と共同経営の理論

1. 共同経営パターン

　現実の企業経営では，1人の経営者（多くの場合，代表取締役）が他の経営者の昇進，報酬，及び経営上の重要な決定を専権的に行うというワンマン的な経営実態も多い。

　また，わが国の会社法制度によると，一般に最大株主の所有比率が過半数を占めると，役員の任免権など株主総会での通常決議に関する決定権を得る事ができ，3分の2以上を占めると会社解散，営業譲渡や定款変更などの特別決議に関する決定権を得る事ができる（会社法第341, 309条など）。

　このような経営実態や法制度から，所有者である経営者が複数人存在する共同経営であっても，所有者や経営者としての実質的な権限度合によって経営実態はさまざまであると推測される。4人の経営者の内，1人が70％を出資し，他の3人が10％づつを出資する共同経営の場合と4人が25％づつを出資する場合では，同じ共同経営形態であるとは言え，その経営における態様は大きく異なる。前者の場合，会社法に即して考えれば，4人の内，最多の出資をしている共同経営者の一存において，役員の選出や定款変更が可能であり，後者の場合，3名の共同経営者の賛同が無ければ決定できないのである。

　このような現実から，本章では共同経営を幾つかのタイプに分類し，重要な決定事項に関連する分類である「共同経営パターン」（図表3－1）を用いる。

　これは，共同経営を構成する所有者と経営者という2つの権限の実質的な分散度合を基に，4つのタイプに分類するものである。1人の共同経営者に，所有者としての権限と経営者としての権限の両方が集中し，権限の分散度合が低い場合は「共同経営パターンｍｓ」，対照的に両権限の分散度合が高い場合は「共同経営パターンＭＳ」となる。前者の場合，共同経営とはいえ，ワンマン的な要素が強い共同経営であり，後者の場合，重要事項に多数の共同経営者が実質的に関与することから，民主的で合議性の強い共同経営形態となる。

　共同経営パターン横軸の所有者権限とは，文字通り企業所有者としての権限

図表3－1　共同経営パターン

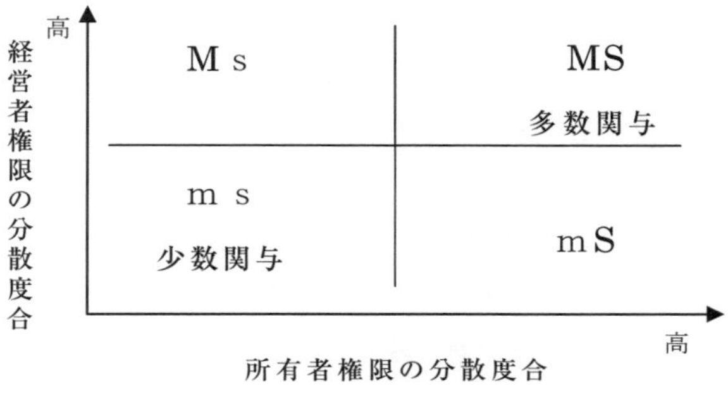

```
経営者権限の分散度合
高 │
  │    M s       │    MS
  │              │      多数関与
  │──────────────┼──────────────
  │    m s       │
  │   少数関与    │    m S
  │              │
  └──────────────────────────→ 高
        所有者権限の分散度合
```

出所：筆者作成

であり，会社法によると役員の選任などの株主総会における議決権，剰余金，及び残余財産などを受ける権利とされる。また，共同経営パターン縦軸の経営者権限とは，企業経営者である役員としての権限であり，取締役会を構成し，代表取締役の選定・解職や会社の業務を執行する権限などとされ，広い経営上の権限が法的に認められ，経営学的にも経営者の成すべき事として多くの見解が述べられている。

2．トップ・マネジメント・チームの態様

トップ・マネジメント・チーム（経営陣と同義で以下，TMTに省略）が下す意思決定は，経営全般に強い影響を与え企業の命運を左右する。よって，TMTが企業成長を達成するためのより良い意思決定を行う態様に関して，以下の3つの視点から検討を行う。

(1)　TMTにおける拡大性向

企業が長年存続し，成長することは決して容易なことではない。経営者の企業成長に向けての強い意欲があって初めて実現されるのである。

サイモン（Simon [1957]）によると，意思決定には事実的要素と価値的要素という2つの本質的要素が内在し，前者は手段，後者は目的として捉えるこ

とができ，これらが意思決定の過程に重要な影響を及ぼすとされている。

　事実的要素と価値的要素という異質な2つの本質的要素の内，手段としての事実的要素は，当該環境とのかかわりから最も経済的効用を高めるようとする理性的な要素として捉えることができる。他方，目的としての価値的要素は，どのような将来像を好ましいと感じるのかといった好悪感情として捉えることができ，選択肢が映し出す将来像に対する好悪感情として考えることができる。その将来像から認識されるメリットがもたらす満足感やデメリットがもたらす恐怖感といった感情の強弱が意思決定に影響を与え，仮に事実的要素が同一でも，拡大性向に関する個人差により，意思決定の最適解は異なるのである。

　ペンローズ（Penrose［1980］）は，全ての会社の成長は，重要な意思決定を行う中心経営陣が何事かを為そうとする企てと関連しており，それは成長を好む企業家的性癖であると指摘している。同時に，家族的・同族的中小企業の中には，リスクを極端に嫌い，リスクの伴う企業規模の拡大を望まない経営者も多く存在するとされる。

　清水［1983］は，経営者は常に野心，すなわち身分不相応な望みを心に持つことが大切であるとしている。これが成功への欲望，創造性，競争心，辛抱強さの前提となり，バイタリティーの源泉として，野心を強く持つ経営者は常に高い業績をあげていると結論付けている。

　これらの指摘は，価値的要素としての拡大性向が，あたかもベクトルにおける方向性のように企業成長に強い影響を与えることを述べているのである。

(2)　TMTにおける分散効果

　異なる視野を有する異質なTMTメンバーがより多く集まることで認知が分散し，選択肢の幅が広がり，より良い意思決定が可能になることを，本章では，TMTにおける分散効果と呼ぶ。つまり，A案とB案の2案からより良いB案を選ぶよりも，A・B・C・Dの4案からより良いC案を選択する方がベターであるという効果である。

　バンテル（Bantel［1989］）らは，199社の銀行におけるTMT構成と技術革

新との関連性について調査研究した結果，革新的な技術を保有する銀行は，経営陣の教育的水準も高く，彼らの専門的な職務範囲も多様であることが判明し，TMTの異質性と技術革新性との間に関連性があると述べている。

マーレイ（Murray [1989]）は，フォーチューン（Fortune）500における食品，及び石油関連企業84社のTMT構成と企業業績との関連性について調査研究した結果，単1人種のTMTは効率的に情報交換ができ，安定した環境における競争には適しているが，激しい環境変化に適応するには異人種混交のTMTの方が好ましいと指摘している。異人種混交は，高い異質性に起因し効率性が失われるので，短期的業績に関しては負の関係を有する。しかし，高い異質性に起因して環境への適応力は次第に増すことから，TMTの異質性と長期的業績とは正の関係になると述べている。

これらの指摘は，業種や環境によっても異なるが，TMTにおける視野の広がりが長期的な企業成長に好影響を与えていることを示し，TMTにおける分散効果の重要性を論じているのである。

(3) TMTにおける融合効果

それぞれ異なる考えを持つTMTメンバーは，話し合いや議論という融和統合過程において，より良い解決案を生み出すことができる。この効果のことを，本章では，TMTにおける融合効果と呼ぶ。つまり，A・B・C・Dの4案からより良いC案を選択するよりも，4案の良いところを融合するE案を創出した方がベターであるという効果である。この案は，個人レベルにおいては考え及ばなかったものであり，まさに個人の限界を超えたTMTとしての創出物である。

ドラッカー（Drucker [1966]）は，企業が成果を上げるための重要な要因として意思決定，コミュニケーションや会議の重要性について論じている。成果をあげる経営者を考察するのに当たって，意思決定は特別な扱いを受けるに値し，重要な決定に集中し，問題の根本を理解し，不変のものを見なければならず，決定の早さを重視してはならないと指摘している。同時に，決定の目的，

達成すべき目標,満足させるべき必要条件は何かを明らかにしなければならないとも述べている。そして,正しい意思決定の要件として,共通の理解,対立する意見,想像力を刺激する意思の不一致,及び競合する案をめぐる検討から選択肢が与えられることが重要であるとしている。

チャラン（Charan [2001]）によると,最も成功した組織とそうでない組織を分ける真の要因は,意思決定を導く対話,強固な組織運営メカニズム,そして,それらの循環であり,これらの要因が持続的な競争優位を構築していると結論付けている。それは,意見の対立によって緊張関係を表面化させ,その問題に関わる意見を徹底的に発言させて,緊張を解きほぐすというようなプロセスであり,論争と言うよりも真実の探求であると述べている。そして,その対話の場において重要な特徴は,「オープン」で「忌憚無く」「形式にこだわらない」ことであると指摘している。

これらの指摘は,TMTの意思決定過程における融和統合の質的深さの相違が長期的な企業成長に大きな影響を与えていることを示し,TMTにおける融合効果の重要性を論じているのである。

3．企業成長

企業成長を達成している共同経営企業を成功モデルとする本章では,当該企業の成長度合を測定し,その企業が成長しているのか,そうでないのかを判定する必要がある。そのためには,まず,企業成長とはどのようなものなのか,どのように測定するのか,という基本的な問いについて明らかにする必要がある。

(1) 企業成長概念

企業成長には様々な考え方があるが,自然界における生物の細胞分裂による成長や森の中で成長する木に比喩されるような自然発生的な成長観から学術的研究がスタートしている。

しかし,自然発生的な成長観に対して異なる考え方を持つペンローズ（Penrose [1980]）は，企業家や経営者の果たす人為的役割が企業成長に対して大きく寄与することを指摘し，以降の研究に多大な影響を与えている。そして，企業成長を測定する際，理想的には生産目的のために使用されるヒトを含む全資源の現価を測定するべきであるが，これを見つけることは不可能であるとしている。

　経済的価値を得るために提供される生産要素の集合体を組織の本質とするバーニー（Barney [2002]）は，「組織が生み出す価値」と「生産要素の所有者が期待する価値」とを比較し，前者が後者より大きいか等しい場合，所有者は生産要素をその組織に使用させ続けるとし，誘因，パフォーマンス，及び生産要素の増減の関連性について指摘している。

　企業成長の測定，及び成長過程について清水［1992］は，企業成長には計測可能な量的成長と計測困難な質的成長の２種類があり，「トップ→経営戦略→組織→製品→環境→成果→企業文化→トップ」という全経営過程のサイクルを通じて，売上高，従業員，総資産，利益などの有形資産とトップの自信，従業員のモラールアップ，コミュニケーションの活性化，企業イメージの向上などの無形資産が蓄積されていくとしている。

　このような先行研究の見解を総合的に勘案し，本章における企業成長観は，有形・無形の多様な経営資源の集合体である企業を立体的な形状である球体になぞらえ，必ずしも真球とは言えない歪（いびつ）な球体が膨張するような現象[2]として捉えることとする。歪な球体が膨張する現象は，一軸や二軸の尺度では正確には捉えきれず，Ｘ－Ｙ－Ｚ軸のような立体的視点，もしくは多くの断面から捉えることで初めて正確に把握できることから，単一の指標ではなく複数の指標を用いて企業成長を評価することになる。

(2) 企業成長測定指標

　本章の企業成長観からすると，単に「売上高」や「経常利益」の増加といった１つの財務指標だけでは，企業成長を正確に判定できない。

　企業体を真球として捉える場合，その体積は比較的容易に算出できるが，歪

図表3－2　先行研究における成長測定指標

先行研究	成長測定指標
Greiner [1972]	従業員数，売上高
Penrose [1980]	生産のために使用される全資源の現価
清水 [1983]	総資産，総資本，売上高，従業員数などの伸び率，利益額，総資産利益率，売上高利益率，自己資本比率，社会的責任などの総合指標
今口 [1992]	売上高
Storey [1994]	従業員数
金原 [1996]	売上高
Collins [2001]	株式運用成績
Barney [2002]	財務資本，物的資本，人的資本，組織資本
中小企業白書 [2003]	従業員数，売上高
日経 [2005] 優良企業ランキング	従業員数，総資産，株主資本，売上高
経済産業省 [2005]	売上高

出所：筆者作成

な球体とみなす場合，幾つかの断面を測定し，それらの大きさから総合的に体積を推定する必要がある。つまり，中小製造業を対象として，歪な球体に擬えた企業体が膨張しているのか，否かを判定するための現実的で説得力のある測定指標を導き出すことが求められるのである。

　企業成長を測定する指標は，図表3－2に示されるように先行研究によって様々であるが，従業員数，総資産，売上高のような「ヒト」「モノ」「カネ」に関連する指標が多く，従業員数や売上高などの単一指標の増加をもって企業成長が達成しているとする研究も多い。

　企業は，ヒト・モノ・カネ・情報などの多様な経営資源の集合体であるとの認識を持ちながらも，売上高成長率，従業員増加率，利益額増加率などの単一指標と成長要因との関連性について議論がなされることが多い。しかし，企業には定量的に測定しにくい側面も多いことから，単純に売上高，利益額，又は従業員数という単一指標だけで，成長の全容を捉えられるものではない。

第3章　中小企業の戦略と共同経営　81

図表3－3　成長測定指標の候補としての11指標

有形・無形の分類	経営資源の区分	成長測定指標
有形	カネ	年間売上高増加率
		経常利益増加率
		経営者報酬増加率
		資本金増加率
	ヒト	従業員数増加率
		経営者数増加率
		研究・開発者比率増加率
有形・無形	モノ・ノウハウ・情報	事業所数増加率
		減価償却費増加率
無形	ノウハウ・情報	知的財産増加率
	その他	主要顧客増加率

出所：筆者作成

そこで，本章の企業成長観を前提に先行研究の内容を総合的に勘案し，成長測定指標の候補として，**図表3－3**に示す11指標をあげた。

第1に，有形の経営資源として，「ヒト」「モノ」「カネ」をあげることができる。「カネ」に関する測定指標として，売上高，経常利益，経営者（回答者）報酬，及び資本金に関する増加率を採用する。調査対象の実態を考慮した測定指標である経営者（回答者）報酬増加率は，利益額を推定する代理変数の意味合いを持つ。「ヒト」に関する測定指標として，従業員数，経営者数，研究開発者数，「モノ」に関する測定指標としては，事業所数と減価償却費に関する増加率を採用する。減価償却費には，設備投資などの有形資産の償却だけでなく，工業所有権の償却も含まれる可能性があることから，有形・無形の両側面を示す可能性がある。

第2に，無形の経営資源として，「ノウハウ・情報」をあげた。具体的には，特許などの工業所有権や技術上のノウハウなどに代表される知的財産の増加率をあげた。調査対象である中小製造業においては，工業所有権を保有していな

い企業も多く存在すると考えられるため，ノウハウを含めた知的財産の増加率として主観的に回答を求めた。また，主要顧客数の増加という指標は，単に製品を製造する意味での狭義の生産要素ではないものの，企業の規模拡大概念には，企業の活動領域の拡大という概念が含まれる。このことから，本章独自の指標として，広義の全生産要素の中に生産には不可欠な製品受容先である主要顧客を含め，その増加率を成長測定の候補指標の一つに加えた。

そして，今後の調査結果から，歪な球体が膨張する企業成長観にそぐわない指標や調査対象者が適切に回答できない指標に関しては，対象企業の成長度合を判別する指標としては排除し，適切な指標だけを選択することにする。

Ⅲ 中小企業における共同経営の実際

本節では，前節において考案した共同経営パターン，ＴＭＴの態様，及び企業成長に焦点をあて，実態調査と事例調査を行い，それらの関連性について検証を行う。

1．実態調査
(1) 1次調査
①調査概要
1次調査は，後に行う2次調査の効果を高めるために予備的調査として行った。無作為に抽出した中小製造業の経営者200名に対して，2006年4月25日，自計式調査票を郵送し，5月15日までに26票を回収した。この調査に使用された実態調査票は，以下に示す項目などから構成されている。

- 企業の属性（親会社・親企業・合併の有無，業種，創業年月など）。
- 企業成長に関する測定指標（直近と5年前の年間売上高，経常利益，従業員数，減価償却費などの11項目）。
- 属性や自由記述　　など

②企業成長測定指標の検討

　企業成長の測定指標候補としての11指標が，対象企業の成長をどの程度的確に捉えているのかを確認するため，クラスタ分析（**図表３－４**），及び相関分析（**図表３－５**）を実施した。分析を実施する際，当該市場の需要増加率が成長測定指標に与える影響度合を確認するため，11指標以外に市場需要増加率を加えて統計解析を実施し，他の指標との関係性を確認した。

　相関分析の結果から，経常利益，経営者数，資本金，事業所数，及び研究・開発者比率に関する増加率は，企業規模の拡大と密接に関連すると考えられる売上高増加率，及び従業員数増加率の両指標との間に有意な相関関係が存在せず，これら５指標相互の相関関係も有意ではない。また，売上高増加率や従業員数増加率からのクラスタ分析による距離も遠く，歪な球体が膨張するような成長現象を的確に捉えているとは言い難い。

　他方，売上高，減価償却費，知的財産，従業員数，経営者報酬，及び主要顧客数に関する増加率の６指標（**図表３－４の樹状図の上側６指標**）は，クラスタ分析の結果から類似した指標と言え，これらは相互に有意な中程度の正の相関関係が成立するケースが多い。このような統計解析の結果と考察，並びに図

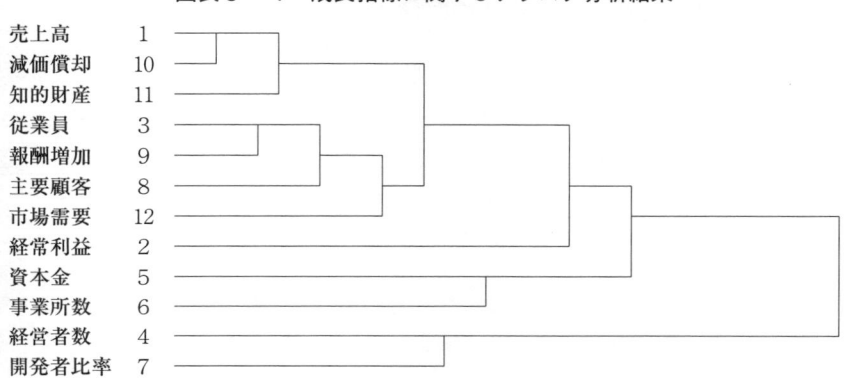

図表３－４　成長指標に関するクラスタ分析結果

```
売上高      1
減価償却   10
知的財産   11
従業員      3
報酬増加    9
主要顧客    8
市場需要   12
経常利益    2
資本金      5
事業所数    6
経営者数    4
開発者比率  7
```

注：個別指標名については図表３－３を参照
出所：筆者作成

図表3－5　成長指標に関する相関分析結果

Kendallのタウb		売上増加	経常利益	従業員数	経営者数	資本金	事業所数	開発者比率	主要顧客	報酬増加	減価償却	知的財産	市場需要
売上増加	相関係数	1											
	有意確率	.											
	N	22											
経常利益	相関係数	0.152	1										
	有意確率	0.363	.										
	N	19	19										
従業員数	相関係数	0.674	-0.06	1									
	有意確率	0	0.725	.									
	N	22	19	22									
経営者数	相関係数	0.115	-0.233	0.137	1								
	有意確率	0.517	0.227	0.444	.								
	N	21	18	21	21								
資本金	相関係数	0.06	-0.282	0.098	0.194	1							
	有意確率	0.735	0.138	0.582	0.347	.							
	N	22	19	22	21	22							
事業所数	相関係数	0.239	0.054	0.098	-0.079	-0.013	1						
	有意確率	0.176	0.781	0.582	0.697	0.95	.						
	N	22	19	22	21	22	22						
開発者比率	相関係数	0.046	0.162	-0.122	0.137	-0.064	0.183	1					
	有意確率	0.772	0.35	0.45	0.456	0.729	0.319	.					
	N	22	19	22	21	22	22	22					
主要顧客	相関係数	0.435	0.078	0.323	0.189	-0.339	0.378	0.129	1				
	有意確率	0.006	0.647	0.043	0.3	0.061	0.037	0.431	.				
	N	22	19	22	21	22	22	22	22				
報酬増加	相関係数	0.5	0.042	0.435	-0.041	-0.114	0.448	-0.094	0.539	1			
	有意確率	0.001	0.806	0.006	0.819	0.525	0.012	0.561	0.001	.			
	N	22	19	22	21	22	22	22	22	22			
減価償却	相関係数	0.436	0.023	0.432	0.209	0.108	0.101	-0.211	0.229	0.212	1		
	有意確率	0.013	0.901	0.015	0.301	0.595	0.622	0.244	0.204	0.235	.		
	N	18	17	18	17	18	18	18	18	18	18		
知的財産	相関係数	0.47	0.251	0.23	0.009	0.01	0.354	0.076	0.262	0.208	0.443	1	
	有意確率	0.007	0.188	0.186	0.964	0.959	0.075	0.671	0.141	0.236	0.021	.	
	N	21	18	21	20	21	21	21	21	21	18	21	
市場需要	相関係数	0.492	0.059	0.276	-0.007	-0.174	0.287	-0.089	0.29	0.389	0.252	0.299	1
	有意確率	0.002	0.726	0.079	0.97	0.33	0.108	0.581	0.068	0.014	0.157	0.088	.
	N	22	19	22	21	22	22	22	22	22	18	21	22

出所：筆者作成

表3－2に示された先行研究で使用されている指標を総合的に勘案し，これらの6指標は中小製造業の企業成長を測定する上で有効な指標と言える。

(2) 2次調査
①調査概要

無作為に抽出した国内2,000社の中小一般機械器具製造業を営む経営者に対して，2007年1月25日に自計式調査票を郵送し，3月15日までに425件を回収，この内，未回答項目の少ない分析可能な共同経営形態は368社であった。この調査に使用された実態調査票は，以下に示す項目などから構成されている。

- TMTの態様に関する要因（「当てはまらない」～「当てはまる」の5件法）
- 共同経営パターンを構成する14権限に関与する共同経営者数の記入欄
- 企業成長に関する測定指標
- 属性や自由記述

②企業成長測定指標の検討

2次調査では，1次調査で得られた6指標に総資産増加率を加えた7つの候補指標から統計解析結果を踏まえ，最終的な成長判定指標を選択する。これらの候補指標の統計量，相関分析，及びクラスタ分析の結果を図表3－6～3－8に示す。

図表3－6は，売上高や従業員数などの成長測定指標の増加率に関する統計量を示している。例えば，従業員数では，368社の内，355社が回答，13社が未回答（欠損値）であり，直近5年間に平均22％程度増加しているが，80％減少（最小値：－80）した企業から900％増加（5年間で9倍，最大値：900）した企業まで存在し，非常に幅広い分布をしており，他の指標も同様な見方をする。

図表3－6　368社の成長測定指標に関する統計量

統計量	売上高増加率	顧客増加率	従業員数増加率	総資産増加率	需要増加率	報酬増加率	減価償却費増加率	知的財産増加率
有効度数	345	319	355	237	275	318	278	279
欠損値	23	49	13	131	93	50	90	89
平均値	42.16	54.88	21.95	40.54	34.95	18.19	32.53	20.30
最小値	－93.3	－80	－80	－150	－50	－70	－66	－50
最大値	1900	4400	900	1785.7	300	500	700	500

注：増加率は直近5年間の増加％を示す。
出所：筆者作成

これらの統計解析の結果を基に，本章における企業成長観に適した成長測定指標を取捨選択し，それらの指標によって総合的に成長している企業とそうでない企業との分類を行う必要がある。その際，市場需要増加率は当該企業の外部環境を示すものと考えられるので，企業成長を判定する指標からは除外する。需要が増大する環境に，当該企業の主要な活動範囲を設定するという戦略的選択は非常に重要であるが，企業成長を判定するための総合的判定指標からは除外する。また，3分の1以上の対象企業において未回答となっている総資産増加率（図表3－6における欠損値：368社の内，131社）は，対象企業群の成長度合を判定する指標としては除外せざるを得ない。総資産増加率は，多くの要素を含む財務指標であり，企業成長を判定するという観点からは有益な指標であるが，多くの回収企業が回答していないことから，中小製造業を対象とする本章においては適してないことになる。このような現象は，財務諸表を入手することが困難な中小企業を対象とした研究の限界を示すものであろう。同様の理由から，4分の1近くの回収企業において未回答となっている減価償却費増加率（欠損値：368社の内，90社），及び知的財産増加率（欠損値：368社の内，89社）の2つの指標も総合的判定指標から除外せざるを得ない。

　図表3－7に示された相関分析の結果，ほとんどの成長指標は1％水準で有意な中程度の正の相関関係を示し，これらの指標は企業成長現象を異なる角度から多面的にとらえている可能性が高い。

　また，クラスタ分析から得られた樹状図（**図表3－8**）によると，成長指標は大きく2つに分類されており，1つは従業員数，総資産や知的財産などが含まれる一群であり，これらは企業の非金銭的な要素を多く含んでいる。もう1つは，売上高増加率や利益代替変数である経営者（回答者）報酬増加率であり，金銭的な要素を多く含んでいる。そして，比較的回答率の高かった従業員数増加率，顧客増加率，売上高増加率，及び経営者（回答者）報酬増加率の4指標（**図表3－8**の破線四角）は，この樹状図にほぼ均等に分散しており，企業成長を多面的に捉えようとする本章の主旨に合致し，総合的成長判定指標として適切であると言える。よって，2次調査においては，従業員数増加率，顧客増

第3章　中小企業の戦略と共同経営　87

図表3－7　368社の成長測定指標に関する相関分析の結果

Kendallのタウb		売上高増加率	顧客増加率	従業員数増加率	総資産増加率	需要増加率	報酬増加率	減価償却費増加率	知的財産増加率
売上高増加率	相関係数	1							
	有意確率	.							
	N	345							
顧客増加率	相関係数	0.327	1						
	有意確率	0.000	.						
	N	307	319						
従業員数増加率	相関係数	0.442	0.336	1					
	有意確率	0.000	0.000	.					
	N	341	316	355					
総資産増加率	相関係数	0.410	0.194	0.372	1				
	有意確率	0.000	0.000	0.000	.				
	N	233	214	235	237				
需要増加率	相関係数	0.483	0.241	0.344	0.328	1			
	有意確率	0.000	0.000	0.000	0.000	.			
	N	268	252	273	196	275			
報酬増加率	相関係数	0.350	0.176	0.267	0.256	0.346	1		
	有意確率	0.000	0.000	0.000	0.000	0.000	.		
	N	310	290	315	225	272	318		
減価償却費増加率	相関係数	0.247	0.146	0.236	0.173	0.340	0.295	1	
	有意確率	0.000	0.001	0.000	0.000	0.000	0.000	.	
	N	271	253	275	207	243	272	278	
知的財産増加率	相関係数	0.119	0.112	0.124	0.181	0.156	0.161	0.078	1
	有意確率	0.008	0.021	0.006	0.001	0.001	0.001	0.107	.
	N	271	255	277	203	246	270	251	279

出所：筆者作成

図表3－8　368社の成長指標に関するクラスタ分析結果

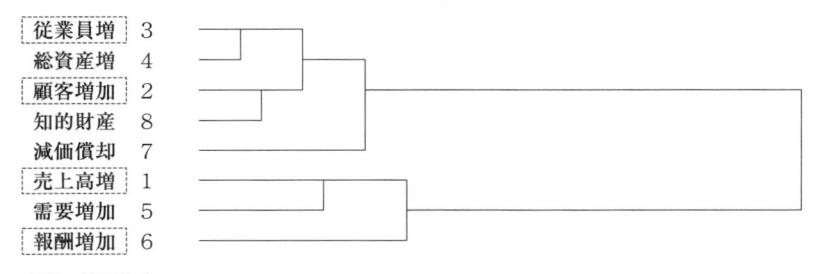

従業員増	3
総資産増	4
顧客増加	2
知的財産	8
減価償却	7
売上高増	1
需要増加	5
報酬増加	6

出所：筆者作成

加率，売上高増加率，及び経営者（回答者）報酬増加率の4つの測定指標を用いて，企業成長を達成しているかどうかの総合的な判定を行うことにする。

(3) 企業成長群の分類

これら4指標に関する5年間のデータを基に，成長度合を総合的に判定し，368社を3つの成長群に分類した結果，マイナス成長群は30社，低成長群は248社，成長群は49社，分類不能は41社となった（**図表3－9**）。

図表3－9　マイナス成長群，低成長群及び成長群の分類

成長群	社数	構成比率(%)
マイナス成長群	30	8.15
低成長群	248	67.39
成長群	49	13.32
合計	327	88.86
分類不能	41	11.14
総合計	368	100

出所：筆者作成

(4) 共同経営パターンに関する調査結果

共同経営パターン（**図表3－1**）を類別する14権限[3]に関与する共同経営者数のデータを基に，共同経営パターンの4つの象限への分布状態を3つの成長群ごとに分析し，その結果を**図表3－10**に示した。マイナス成長群（64.3％）は，他の2群（低成長群25.0％，成長群28.6％）に比べ，ｍｓ象限に顕著に高い比率で企業が分布している。ｍｓ象限は，所有者権限と経営者権限の両権限に関して，少数の共同経営者しか関与しない特徴を有する象限であり，重要な意思決定に関与する共同経営者の人数が少ない象限である。

(5) 分散効果に関する調査結果と考察

本章では，ＴＭＴにおける分散効果を推定するのに，意思決定に参画する人

図表3-10　共同経営パターン4象限に属する成長群別企業数／構成比率

象限	マイナス成長群	低成長群	成長群
MS	3社/ 21.4%	44社/ 50.0%	16社/ 57.1%
Ms	2社/ 14.3%	10社/ 11.4%	3社/ 10.7%
mS	0社/ 0%	12社/ 13.6%	1社/ 3.6%
ms	9社/ 64.3%	22社/ 25.0%	8社/ 28.6%
合計	14社/ 100%	88社/ 100%	28社/ 100%

出所：筆者作成

数として捉えた。共同経営パターンにおけるms象限は，重要な意思決定に関与する共同経営者の人数が少なく，広い視野に起因する分散効果が小さい象限と言える。**図表3-10**の調査結果は，経営における重要な意思決定に関して少数の共同経営者しか関与しない企業（ms象限に属する企業）は分散効果が小さく，企業成長を達成することが困難な傾向にあることを示唆している。

このような顕著な傾向が抽出されたことから，本章において提唱している共同経営パターンは，中小製造業において共同経営形態を分類する場合，有意性の高い考え方と言える。同時に，分散効果はTMTの意思決定に関して重要な役割を果たし，企業成長に対して強く影響していることが判明した。

(6)　拡大性向に関する調査結果と考察

TMTの拡大性向と成長群との関連性を調査するために，実態調査から得られたデータを基に分散分析を行った結果，3つの成長群の間に統計的に意味のある相違点を抽出することができた（**図表3-11**）。

第1に，「あなたは，会社規模の拡大を熱望している」（1～5点の5件法）という拡大性向を推定する質問に対して，成長群（表中3群）はマイナス成長群（表中1群）に対して，1％水準で有意に高い平均値（1.074ポイント差）になっており，規模拡大を強く望まない経営者では，企業成長が困難な傾向が示されている。しかし，この設問に関して成長群と低成長群（表中2群）の間

図表3-11　TMTの態様に関する分散分析の結果

融合効果に関する設問	(I)群	(J)群	平均値の差(I-J)	有意確率	拡大性向に関する設問	(I)群	(J)群	平均値の差(I-J)	有意確率
役員同士の話合や議論は，オープンで忌憚なく活発だ	1	2	-0.266	0.55	あなたは会社規模の拡大を熱望している	1	2	-0.672*	0.02
		3	-0.842*	0.02			3	-1.074*	0.00
	2	1	0.266	0.55		2	1	0.672*	0.02
		3	-0.576*	0.02			3	-0.401	0.12
	3	1	0.842*	0.02		3	1	1.074*	0.00
		2	0.576*	0.02			2	0.401	0.12
大きな決定に際して，代替案の検討を行う	1	2	-0.163	0.74	多くの役員は，規模拡大よりも経営の安全性や安定を望む	1	2	0.296	0.21
		3	-0.605+	0.06			3	0.76*	0.00
	2	1	0.163	0.74		2	1	-0.296	0.21
		3	-0.443*	0.04			3	0.464*	0.00
	3	1	0.605+	0.06		3	1	-0.76*	0.00
		2	0.443*	0.04			2	-0.464*	0.00

出所：著者作成

Tukey HSD
得点：1～5点の5件法　　　＊：平均の差は.05で有意
1群：マイナス成長群　　　＋：.10で有意傾向
2群：低成長群
3群：成長群

に有意な差異は抽出されておらず（有意確率0.12），両群間の代表者本人における拡大性向に関して顕著な差はない。

　第2に，「多くの役員は，規模拡大よりも経営の安全性や安定を望む」（1～5点の5件法）というTMT全体の安全・安定性向の程度を推定する質問に対して，成長群はマイナス成長群と低成長群に対して，1％水準で有意に低い平均値（0.76及び0.464ポイント差）になっており[4]，TMT全体の安全・安定性向が強い企業においては，大きな企業成長は困難な傾向が示されている。

　これらの結果から，代表者1人の強い拡大性向だけでは，企業成長の原動力としては不十分であり，TMT全体としての拡大性向が強い場合，大きな企業成長を成し遂げており，共同経営者という複数の中核的経営者に焦点をあてた本章の着眼点は，企業成長に関して新たな視座を供したと言える。

(7)　融合効果に関する調査結果と考察

　図表3-10の結果から，低成長群と成長群との2群間（MS象限：低成長群50.0％，成長群57.1％；ms象限：低成長群25.0％，成長群28.6％）の分散効果

においては，顕著な差異が存在するとは言えない。しかし，**図表3－11**の結果から，融合効果に関して極めて重要な相違点が抽出されている。

「役員同士の話し合いや議論は，オープンで忌憚なく活発だ」「大きな決定に際して，代替案の検討を行う」（1～5点の5件法）という融合効果を推定する設問において，成長群は，低成長群に対して5％水準で有意に高い平均値（0.576及び0.443ポイント差）となっている。つまり，意思決定の場はオープンな雰囲気であり，忌憚なく活発に意見交換がなされ，幾つかの代替案が検討された後，より良い案を意思決定した結果，大きな企業成長を達成している可能性が高いのである。成長群においては，参加者の多くが発言を控えるような雰囲気の中，十分な意見交換もなく，1人の役員が提案した案が決定されるという状態とは，全く異なる態様を示している。

このような有意な傾向が抽出されたことから，成長群と低成長群を分ける重要な要因として融合効果をあげることができ，単に頭数が揃うだけでは大きな企業成長を達成することは困難であり，深い内容に繋がる話し合いや議論が大きな影響を与えている。

2．事例調査

(1)　A社の企業概要

実態調査において成長群に分類されたA社は，4人の共同経営者が大手機械メーカーB社（2部上場）からスピンアウトし，1998年9月に創業，東京都内に本社を置く，資本金1千万円の半導体関連装置のファブレスメーカーである。「削る・磨く・洗う」をコア技術と位置づけ，大手企業の研究機関を中心とした個々の顧客の仕様に従い，クリーンルーム内で半導体表面を化学的及び機械的手法により鏡面に仕上げる加工（ケミカル・メカニカル・ポリッシング＝CMP），CMP装置・洗浄装置の製造販売，及びスラリーと呼ばれる研磨消耗材の販売を主な事業としている。現在の売上高は9億円程度，共同経営者5名，全従業員数20名，売上高の構成はCMP装置が40～50％，消耗資材は40～30％，委託加工は10％程度となっている。

(2) 創業に至る経緯

A社の共同経営者達の多くは，B社に入社する前に，A社と同様な事業を行う従業員50名程度のベンチャー企業C社に所属していた。A社の現社長Y氏と現専務Z氏，そして2人の当時の上司（課長）X氏の3名でスピンアウトし，X氏を社長とする共同経営形態としてD社を立ち上げた。創業3年で売上高4億円，従業員9名にまで成長したが，その頃からX氏の独断専行が激しくなったことで，Y氏及びZ氏との確執が深まり，両氏はD社を退社し，C社を吸収合併していたB社に入社したのである。両氏が退社して5年でD社は倒産しており，両氏にとって当時の様々な経験が反面教師として，現在のA社における共同経営に活かされている。

(3) 経営理念

「（目先の）利より義理を重んじよう」「皆経営者精神を持つ，エキスパートの集団でいよう」「当社の技術を持って，社会に貢献しよう」の3項目からなる経営理念を掲げている。Y社長は，会議の場などにおいて，この経営理念を繰り返し発言することで，組織内への浸透を図っており，一定程度達成しているようである。

(4) 経営方針

A社のホームページには，「共同経営の精神」が謳われており，共同経営形態による企業運営によって，仕事の精度が高まり，他社との差別化による独自性を実現し，将来の共同経営者の誕生に期待している旨の記述がなされ，戦略的共同経営が実施されている。後継者に関しても親族からではなく，共同経営者の中から選出する方針であり，共同経営者の役員報酬に関しては，基本的に全員同額としているが，企業債務に対して個人保証を行うY社長に関しては，若干の増額を行っている。

またY社長は，過去の共同経営者による内部分裂という苦い経験からか，役員間の分裂を企業運営上の最も恐れる事態と認識し，そのような事態を防ぐた

めにはコミュニケーションや嘘を言わないことが大切であり，その結果として役員間の信頼関係が醸成されると考えている。

(5) 外部要因

非常に高度な加工ノウハウが必要な業種であり，競合企業は少ないが，4年を周期としたシリコンサイクルと呼ばれる景気循環が存在する。しかし，研究機関を主要顧客としていることから，景気の波は量産装置メーカーほど大きくはなく，過去5年間の市場需要の増加は100％程度と考えられる。

(6) 中間要因

A社では，仕入先企業の社長が10％程度の出資を行い，外部株主として良き相談相手となっている。また毎年，中小企業診断士試験における3次実習の対象企業として，中小企業診断士による客観的な経営診断及び助言がなされており，戦略策定の参考にしている。このような中小企業診断士との密接な関係から，現在では1人の中小企業診断士を経営顧問として招聘している。

(7) 属性と拡大性向

Y社長は47歳で20％程度を出資し，営業と経営全般を管掌しており，Z専務は43歳で20％程度出資し，技術全般を管掌している。2人の常務取締役は共に20％程度を出資し営業を担当し，1人の取締役は10％程度を出資し，技術を担当している。ITバブル崩壊による苦い経験から，5名の共同経営者は，共に安定性向が強く，極端に強い拡大性向は示してないものの，上海企業と合弁し中国市場への進出を計画しており，持続的に企業成長を実現するという方向性は共有されている。

(8) 分散効果

不定期に5人の役員が集まり話し合いや議論を行い，様々な意思決定を行っているが，今後，テーマによってはマネージャークラスも参加させる予定であ

る。また，毎月1回，出席可能な従業員を集め，半日を費やす営業会議を開催し，年1回は決算資料がまとまった段階で，それらの資料を基に，全従業員による会議も実施している。このような全員参加型のガラス張り経営により，従業員の会社に対する帰属意識が高まっている。

(9)　融合効果

　5名の共同経営者による話し合いや議論の場は，自由闊達に各自が思ったことを発言しており，「議論を尽くし納得することが大切」とのポリシーのもと，時に「テーブルを蹴る」程の強い感情の発露を伴う，激しいやり取りがなされることもある。1人の共同経営者からの提案に対して，良くない提案に対しては4対1で不採用になり，まあまあの提案であれば3対2や2対3になることが多く，それらのメリットやデメリットを考慮する過程において，新しい代替案が生まれることもよくあり，TMTにおける融合効果が発揮されている。

(10)　A社事例における発見事実と考察

　A社の外部環境については，シリコンサイクルと呼ばれる大きな景気循環があるものの総じて需要は増加傾向を示している。中間要因について，協力的な外部株主が存在すると共に，中小企業診断士による公的制度を有効活用し，戦略の立案に客観性を持たせている。

　内部要因であるTMTの態様として，信頼関係を重視し，TMTの方向性が共有されており，5名の共同経営者が頻繁に集い，自由闊達な話し合いによりさまざまな意思決定を行っている。真剣な議論がなされ，メリットやデメリットを熟考することで代替案の検討も十分になされ，共同経営者間の感情共有も同時に促進されている可能性が高く，深い感情レベルに至る意思決定を導く場が存在している。A社における事例調査から，実態調査において示唆された成長群の特徴であるTMTにおける分散効果及び融合効果が確認できた。このようなTMTの態様を醸成できているのは，Y社長とZ専務が，D社において共同経営者間の内部分裂という貴重な経験をしたことが大きな要因と考えられ

る。

Ⅳ　おわりに

　今回の実態調査と事例調査により，TMTの拡大性向，分散効果，及び融合効果が，共同経営企業の成長に大きな影響を与えることが確認された。企業成長を実現するには，重要事項の決定に際し，TMTの方向性，関与人数としての量的要素，及び決定過程の質的要素が大切なのである。これには，個人の認知限界の克服という理性的要素と拡大性向といった感情的要素が強く関連し，感情的要素は原動力として，理性的要素は実現可能性を高め，企業成長に影響を与えている。感情と理性からなる2つの要素は，方向と力という要素を併せ持つベクトルのようなものであり，以下の関数として表現できる。Gは，企業成長へ向けての意思決定の有効性であり，性向強度とはTMTにおける拡大性向の強さを示す。

$$G = f (量的要素, 質的要素)$$
$$= f (分散効果, 融合効果, 性向強度)$$
$$= f (理性的要素, 感情的要素)$$

　ここまで，共同経営企業における企業成長を中心に検討を重ねてきた。TMTが互いに感情と理性を融合させる場は，あたかも新しい命を生み出す母胎のようでもあり，企業が存続し成長していくための新しい価値ある何かを創造する場なのである。この場の態様こそが，誰にも真似の出来ない成長力の源泉となっている。

【注】
1) 森下［1999］は，ベンチャー企業に関して調査し，イギリスの経営者の65%，日本の経営者の70%において，会社設立時にパートナーあるいは共同創業者が居たと指摘し

ている。
2) 「歪（いびつ）な球体」とは，企業をヒト・モノ・カネ・ノウハウ・情報などで代表される経営資源が作る球体として捉えると，全方位的に豊富な経営資源を持つ大企業は，真球に近い（歪でない球体）イメージになるが，経営資源が豊富といえない中小企業は，歪な球体をしており，得意な経営資源（歪に突出した部分）を生かして成長（膨張）する様を抽象的に表現したものである。
3) 企業経営上の重要な決定権限であるが，これらの14権限についての詳細は，紙幅の関係上省略した。詳細については木下 [2009] を参照されたい。
4) 会社規模の拡大性向という視点からは，この設問は逆転項目となり得点が低いほど拡大性向が強くなる。

【参考文献】

[1] Ansoff, H. I. [1965] *Corporate Strategy*. McGraw-Hill. 広田寿亮訳『企業戦略論』産業能率大学出版部，1969年。
[2] Bantel, K. A. and Jackson, S. E. [1989] "Top Management and Innovations in Banking: Does the Composition of the Top Team Make a Difference?" *Strategic Management Journal*, 10, pp.107-124.
[3] Barney, J. B. [2002] *Gaining and Sustaining Competitive Advantage Second Edition*, Prentice Hall, Inc. 岡田正大訳『企業戦略論　上　基本編―競争優位の構築と持続―』ダイヤモンド社，2003年。
[4] Charan, R. [2001] "Conquering a Culture of Indecision" *HBR, Apr. 2001*, Harvard Business School Publishing Corporation. ＨＢＲ編集部編訳「プロセス重視の意思決定マネジメント」『意思決定の技術』ダイヤモンド社，2006年。
[5] Collins, J. C. [2001] *Good to Great*, Collins Business. 山岡洋一訳『ビジョナリーカンパニー２　飛躍の法則』日経ＢＰ社，2001年。
[6] Drucker, P. F. [1966] "*The Effective Executive*" Harper & Row Publishing. 上田惇生訳『経営者の条件』ダイヤモンド社，2006年。
[7] Greiner, L. E. [1972] "Evolution And Revolution As Organization Grow" *President and Fellows of Harvard College*. 藤田昭雄訳「企業成長の"フシ"をどう乗り切れるか」『ダイヤモンド・ハーバード・ビジネス・ライブラリー』1979年2月, pp.69-78.
[8] Murray, A. I. [1989] "Top Management Group Heterogeneity and Firm Performance" *Strategic Management Journal*, 10, pp.125-141.
[9] Penrose, E. T. [1980] *The Theory of Growth of the Firm with a new Introduction by Martin Slater*, Basil Blackwell Publishers. 末松玄六訳『会社成長の理論（第二版）』ダイヤモンド社，1980年。
[10] Simon, H. A. [1957] *Administrative Behavior*, 3RD *Edition*, The Free Press. 松田武彦，高柳暁，二村敏子訳『経営行動―経営組織における意思決定プロセスの研究―』ダイヤモンド社，1989年。
[11] Storey, D. J. [1994] *Understanding the Small Business Sector*, International Thomson

Business Press. 忽那憲治・安田武彦・髙橋徳行訳『アントレプレナーシップ入門』有斐閣，2004年。
[12] 今口忠政［1992］「組織の成長段階と組織特性の変化（第3章）」（山口操・藤森三男編著『企業成長の理論』）千倉書房，pp.43-66。
[13] 木下良治［2009］「中小製造業における共同経営と企業成長に関する研究」広島大学大学院社会科学研究科博士論文。
[14] 金原達夫［1996］『成長企業の技術開発分析―中堅・中小企業の能力形成―』文眞堂。
[15] 経済産業省・厚生労働省・文部科学省編［2005］『2005年版　ものづくり白書』ぎょうせい。
[16] 清水龍瑩［1983］『経営者能力論』千倉書房。
[17] 清水龍瑩［1992］『大企業の活性化と経営者の役割』千倉書房。
[18] 中小企業庁［2003］『中小企業白書　2003年版』ぎょうせい。
[19] 森下正［1999］「日英ベンチャー企業経営者の比較研究」国民金融公庫，調査季報第50号。

（執筆担当：木下良治）

第4章 中小企業の戦略と事業承継

I はじめに

　昨今の中小企業の課題として，中小企業経営者の高齢化や後継者不足などの事業承継問題がクローズアップされている。これは，事業承継に失敗することで，中小企業が廃業や倒産を余儀なくされ，地域経済の衰退や雇用が失われる可能性が高いからだ。現実的にも，事業承継の着手，実行に至らなかったり，後継者がどうしても見つからない企業は多い。その場合，企業を売却，もしくは譲渡するといった対応を採るか，廃業という道を選ばざるを得なくなる。

　総務省「事業所・企業統計調査」(2004年)によると年間約29万社が廃業し，そのうちの約7万社が「後継者がいない」ことを理由にしている。たとえ後継者を決定したとしても，安易に事業承継を行ってしまうと結局廃業への道を辿るということにもなりかねないので，財産権と経営権の承継に時間と労力を惜しまないことが大切になる。

　企業の廃業によって，推計約20～35万人の雇用が失われることは，日本経済に大きなマイナスを与えることは明白である。日本経済を担う中小企業の廃業は，近年の不況の中でなんとか阻止しなければならない課題である。

　このようななか，最近の事業承継に関する調査研究や文献では，事業承継の課題として「相続税対策」や「株式の後継者への集中」など「資産の承継」に重点を置くものが多く見受けられる。しかし，事業承継に着手する際の課題として，中小企業向けのアンケート調査（中小企業金融公庫「中小公庫レポート(No.2008-1)」等）を見てみると，「事業の将来性」「後継者の力量」「後継者の教育」など「経営の承継」の方が「資産の承継」よりも上位にあることがわかる。

そこで本章では，事業承継の中でも，わが国の中小企業で多くを占める同族企業の経営承継（親族内での事業承継）をスムーズに行うためにはどうすればよいかを考察する。さらに，親族内承継を成功させるために必要な経営者の役割と後継者教育に必要な要件を探り，独自に設定した4つの承継タイプのそれぞれの特徴と課題を整理する。

具体的には，後継者問題を抱えている55歳前後の2代目経営者を対象に，事業承継に成功した企業5社，うまくいかなかった企業2社の計7社にインタビュー調査を実施し，その承継方法をタイプ別に分析した[1]。

その結果から，事業承継がスムーズにいった中小企業とそうでない中小企業を4つのタイプに分け，それぞれの中小企業の事業承継における後継者育成の方向性と経営者の役割を明確にする。

II 中小企業と事業承継の理論

1. 同族企業の定義と先行研究

近年，食品偽装や不当表示の問題で，オーナー企業は内部ガバナンスが働かないなどの理由で世間に悪いイメージを与えている。政治の世界も世襲議員の問題が取り沙汰されている。このように，代々親から子へ受け継がれた企業は，歴史的にみても多数存在している。さらに，事業を継ぐのは，長男であることが多い。今年になってトヨタが創業家の豊田章男副社長を社長に昇格させる人事を固めたと報道されたように，大企業であっても世襲が行われている。

では，世襲，同族企業，オーナー企業，家族経営，ファミリー企業などについて検討する前に，これらの言葉の意味，定義はどのようなものであるかを明らかにしておく。これらは同義で使われているようだが，確たる定義はない。法人税法では，「上位大株主3人の持ち株比率をあわせて50％を超える会社を同族会社」と定義している。また，中小企業白書（1999年版）では経営権に着目しオーナー企業を「創業者，創業グループのメンバー，2，3代目若しくは創業家の血縁につながる者のこと，あるいは大株主個人のことをいい，その

オーナーが社長,会長あるいは相談役として経営の第一線に立っている,若しくは,実質的な支配権を握っている企業のことをオーナー企業」と定義している。本章では,同族企業とは,上記の定義を参考に,「創業者ないしはその一族が経営の実権,代表権を握っている血縁関係の強い企業」とする。

同族企業が良いか悪いかの議論は別にして,中小企業の場合は,会社の所有と経営が十分に分離されておらず,経営者に株式が集中しているのが実態である。そのため,同族企業の場合,後継者の親族が議決権を支配するオーナーであり,経営権を支配する経営者でもある。同族企業が多いからといって,そのような大役を何も考えずに長男に任せてしまっても,世界中の経営者の長男がすべて経営者に適しているとは言えない。また,長男が適任と考えても,その長男が経営責任を負って事業を継ぐ意思があるか確認をしなければならない。

つまり,経営者にとっては,最適な後継者候補を選定し,後継者候補の意向を聞き,後継者が将来の会社経営において,環境変化に適合しながら会社の業績を伸ばすという最大の任務が果たせるように,いつまでに,何を伝え,教育するのかを計画的に進めることが重要な役割となる。

次に中小企業の事業承継のための後継者の能力や承継課題についての先行研究を見てみると,クリステンセン(Christensen [1953])は計画的な事業承継が,企業の業績向上の重要な要素であることを示し,後継者のマネジメント能力が,承継後の企業パフォーマンスに大きな影響を与えることを指摘している。

また,承継未定企業に注目した井上 [2008] は,承継未定企業への支援の必要性を述べているが,MBOやM&Aの市場が整備されていない現状では,承継未定企業が従業員への承継や第三者への売却など親族への承継以外の承継が現実には難しいと指摘している。

これらの先行研究からわかるように,スムーズな事業承継を行うには,従業員や他社に譲ることを考えるよりも,同族のなかから後継者候補を選定し,後継者のマネジメント能力を育成することが有効と考えられる。だが現実は,親族内に後継者がいない場合や後継者に能力がない場合も多く,その対策とし

て，トヨタのように中継ぎのサラリーマン経営者を選任することで対応をとることも考えられる。

2．中小企業の事業承継の具体的展開
(1) 経営者の役割と後継者の能力

前項での検討を踏まえて，事業承継の円滑化の要因を，中小企業基盤整備機構［2007］の統計データ分析による円滑な事業承継要因のアンケート調査結果から探った。それをもとに，現経営者の役割と後継者に必要な能力について筆者なりにまとめると以下のようになる。

〈経営者の役割〉

①経営者は「後継者にとって跡を継ぎたいような会社」，つまり業績が良好な会社にし，サラリーマンよりも夢が持てる会社にしておくことが必要である。

②経営者は後継者へのサポートや経営権の集中のためにも，承継準備（財産権と経営権）を早期に行い対策を講じること，そのためにも財産承継と後継者育成を織り込んだ承継計画を適正に策定し，実行することが必要である。

③経営者が明確なビジョンや経営方針を示し，それを実践していくことが後継者との信頼関係の構築につながる。

④経営者は早期のうちに少しずつ後継者に権限を移し，引継ぎまでには全面的に委譲する。

⑤経営者は後継者育成とともに後継者をバックアップする人材の育成と組織を構築する。

〈後継者の能力〉

①後継者にとっては自分が目指すような会社での就業経験が有効で，それにより「企業全体の仕組み」が修得することが，将来の経営に役立つ（情報収集力，マネジメント力）。

②後継者はこれまでの企業風土を引き継ぐためにも古参幹部とのコミュニケーションが必要で，また，激変する環境変化に対応し，課題解決を図るために

は，対外的な折衝を精力的に取組むことが重要である（リーダーシップ，コミュニケーション能力，対外的折衝力，課題解決能力）。
③後継者は信頼できるブレーンを育成して，幹部や社員からの理解を得ること，そのために後継者は，幹部や社員とのコミュニケーションに努め，信頼できる幹部社員を持つことが重要である（組織力，リーダーシップ）。
④事業承継が円滑な企業は，後継者が社内改革をバランスよく実施している。後継者が社内改革を推進する場合，先代社長のサポートが不可欠である（コンプライアンス，ガバナンス，経営革新，起業家精神）。
⑤後継者が先代や古参社員よりも優れた能力を持つことでステークホルダーへの承継の理解が深まる（コア・コンピタンス，リーダーシップ，説得力）。

(3) 承継の類型

今回の調査では，先代から現経営者へと承継を行った企業へのインタビュー調査をもとに，事業承継のタイプを4つに分けて分析を行った。

それぞれのタイプは，**図表4－1**のように縦軸に後継者の経営者としての「実務経験」を採り，横軸に先代の事業承継の「計画性」を採り分類した[2]。

第1のタイプは，ユニクロの柳井正社長のように創業者である父親が放任的で権限委譲を早くから行い，後継者が独自のビジネス・モデルをつくったり，新規性のあるアイデアや自分の感性と経験を駆使した「第二創業タイプ」である。

第2は，トヨタ自動車のような大企業の同族企業の承継にみられるように子息が育つまで適宜，優秀な第三者を経営者として中継ぎさせ，子息はその間帝王学を学び計画的な承継を行う「プリンスタイプ」である。

第3は，中小企業に多いタイプで，先代や古参社員，兄弟などとの人間的不和は生じても，自身のコミュニケーション能力とリーダーシップを発揮し，時間はかかるが組織を軌道に乗せる「課題解決タイプ」である。

最後は第3のタイプと同じような環境の中，人間関係での課題解決が図れない企業や環境に適合できない企業，また最近多くみられるコンプライアンスや

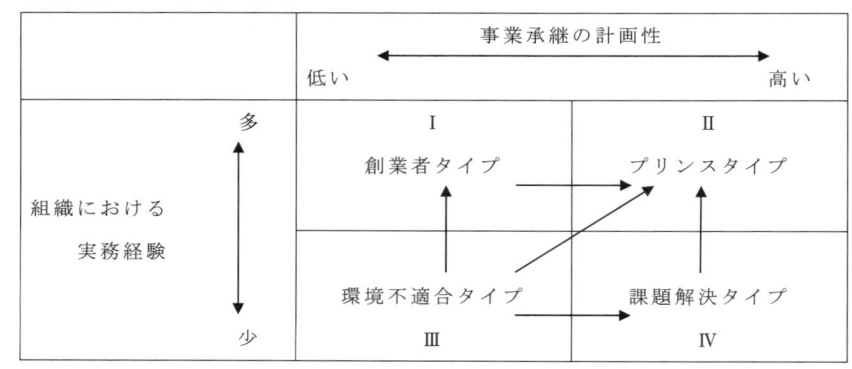

図表4-1　後継者の類型（タイプ）

		事業承継の計画性	
		低い	高い
組織における実務経験	多	I 創業者タイプ	II プリンスタイプ
	少	III 環境不適合タイプ	IV 課題解決タイプ

出所：筆者作成

ガバナンスが働かず，食品偽装などの不祥事が発生してしまう企業などのような「環境不適合タイプ」である。

III 中小企業における事業承継の実際

1. 事例の概要

　ここでは，2代目の55歳前後の経営者で，事業承継に成功した5社（食品製造・小売業，計装機器製造・販売業，防水設計・施工業，薬品販売業，ドラッグストア）と事業承継に失敗し倒産した企業1社，事業承継はうまくいかず異業種に進出した企業1社の計7社に対しインタビュー調査を実施した。紙幅の都合で今回はタイプの違う2社を取り上げて中小企業の事業承継についての経営者の役割と後継者の育成について考察を行う。A社は，後継者類型の「第二創業タイプ」の中小企業であり子息を後継者にする予定の企業である。

　もう一社のB社は，一般的な中小企業に多い人間関係で苦労はあったが，時間の経過と自身のリーダーシップで乗り切った「課題解決型タイプ」の会社である。現在のところ子息を後継者にするか，従業員に承継させるか，M&Aを志向するか迷っている企業である。

2. 事例1

(1) A社の企業概要（第二創業タイプ）

　A社は，現在の社長の父が大正時代に商店街の一角で明太子を主力にした食品製造・小売業を創業している。その後，商店街の火災を契機に店舗展開が始まった。現社長が入社したのは，地元の大学を卒業した直後であった。大手企業に内定していたが，この火災の発生で家族経営であった食料品店を手伝い，親の手助けをしなければならいとの想いで入社した。

　火災で店舗を失ったため，スーパーマーケットに出店し，店長として全権限を任されたが，当初は食料品店を経営していくというよりもアルバイトの延長線での店舗運営であった。

　その後，A社は商店街での経験と勘に頼る成り行き経営からショッピングセンターで近代的経営を学んだことにより，顧客志向の店へと変身を遂げていった。また，成長の過程で大規模小売店舗法の規制緩和もあり，次々に大型ショッピングセンターの出店ラッシュに乗って店舗展開を行った。

　そのため，現経営者は20代後半から仕入れ，販売，財務，人事等経営全般を実質的に任された状態にあった。45歳で先代からバトンタッチし，現在45店舗，売上高約56億円，従業員数約450名（パート・アルバイト含む）の企業に成長・発展している。

　現在の組織内親族は，会長（85歳），社長（56歳），社長の弟である専務（55歳）であるが，それぞれの役割分担が明確になっており，組織はうまく機能している。そして，現社長には今年大学を卒業する長男（23歳）と次男（22歳）の後継者候補がいる。どちらかが本体の社長として，もう一人は補佐役として残すか，別会社の社長として活躍してくれることを願っている。現在，承継時期を現社長が65歳となる10年後と考えている。

(2) 現社長の事業承継の経験

　では次に，現社長はどのようにして今の組織を継承してきたのであろうか。上記の企業概要にあるように入社してすぐに店長を任され，実務を通じて経営

を学んだ。新入社員教育もなく，経営の知識もほぼゼロの状態であった。

　しかし，入社した時点から，後継者としての自覚があり，火災の危機感とともに成長・発展への意欲があった。そして，先代の勘と経験で行っていた経営からスーパーマーケットでの販売環境が，実践的なマーケティング感覚と計数管理を学ばせたようである。そのため，現在の社員教育もOJT中心で，教育らしい教育は特に行っていない。強いてあげれば，やる気と好奇心，素直さを持つことが大切であるという。

　現在の経営で特徴的なのは，各店を独立採算制にしており，社長が経験してきた権限委譲を各店の店長に行い，完全実力主義を採っている。また，月次決算は，月末に締めて翌日には業績が出るようにしている。

　その他の組織運営やリーダーシップのとり方などについては，JC（日本青年会議所）活動で学び，経営課題について困ったことは友人や先輩に積極的に聞き，学んだようである。

(3) 経営者の役割と後継者の教育

　現社長の事業承継の経験から，後継者については，当初は子息に継がせるか従業員の中から選ぶか迷っていたようである。それは，会社の存続・発展や従業員の家族への責任を考えると優秀な経営者でなければ継がせてはならないとの考えからであった。しかし，債務保証のことや相続のことを考えると，2人の息子のどちらかを後継者にすることの方が良く，後継者は育成すればよいとの結論に至ったそうだ。

　それでは，どのように教育するかであるが，社長の自論として，5年間は他社の経験を積ませ，その後自分のアイデアと工夫で自らが創業し，社長業を経験すべきだとの考えを持っている。これは，自身の経験から来るもので，「いくらMBAで勉強しようが，資格を持っていようが，顧客の求めるものを自分で仕入れ，販売ができなければ経営はできない。まして，資金繰りの厳しさ，社員を引っ張っていくリーダーシップなどを体験し，悩み，苦しむことが一番の後継者教育である」と考えているからである。

また，後継者に何を伝えて何を残すかについては，「魚を与えるのではなく，つり方や竿を与えたい」と考えている。現在，属している食品業界も日本の人口が減少し，好みが多様化していることから，大きな伸びは期待できない。そのため，これからの経営者は，環境変化に対応した新しい展開ができるような「飯の種」を探せる情報収集力と，コンプライアンスが守れる組織づくりが必要と考えており，現社長は後継者にも第二創業タイプの経営者になることを願っている。

一方，経営者の役割として，後継者に自社の経営理念と組織風土を残し，後継者に創業経験を基にした社長業を経験させること，そしてリーダーシップを発揮できるような組織体制の整備と経営権の譲渡を段階的に行うことを考えている。また，自社株式や事業用資産の後継者への移転等財産権についても，計画的に承継する準備を進めている。

3．事例2
(1) B社の企業概要（課題解決タイプ）

B社は，先代が1946年に創業した機械設計，計装機器を製作する技術力の高い会社である。現在は，東京，大阪，名古屋に営業所を持ち，上海にも系列会社をつくり，海外戦略を視野に入れた経営を行っている。現在の売上高は，約16億円，従業員約130名の企業に成長している。

現在の組織内親族は，会長（80歳）のみである。そして，現社長（55歳）には今年大学を卒業する長男（22歳）と長女（26歳で既婚，夫は医療関係の仕事で事業を継ぐ意思はない）の後継者候補がいる。だが，現在のところ子息を後継者にするか迷っており，他の承継方法（従業員への承継，M＆Aなど）も視野に入れながら思案している。その理由は，自分が事業を承継して，先代との関係に苦労したことと，子息に経営能力があるかどうかとの不安からきているようである。それでも，事業承継時期を10年後で現社長が65歳前後になった時と考えている。

(2) 現社長の事業承継の経験

　現社長は，子供のころから父親の会社を継ぐ意思があり，高校の時からアルバイトで組み立てや部品加工をしていた。その後，地元の大学の工学部に入り，卒業後は取引先である大手機械メーカーに就職して計装の設計などを4年間学んだ。26歳で現在の会社に入社し，技術，設計，資材調達などの仕事をした。役員になったのは，結婚した32歳の時であったが，特に経営陣の一員になったとの意識はなかったようである。社長に就任したのは，40歳の時である。しかし，実質的には会長である父親が実権を握っていた。そのようななか，先代と社員の採用，人事などで意見が合わず，度々衝突した。社長就任直後は先代を越えようと新規事業を立ち上げたが，なかなかうまくいかず，3年間は赤字であった。また，時期的に既存の製品が陳腐化しつつあり，主力製品の売上が軒並み減少していたため，当初の5年間は商品戦略，市場戦略の見直しと組織の各種制度の見直し，それとガバナンスが働く組織にすることに取り組んだ。

　現在，社長は56歳となり，社内外の課題をその都度解決しながら，やっと自分の思い通りの経営ができ，業績も先代から引き継いだ時よりも約50％向上している。

　また，海外戦略を基盤に10年後には業界NO.1にするビジョンを掲げている。そのためには，強いリーダーシップを発揮できる後継者でなければならないと考えている。

　現社長が受けた後継者としての教育は，入社してから様々な後継者研修を受講し，一般的な経営の知識（経営戦略，財務，マーケティング，人事・労務）は修得している。しかし，一番役に立ったのは，業界団体で培った人脈だという。それは，業界の変化と方向性に対する情報がいち早く入手ができ，対応できたからである。

　さらに，困った時には金融機関が主催する後継者の会やＪＣ（日本青年会議所）の同世代の仲間に，ざっくばらんに相談できたことが経営に役立ったようだ。

(3) 経営者の役割と後継者の教育

　現社長の事業承継の経験から，経営者の役割の大切さと後継者の意識，志の両立が大切であると考えている。経営者には会社経営に対する哲学が必要であり，経営姿勢がしっかりしていなければならない。また後継者には，その教えを理解し，環境変化に対応できる戦略と経営革新を起こせる勇気が必要だという。そして，自分だけ，自分の会社だけよいといった考えではなく，コンプライアンスを前提としたステークホルダーとの「win-winの関係づくり」ができる組織体制の構築と皆を納得させられるコミュニケーション能力，人望のある人格の持ち主であることをあげている。

　また，B社の社長は，先代や古参幹部との人間関係をスムーズにするには，85：15の法則を理解することが後継者には必要と考えている。これは，後継者は先代の今までのやり方や会社の良いところを85％尊重し，15％の革新的な個人の意見を謙虚に理路整然と伝える能力が会社を守り，成長させることができるからである。

　そのためには，経営者は後継者をフォローし，後継者は先代のやり方を肯定しながら，徐々に変えることが成功の鍵という。自分の苦労した体験を通して，承継するまでに社内の課題を解決し，事業承継計画を早急に立案，実行したいと考えている。

　それでは，どのような後継者を見つけ，どのように教育するかであるが，現社長は子息の能力をもう少し見極めるとともに，第三者承継についても視野に入れながら後継者を探す予定にしている。

　後継者に何を伝えて何を残したいかの質問に，わが社の社是である「行動には限界があるが，可能性は無限」の精神を学び，実行してほしいという。これは，「プラス思考で考えれば，不可能はない」ということで，どんなに厳しい環境でも知恵を活かし課題解決する意思と知恵があれば新しい道が開けるとの意味である。また経営者は経営理念を踏襲するブレがない信念と従業員を大切にする気持ちがなければならない。そのため，これらの能力を養う教育訓練を社内と社外で経験をさせる必要があるという。

3. 事例の考察

　ここまで，A社とB社の事例を通じて中小企業の事業承継について見てきた。それでは，事例の2社を含め事業承継に成功した5社と事業承継に失敗し倒産，異業種に進出した2社のインタビュー調査を通して，事業承継の成功要因と失敗要因を探り，今後の中小企業の事業承継に失敗しないための経営者の役割と後継者に必要な能力，育成方法について考察してみる（**図表4－2**）。

　事例に取り上げたA社は，前述のタイプからするとユニクロ型の経験重視の「第二創業タイプ」であり，事例B社，防水設計施工のC社と薬品卸D社は中小企業に多い一般的事業承継の「課題解決タイプ」と考えられる。その他，ドラッグストアのE社は「プリンスタイプ」であり，事業承継に失敗したF社と業種転換したG社の2社は「環境不適合タイプ」となる。

図表4－2　後継者の類型別課題と解決の方向性

	環境不適合	課題解決型	第二創業	プリンス
特徴と課題	・先代の急死 ・無計画な承継と組織体制の未整備 ・後継者の教育不足 ・財産権・経営権の未承継	・権限委譲がなされない ・先代，古参社員との人間関係 ・先代を超えようとする後継者の焦り ・経営権の未承継	・自身の組織 ・経験重視 ・早期の権限委譲 ・創業者的経営 ・コンプライアンスとガバナンスの整備 ・経営革新	・計画的承継 ・中継ぎ経営 ・高学歴 ・組織の整備
経営者の役割	・財務体質改善 ・経営革新 ・後継者の育成 ・計画的事業承継 ・組織整備	・権限委譲の時期と責任・権限範囲の明確化 ・事業承継（財産権・経営権）計画の立案と実行 ・後継者への組織体制整備，新規人材採用・教育 ・社内の課題解決 ・コンプライアンス，ガバナンスが守られる明確な理念，方針の立案と承継		
後継者に求められる能力	・ビジョン形成力・リーダーシップ・情報収集力・マネジメント力・コミュニケーション能力・対外折衝力・課題解決能力・経営革新・コア・コンピタンス・後継者の強みの発揮・従業員への感謝の気持ち			

出所：筆者作成

A社の事業承継成功要因は，創業者に近いタイプであるため，社内の人間関係などでの苦労はなく独自の組織をつくることができたことにあり，先代が経験と勘の経営を行っていたとしても権限委譲が早く進み，先代の資金的バックアップに加え，環境変化に適合しようとする後継者の起業家精神とイノベーションへの意欲があったためと考えられる。

　B社，C社，D社などの「課題解決型タイプ」の成功要因は，後継者が抱える人間関係の問題である「先代や古参社員と意見が合わず，うまくいかない」などの問題を，コミュニケーション能力で解決し，経営革新を繰り返し，ガバナンスが保てる組織に変更したことにある。

　ドラッグストアのE社は「プリンスタイプ」に近い。現社長は一橋大学卒業後サンフランシスコ州立大学でMBAを取得し，医薬品メーカーに3年間勤務の後，後継者としてE社に入社している。ここまでの経歴だとプリンスタイプととられるが，先代との葛藤もあり，「課題解決型」「第二創業」タイプでもある。中小企業でトヨタの豊田章男氏のように帝王学を身に付けるには，組織的対応と計画的な後継者育成が必要である。A社，B社をはじめ事業承継に成功した各社の社長も，タイプは違うが，結果的には計画的承継を進める「プリンスタイプ」を志向している。

　最後に事業承継に失敗し，倒産した「環境不適合タイプ」の食品卸売業のF社の失敗要因は，先代の急死により38歳で社長になり，経営経験も後継者教育も計画的に行われていなかったことにある。具体的には，後継者が財務知識に乏しく，承継後すぐに資金繰りなどで忙しくなり，結果，営業現場を従業員に任せ過ぎて，市場の変化や現場で起こっていることへの対応が後手になったことで，意思決定を間違ってしまった点が失敗の原因である。しかし，真の原因は，自身に変化する勇気と信念が欠如していたからであり，A社，B社と違って「経営理念に基づく経営」「コンプライアンスが保てる組織」ができていなかったことと，外部の友人やブレーンに相談しながら変革する勇気がなかったことにある。

　また，介護・福祉分野に進出したG社は，現在は成長発展しているが，先代

の急死で持ち株比率の問題などの原因により会社を追われることとなった。これは，財産権の問題を先代が見過ごしていた結果である。

以上のケースからも分かるようにタイプ別に成功・失敗の要因はあるが，経営者の役割は「自信が持てない，自分の思い通りにならない」といった後継者の苦悩を理解しつつ，権限委譲を早く済ませ，承継後は経営に関して口を挟まないようにしなければならない。そして，事業承継が計画的に行われるように事前に組織の整備と後継者の育成をすることが重要である。

しかし，会社は生き物であり，現在の経営状況，承継時の経営状況がそれぞれ違う。また，業界環境によっても違う。よって一番重要なことは，自社が「環境不適合タイプ」にならないような事業承継に取り組むことである。以下，「環境不適合タイプ」になる可能性のある企業を「外部環境不適合タイプ」と「内部環境不適合タイプ」に分け特徴を列記し，事業承継をスムーズに導くにはどうすればよいか解決の方向性を考察する（図表4－3）。

図表4－3のように「環境不適合タイプ」を「外部環境不適合タイプ」と「内

図表4－3　環境不適合タイプの特徴

	特　徴	解決の方向性
外部環境不適合タイプ	・商品・サービス，価格等が顧客のニーズに合っていない ・時代にマッチしない衰退業種 ・業界内の競争が激しく自社の競争優位がない	〈第二創業タイプ・課題解決タイプの承継を志向する〉 ・顧客のニーズに合った，そして競争力がある商品・サービスが提供できるような戦略的，かつマネジメントが展開できるような後継者としての育成が必要である
内部環境不適合タイプ	・財産承継で親族内がもめる ・資金繰りで苦慮する ・ガバナンスがない組織（経営者が内部志向） ・経営能力がない	〈課題解決タイプの承継を志向する〉 ・経営者の役割として生前贈与，相続時清算課税，遺言等を活用 ・財務内容を後継者に開示する ・承継前後までにルール，制度を見直す。（外部に人脈を持つ） ・優秀な人材を役員に登用する

出所：筆者作成

部環境不適合タイプ」に分けてみると，「外部環境不適合タイプ」での事業承継は，事業環境に厳しさがあるため，後継者はある程度経営者としての経験とマネジメント能力を身につけて，早期に権限委譲を受け新規事業を立ち上げるだけのパワーを持って承継していかなくてはならない。または，既存事業での課題解決を図るため，市場のニッチ（隙間）を見つけ，製品開発戦略や市場開拓戦略を展開することが求められる。つまり，この「外部環境不適合タイプ」は，前述の「第二創業タイプ」か「課題解決タイプ」の承継方式を志向すべきであると考えられる。

　一方の「内部環境不適合タイプ」では，内部のそれぞれの課題を解決しなければならないので，「課題解決タイプ」を志向すべきである。親族内承継で多く見受けられる財産承継でもめるケースでは，「経営承継円滑化法」や「新会社法」の活用，生前贈与，相続時清算課税，遺言による後継者への株式集中，事業用資産の移転等を計画的に行う必要がある。

　会社の業績が低迷し，資金繰りが困窮するといった課題に対しては，経営革新計画を立てるなどして正常な財務状況にしてから承継すべきである。

　先代の組織がガバナンスの働かないものになっている場合は，事業承継後も先代の権力の行使と後継者の権力の行使で組織が混乱する可能性があるため，後継者と先代が良くコミュニケーションをとり，ルールや仕組みを明確にしておかなくてはならない。しかし，ワンマンな先代だと，頭では理解していてもなかなか実行できないため，信頼のおける経営コンサルタントなどにアドバイスしてもらえる体制整備が必要であろう。

　後継者に経営能力や情報収集力，ガバナンスがないことから事業承継に失敗する場合がある。この場合，後継者は会社の象徴的な役割をし，実質的な経営はせず番頭役に権限を与える。そして，取締役に優秀な人材と外部の社外取締役を組織し運営することが失敗しない一つの方法と考えられる。

　以上のように親族内の事業承継では，環境不適応タイプにならないように，後継者になると決めたら，早めに後継者としての自覚を持ち，自分の強み・弱みを分析し，承継までに，後継者としての知識，能力を獲得しなければならな

い。そして，後継者は自身の強みを発揮し，自信を持って戦略的に経営革新を行い，従業員とともに一丸となって次世代に羽ばたくことが期待される。

Ⅳ おわりに

　本章は中小企業の事業承継を4つのタイプに分けて経営者の役割と後継者に求められる能力，教育のあり方について考察してきた。

　事業承継の4つのタイプを設定したが，もちろんそれぞれの経営者の事業承継に対する考え方，企業規模，後継者の能力等によってタイプは異なってくる。今回インタビューした経営者のほぼ全員が計画的な後継者育成と後継者にマネジメント能力をつけさせるための経営者の経験を視野に入れた「プリンスタイプ」を志向している。

　しかし，それは理想論であり，経営資源の乏しい中小企業の場合，「環境不適合タイプ」や「第二創業タイプ」「課題解決タイプ」が多い。そのため，経営者は事業承継がスムーズに運ぶような事業承継計画を立案するべきではあるが，後継者に「環境不適合タイプ」にならないための教育，できれば「第二創業タイプ」や「課題解決タイプ」になれる後継者教育を施さなくてはならない。

　今回は同族企業の事業承継をインタビュー調査を通して分析してきたが，後継者がいない場合や従業員への承継については触れていない。昨今の経営者の高齢化や後継者不足に対応した環境整備はまだ途上段階にある。世襲も徐々に減りつつある。しかし，現段階で中小企業の廃業率に歯止めを掛けるには，同族企業の経営者が自身の承継経験を省み，後継者の立場に立って，だれに，いつごろ，どのような組織にして事業継承するのかを計画的に進めることが求められる。

【注】
1) インタビューは，2009年2月から3月にかけて，北九州市内で事業を営むタイプの違

う２代目経営者を選び実施した。
2) 「実務経験」とは，子会社や事業部での意思決定を行う権限や経験をさし，事業継承の「計画性」とは，財産権の承継の計画性も含むが，ここでは特に経営権の承継の計画性に重点をおき，後継者の指名，後継者の教育，ステークホルダーへの受入れといった要素の計画性を意味している。

【参考文献】

[1] Christensen, C.R. [1953] *Management Succession in Small and Growing Enterprises*, HarvardUniversity, Boston.
[2] 井上孝二 [2008]「小企業における事業承継の現状と課題」『政策公庫論集』第１号。
[3] 税制調査会 [2007]「抜本的な税制改革に向けた基本的考え方」。
[4] 総務省 [2004]「事業所・企業統計調査」。
[5] 谷地向ゆかり [2008]「ファミリービジネスの重要性と健全な発展に必要な視点」信金中央金庫『産業企業情報』第20巻第５号。
[6] 中小企業金融公庫 [2008]「中小公庫レポート（No.2008-1）」。
[7] 中小企業庁 [2004-2008]『中小企業白書 2004～2008年版』ぎょうせい。
[8] ― [2007]「事業承継ガイドライン20問20答」。
[9] ― [2007]「中小企業税制50問50答」。
[10] みずほ総合研究所 [2008]「オーナー企業の継続的発展に向けて」『みずほレポート』。
[11] 三菱ＵＦＪリサーチ＆コンサルティング [2006]「平成17年度高齢者活用に関する実態調査報告書」。

(執筆担当：増田幸一)

第2部

中小企業の成長戦略

第5章 中小企業の成長と新事業開発戦略

I はじめに

わが国の経済は、米国のサブプライムローンの破綻に端を発した100年に一度とも言われる世界的な不況の中にあり、中小企業を取り巻く経営環境はさらに厳しい状況にある。

企業がこのような外部環境の変化に適応していくためには、事業構造の再構築を通じて企業の存続と成長を進めていくことが求められる。

これは中小企業においても同様であり、国は中小企業の新事業展開の取組みを重点施策とし、日本政策金融公庫や全国の商工会・商工会議所を中心に、既存事業の経営資源を活かしながら新事業への展開を図ろうとする中小企業の「第二創業[1]」に対してさまざまな支援策を実施している。

そこで本章では、新たな市場の開発による新事業展開で企業の存続と成長を図る中小企業の「新事業開発戦略」について考察することを目的としている。

まず、企業内に蓄積された経営資源を活用する資源展開戦略について概観する。次に、アンゾフ（Ansoff [1965]）が市場と製品の2軸によって企業の成長方向性を分類した4つの戦略について解説し、中小企業の事例を交えながら「新事業開発戦略」について考察する。

II 中小企業と新事業開発戦略の理論

1. 経営資源展開戦略

(1) 概要

企業が成長し存続するために、既存の事業に加えて新たな事業分野に進出す

ることで，製品や市場などの事業領域の拡大を図る中小企業は少なくない。国も中小企業の新事業展開を重点施策の一つとしている。これは，バブル経済崩壊後の長期に及んだ不況期に，中小企業の多くが既存事業への行き詰まりを感じていったことが背景にあると推測される（鉢嶺［2005］）。

また，現時点で順調な事業も，外部環境の変化によって成長期・成熟期・衰退期というライフサイクルをたどる。規存事業が順調なうちに新たな事業展開を進めることが，企業の存続と成長に求められるのである。

すなわち，新事業展開の目的は，中小企業が外部環境の変化に適応するために，企業内部に蓄積された経営資源を有効活用することで，経営の安定化やリスクの分散を図るためと言えよう。

ここでは，企業内部の経営資源に着目した成長戦略について概観する。ペンローズ（Penrose［1959］）は，企業成長の要因として経営資源に着目し，資源展開の重要性を提唱した。企業は経営資源の束であり，企業内部には日常的な経営活動によって経営資源が蓄積されており，未利用のものも多く蓄積されている。そこでペンローズは，未利用資源を既存製品市場での拡大と，新市場への進出に有効配分することで，範囲の経済によるさらなる企業の成長が図られると提唱している。

またアンゾフは，未利用資源も含めた経営資源の最適な資源展開による企業の成長ベクトルを，市場と製品（技術）をそれぞれ「既存」と「新規」に分けた2軸によって4つに分類した。詳しくは後述する。

(2) 経営資源の種類と特性

それでは，企業における経営資源とは何だろうか。**図表5－1**のとおり，企業は市場（消費者）のニーズを充足させるために必要な製品・サービスを生産し，市場に供給する対価として利益を得る仕組みで経営活動を行っている。企業の内部では，製品の生産に必要な原材料や部品の調達，生産活動，生産した製品の物流，マーケティング，販売後のサービスなどの企業活動が遂行されている。

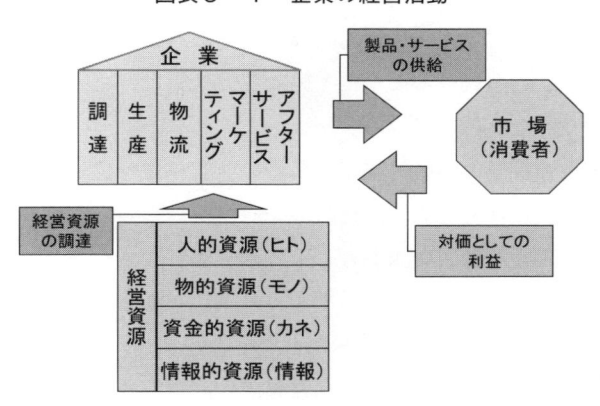

図表5-1　企業の経営活動

図中：企業（調達、生産、物流、マーケティング、アフターサービス）→製品・サービスの供給→市場（消費者）→対価としての利益

経営資源の調達　経営資源：人的資源（ヒト）、物的資源（モノ）、資金的資源（カネ）、情報的資源（情報）

出所：高橋［2005］を基に筆者作成。

　これらの企業活動を遂行するためには，「ヒト」「モノ」「カネ」「情報」の4つに分類される資源や能力を必要とする。これを経営資源と定義し，それぞれについて見ていくことにする。

①人的資源（ヒト）

　企業の中で生産業務やマーケティング業務などの担当者，管理者，経営者など経営活動に従事する人すべてが対象となる。

②物的資源（モノ）

　製品の原材料，仕掛品，部品や，生産するための機械設備，工場，管理部門におけるIT機器，事務用品，販売部門における什器，店舗などのように，経営活動を遂行するために用いられる有形物全般である。

③資金的資源（カネ）

　従業員の給与，物的資源の購入など経営活動に必要なすべての資金であり，主に投資家からの出資，金融機関などからの融資，製品・サービスの売上金などとして調達される。

④情報的資源（情報）

　市場情報や顧客データ，生産やマーケティングにおける技術やノウハウ，企

業への信頼やブランド，活発な組織風土，といった経営活動に用いる無形物を指す。詳しくは後述するが，情報的資源は企業の外部から調達されるものであり，加えて経営活動を続けることで企業内部でも新たに発生し蓄積されるものでもあるという特徴を持っている。

次に経営資源の特性について見ていきたい。吉原他［1981］は，これらの経営資源のうち，未熟練労働者，原材料，一般機械設備のように外部から容易に調達できるものを「可変的資源」とし，熟練労働者，オーダーメイドの機械設備，顧客情報，ブランドのように外部からの調達が困難であるものを「固定的資源」とした。

伊丹・加護野［2003］は，これに経営資源の汎用性と固定性（企業特異性）による分類を加えて2次元の分類を行った。図表5－2のとおり，最も汎用性の高い経営資源は資金であり，現金，預金，有価証券が該当する。これらは市場からの調達が可能であり，資源の獲得や蓄積にもあまり時間がかからない。

一方，固定性の高いものは，企業内で内製化された機械や系列化された流通網であったり，技術，顧客情報などの企業内で蓄積された情報的資源が該当する。これらは当事者である企業にとってのみ有効な資源としての意味を持つものであることから「企業特異性」と定義される。すなわち，企業特異性の高い資源は市場からの調達が困難で，企業内での獲得や蓄積にも時間を要する。

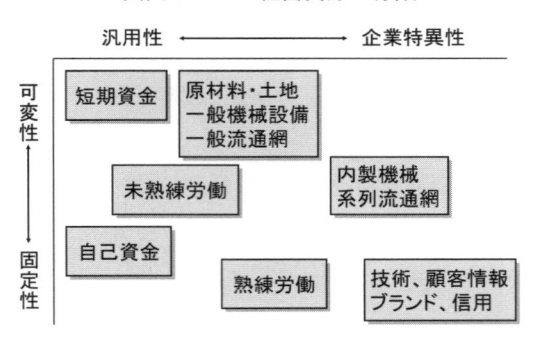

図表5－2　経営資源の分類

出所：伊丹・加護野［2003］を基に筆者作成。

伊丹・加護野は，情報的資源が次の性質を持っていることから，企業成長のために競争上の優位性を獲得する源泉になると指摘する。
- 市場から資金を使って入手することが困難である。自社で蓄積するしかない。
- 自社で蓄積するには多くの時間を要する。
- 蓄積された資源は，同時に複数の場所で多重利用することが可能である。

つまり，目に見えない資源である上に，他社が簡単に真似をしたり，市場で購入したりできない資源であり，いったん出来上がってしまうと，さまざまな形で多重利用ができることから効率的な活用が可能となるのである。

2．新事業開発戦略
(1) 概要

ここでは，新事業開発戦略について概説する。まず，新事業の範囲を明らかにしたい。山田［2000］は，新事業の範囲について本業や既存事業との関連でとらえることを指摘している。そこで，市場と製品（技術）を「既存」と「新規」の2軸によって分類したアンゾフの成長ベクトルについて説明し，新事業の範囲を明らかにする。

アンゾフは，**図表5－3**のとおり，市場と製品（技術）をそれぞれ「既存」と「新規」に分けた2軸によって「市場浸透戦略」「市場開発戦略」「製品開

図表5－3　成長ベクトルの構成要素

市場 \ 製品（技術）	既存	新規
既存	市場浸透	製品開発
新規	市場開発	多角化

出所：アンゾフ（Ansoff［1965］）を基に筆者作成。

戦略」「多角化戦略」の4つの成長ベクトルに分類した。「市場浸透戦略」は，現在の市場においてさらに製品の市場占有率の増大を図る方向性を示す。「市場開発戦略」は，現在の製品で新たな市場を開拓していく方向性を示す。「製品開発戦略」は，現在の市場において新たな新製品を開発していく方向性を示す。「多角化戦略」は，製品と市場の両面において全く新しい方向性を示す。

新事業は，本業や既存事業を基に新たな市場または新たな製品，その両方の開発を実行する事業であることから，「市場浸透戦略」を除いた3つの方向性を新事業としてとらえることができる。

以上から新事業の範囲は明らかとなった。新事業開発の成否には，前述したように企業内部に蓄積された未利用資源の有効配分が大きな影響を及ぼすが，既存事業で活用されている資源の組み替えや新たな資源の獲得も重要な要素となる。つまり，新事業開発には，市場や製品の開発に加えて企業の内部および外部からの資源を機能的に実行させる仕組みの構築が必要となる。山田は，新事業開発を「新製品の開発や新市場の開拓，あるいは多角化を含んだ戦略志向の組織的なビジネスプロセス」と定義し，企業成長の駆動力となると述べている。

(2) 新事業開発戦略

これまでに，新事業開発の成否には，資源を組織化し全社レベルで統一的に機能させるような仕組みの構築が必要であることが判明した。ここでは，新事業開発戦略とわが国において成功する新事業開発の体制について説明する。

山田は，前述したアンゾフの3つの成長ベクトルの方向性をもとに新事業開発戦略を次の5つに分類している。

①**新事業の使命**：新事業開発の目的を明確にする。新技術の開発，既存事業からの多角化，人員の再配置，組織活性化などが考えられる。

②**新事業進出分野**：進出する分野によって，企業内部に蓄積された資源の組み合わせや活用，新たな獲得が必要な資源が変わってくる。既存事業と関連する分野であるほど既存事業と新規事業の相乗効果であるシナジー効果を得や

図表 5－4　新事業開発分析の概念的枠組み

母体組織の組織機構と風土（新事業開発の土壌）

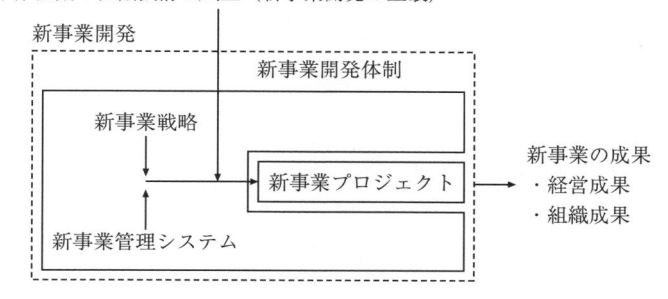

新事業開発
　新事業開発体制
　　新事業戦略
　　新事業プロジェクト → 新事業の成果
　　　　　　　　　　　　　・経営成果
　　　　　　　　　　　　　・組織成果
　　新事業管理システム

出所：山田［2000］,p.98.

すい。

③**新事業の対象市場**：これまでになかったまったく新しい市場の創造と，先行する企業によって形成された市場への参入が考えられる。新市場の創造は先発企業として大きな成果が見込まれるがリスクも大きい。すでに形成された市場への参入は，先発優位性を持つ先行企業に対して圧倒的な優位性を持った新事業の創造が必要となる。

④**新事業の契機**：新事業のシーズと顧客ニーズのどちらを重視した事業展開とするかを選択する。

⑤**新事業への投資**：少数プロジェクトへの集中的投資か多数のプロジェクトへの分散投資かを選択する。

新事業開発の成否は，**図表5－4**のとおり，新事業戦略とその事業を管理するシステム，全社的な取り組みを行う風土が相互に補強しあうことが重要となってくる。

また，山田はわが国において成功する新事業開発の体制を2つ示している。

①**創発性重視型事業開発**

機会主導型開発体制を専門部署が主導的に実行していくプロジェクト推進タイプである。機会主導型開発体制は，本業や既存事業で蓄積された技術を中核資源として活用することで，組織の底辺からボトムアップ型で上がってきた事

業アイデアをもとに新規事業を創造する仕組みである。社内提案制度などによて日常化した新事業開発に関する多くの事業アイデアを審査・評価し，新規事業を立ち上げていく専門部署が求められる。また，トップマネジメントは黒子として開発体制を背後から支える必要がある。

　②戦略主導型事業開発

　柱創造型開発体制をトップマネジメント主導で実行していくプロジェクト推進タイプである。柱創造型開発体制は，新規事業開発を企業の将来の柱として全社的な最優先課題と位置づけ，経営陣主導で全社的に長期的な視点から推進する仕組みである。トップマネジメントは，社内に対して長期的なビジョンを示し，主体的にプロジェクトの推進を支えていく必要がある。

(3)　新事業開発戦略の競争優位

　新事業開発戦略を実行することによる競争優位については，次の3つが考えられる。

　①リスク分散

　加護野は，新事業への転換によって環境の変化による悪影響を緩和するリスク分散が最大のメリットであるとする。しかし，高度に多角化した企業は環境の変化に鈍感になってしまい，不況が長期化するような場合には影響が出てくると指摘する。

　②範囲の経済

　ペンローズは，企業を経営資源の集合体であるとし，未利用資源の活用による多角化で範囲の経済による競争優位が生じるとする。また，バーニー（Barney [2002]）は，範囲の経済を実現する場合に情報的資源に稀少性や模倣困難性を有することで企業が成長するための競争優位の源泉となり得るとしている。

　③シナジー効果

　シナジーについて加護野は，企業内部に蓄積される情報的資源などの経営資源の有効活用がメリットであるとしている。しかし，この活用は比較的容易に

行われることから，過剰な多角化を懸念している。そこで，加護野は，新事業に参入するために能力を高めるシナジーを「事業開始シナジー」とし，参入後の競争力を確立・維持するためのシナジーを「運営シナジー」と区別した。両者は実現の難しさが大きく異なり，「事業開始シナジー」の容易さが過剰な新事業開発を促すことになると指摘している。

Ⅲ 中小企業における新事業開発戦略の実際

1. 事例の概要

ここでは，次の2社の事例を取り上げることで，新事業開発戦略について考察を進める。

1社は，既存事業であった入院患者用テレビレンタル事業の市場の衰退から，スーツケースレンタル事業という新事業を開発し成長させた後に，外部環境の影響を受けやすい旅行業界のリスクを軽減するために，安定した収益の確保が期待できる保育サービス事業へ進出を図った(株)アイ・レンタルの事例。

もう1社は，ポンプ卸売市場の衰退から，電気を必要としないスプリンクラーの開発によって防災設備事業へ参入し，さらに水と空気をキーワードに環境事業へ進出したポエック(株)の事例である。

2. 事例1

(1) (株)アイ・レンタルの企業概要

現在の社長の実父が，1966年に病院の入院患者向けテレビのレンタル事業を行う(株)アイ・レンタルを創業した。当時，当該事業に参入する企業は少なかったことから，広島市内の主要な病院で多くのシェアを獲得し，社員4～5人で年商5～6,000万円の安定した経営であった。

現社長はバブル景気の頃に東京の大学を卒業し，大手食品専門商社へ就職した。当時の食品商社は多忙を極め，また，やりがいのある仕事でもあり，当初は家業を継ぐつもりは無かったという。6年間のサラリーマン時代は，積極的

に仕事に取り組む中で，仕事とは与えられるものではなく，自ら勝ち取るものであることを学んだ。

　現社長が29歳のとき，実父の健康問題から広島市へ帰り家業を継ぐこととなった。以前は大きなシェアを持ち安定的な収益を上げていたレンタルテレビ事業であったが，時間ごとに課金するカード式テレビが病院で普及し始め，従来の日数換算での課金制度からシステムが大きく変わろうとしていた。現社長は新システムを導入した病院で，コマーシャルの時にテレビの電源を切って慌しく節約しようとする患者を見て，「せめて入院中はゆったりと落ち着いてテレビを楽しんで欲しい」と思い，新システムの導入を見送り既存のシステムを継続することとした。

　しかし，この事業が衰退期にあることは明らかであり，新事業導入について模索していた。

(2)　新事業開発への取り組み

　同社は1994年に，新事業としてスーツケースを中心とした旅行用品のレンタル事業を開始した。新事業は次の条件から選択した。①レンタルテレビ事業の経営によって社内に蓄積された情報的資源を活かせる市場である，②レンタルビデオ事業に代表されるような，商品の品揃えの多寡が大きな競争力となる市場は，過大な投資を必要とすることから除外する。

　スーツケースは当初50個からのスタートであった。当時，広島市での競合企業は7社あり，旅行会社からの紹介を主として営業に追われる日が続いた。

　転機は，競合企業の事業撤退で訪れることとなった。バブル景気崩壊後，レンタル事業は競争が激化しており，大手旅行会社J社も子会社で旅行用品のレンタル事業を行っていたが撤退することとなった。J社は顧客へのサービス継続を図るため，広島市内最大手D社にその大半をOEM方式[2]によって委託することとした。その中で，同社社長と個人的に懇意だったJ社子会社の支店長の計らいで，4支店で同社がOEM委託先として採用された。

　J社のOEM委託開始から半年が過ぎたころ，J社内で顧客からのクレーム

が目立つようになってきた。J社が詳細な調査を行ったところ，同社以外の顧客対応の問題が表面化したものであることが判明した。同社は顧客からの申し込みはJ社を経由せず直接注文が届くシステムを採用しており，同社のサービスの優位性が高く評価された。また，同社はスーツケースの差別化を図るために，国内に工場を持つ大手メーカーにスーツケースを特注している。スーツケースの内部は通常布張りであるが，同社はレンタル後に毎回消毒することからビニール張りとしている。J社は顧客を尊重するこのシステムにも高い評価を与え，J社の中国・四国全店との契約が締結されることとなった。業界トップのJ社との連携は，売上高の拡大に加えて同社の信用獲得にもつながった。

その後，J社の西日本全域の支店に取引が広がり，現在は北海道と沖縄を除く全国でJ社全店を窓口としたレンタル事業を展開している。年間取扱量約3万個とスーツケースレンタル事業では業界最大手となり，修学旅行のような学校単位で何百個の注文を受注できる企業は限られることから，旅行会社各社からの注文も増えている。

今後について社長は，スーツケースレンタルシステムへの認知度が低いことに注目している。年間海外旅行者数1,700万人台の市場規模に対して，スーツケースレンタルの利用者は約70万人とみられ，認知不足による未開拓の市場は

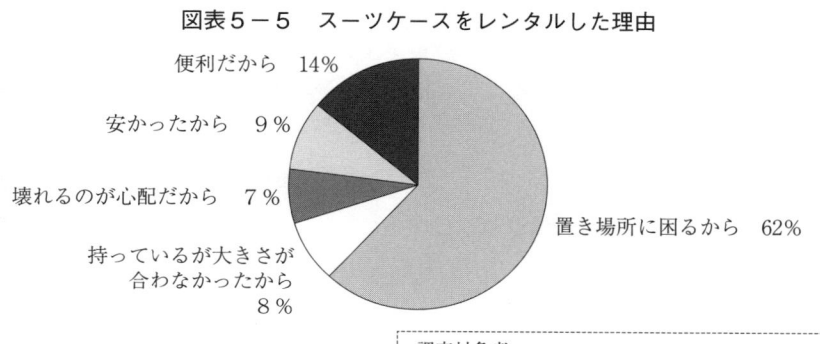

図表5-5　スーツケースをレンタルした理由

- 便利だから　14%
- 安かったから　9%
- 壊れるのが心配だから　7%
- 持っているが大きさが合わなかったから　8%
- 置き場所に困るから　62%

調査対象者
・アイレンタルのスーツケースレンタル利用者
・10代〜70代の男女

出所：アイレンタル調査

大きい。たとえば，旅行会社と連携した修学旅行への営業活動が奏効して，学校単位での利用が増加していることから，将来の有望な顧客層である大学生，中・高校生への認知度を高めることが必要と感じている。

また，図表5－5のとおり同社が顧客を対象に実施したアンケート調査から，スーツケースをレンタルした理由として「置き場所に困る」が最も多かった。狭い住宅事情からスーツケースの置き場所に苦労する首都圏等都市部の単身者を重要ターゲットとして想定している。

(3) さらなる新市場の開発へ

旅行業界は感染症の流行やテロ事件の打撃を経験したように，外部環境に大きく左右される業界である。9.11テロ事件からしばらくの間，同社の大口顧客である海外への修学旅行がすべてキャンセルになった。この事件から社長は，業績変動のリスク分散を図るため，旅行業界とは異なる不測の要因による影響を受けにくい市場を開発する必要性を強く感じた。

検討の結果，同社がこれまでに培ってきた「顧客が求めるサービスを適切に提供する」という情報的資源を活用できる「保育事業」へ2002年に参入した。

事業内容は，乳幼児を抱える従業員への就業支援策として，企業が社内に設置した企業内保育室の運営を受託している。2003年の「次世代育成支援対策推進法」の成立により，301人以上の労働者を雇用する事業主に，従業員の仕事と子育ての両立を支援するための一般事業主行動計画の策定が義務づけられたこともあり，現在，中国・四国・九州に34の企業，学校，病院などと契約を結びサービスを提供している。

また，これらの実績が評価され，広島市近郊で認可保育所の設置が認められ，2008年に運営を開始した。保育事業は順調に売上を伸ばし，旅行レンタル事業に並ぶ事業に成長している。

(4) (株)アイ・レンタル成長の源泉

同社がレンタルテレビ事業から，旅行レンタル事業，保育事業へと新事業に

参入し，既存事業を上回る事業に成長させることができた要因について考察してみたい。

①価格優位性

　スーツケースは旅行中にキャスター（車輪）が破損すると，とたんに重い箱となり役に立たなくなってしまう。外国製スーツケースをレンタルする企業が少なくない中で，先述したように特注の国産スーツケースを競合他社と対抗できる適正価格で提供している。これは同社が首都圏ではなく地方都市に立地することと，大手旅行会社各社とのOEM方式の採用によって低コストオペレーションを実現させたことで可能となったものである。

　地方都市にありながら首都圏の顧客のニーズを充足させるための仕組みとして宅配便の活用があった。現在は改善されたが，以前の宅配便はどこから発送しても全国一律1泊2日で配達されるシステムであった。そのため，地方都市から首都圏への発送でも時間的ハンディがなかったのである。

　また，OEM方式を採用したことで，営業活動の負担が大きく軽減した。旅行レンタル事業の売上高のうち店頭販売とインターネット販売の占める割合は15％程度であり，残りはすべてOEMでの販売である。

②的確にターゲットを絞り込んだセグメント戦略

　社長は「何でもできます」は「何もできない」のと同じであるとの思いを持つ。そこで，全ての顧客の要求を受け入れるのではなく，同社が提供するサービスと価格に魅力を感じる顧客に絞った事業を展開している。たとえば在庫管理上，スーツケースの色指定はできない。ホームページやカタログの写真を見て納得できる顧客を対象とし，商品を手にとって確認しなければ納得できない顧客や，常に新品同様の商品を要求する客層までは意図的にカバーしないこととしている。

　保育事業についても，企業内保育の施設は企業側が整備し，同社は保育運営ノウハウの提供と保育士の派遣に限定することで，運営リスクの少ない事業展開を可能としている。

3. 事例2

(1) ポエック(株)の企業概要

社長は大学卒業後に福山市に本社のあるポンプメーカーT社に入社，その後ポンプの販売会社であるG社に入社し営業担当者として働いていた。41歳の時に，「人生は一度しかないから何か自分の力でやってみたい」と強く思い，1989年にG社の営業権の一部を継承し，入社以来同じ道を一緒に歩んだ仲間である現副社長と共に資本金1,000万円でポエック(株)を設立した。

創業当初からバブル景気崩壊までは，ビル建築用ポンプを主体にあらゆるメーカーのポンプの卸売事業とポンプの修理事業を行い，折からの建築ブームに乗って経営は順調であった。

しかし，バブル景気崩壊以降の建設業界の不況と共に，ポンプ業界の景気も極端に悪くなり，卸売業主体である同社の経営環境も厳しいものとなった。また，同時期にポンプ業界において卸売業者を通さずメーカーとユーザーとが直接取引をする「中抜き」が進展したことも，同社の経営に影響した。

このような外部環境の変化から社長は，ポンプ卸売事業に加えて自社製品を開発し製造・販売する新事業の導入の必要性を強く感じるようになった。

(2) 新事業開発への取り組み

社長が新たな事業を模索していたころ，1994年1月に阪神淡路大震災が起こった。社長は，被災地で電動による消火装置が停電によって全く役に立たなかったことを見聞きし，ビジネスチャンスがあるのではと考えていたところ，停電時でも電気不要で作動する加圧式消火装置を開発中の企業の存在を知った。すぐに社長は，この企業と共同開発を進めることとし，「ガス加圧式消火装置ナイアス」として製品化することで，防災設備市場への参入を果たした。

ナイアスは，2001年に(財)日本消防設備安全センターの評定を取得し，改良によって構造も簡略化することで2割のコストダウンを図るなど改良を重ねていった。

ナイアスは次の特徴を持つ。

- ホースを持ってバルブを開くだけで放水できる。
- 窒素ガスが封入されているため,水が腐りにくく非常用水として利用できる。
- 放水時の圧力変動が少ないため,誰でも容易に放水できる。
- 建物内に配管することでスプリンクラーとして自動消火ができる。
- 窒素ガスと水があれば何度でも使用可能である。

　ナイアスは2003年に全国ニュービジネス大賞優秀賞を受賞したことにより,南極基地への納入を始めとして,地方自治体,病院,企業等へ数多く納入されることとなった。

　同社は防災設備市場への参入に当たり,製造を外注するファブレス企業としてスタートした。ナイアスの売上げが伸びてきたので製造委託先のプラント企業に生産量増加に見合うコストダウンを要望したところ拒否され,ファブレス企業としての弱みを痛感した。そこで,自社製造部門の設立のために中国への進出も検討したが,先述したニュービジネス大賞の受賞によって金融機関からも注目が高まっていたことから,ある金融機関に高松市で民事再生法の適用を受けた大型船のディーゼルエンジンの台板を製造する(株)三和テスコを紹介された。当時の三和テスコは,国内の台板市場の約50％のシェアを占めており,単なる製造下請けでなく開発部門も所有する高い技術力を持った企業であったことから,2003年に買収し子会社化することとした。同社は外部から資源を獲得することで新たに開発・製造機能を持つこととなったのである。

　開発・製造機能を持った同社は,ナイアスの機能を消火装置に加えて電気を使わず窒素ガスによって水を長期保存する地球環境にやさしい商品と位置づけた。そして,水と空気をキーワードとして環境市場に進出し,オゾン脱臭・除菌・殺菌装置,高圧力式細砂ろ過装置,超高圧酵素分解装置などを産学連携によって共同開発し,製造販売を行っている。

(3)　ポエック(株)成長の源泉

　同社がポンプの卸売事業から,水と空気をキーワードにした環境市場という

新事業へ参入し、既存事業を上回る事業に成長させることができた要因について考察してみる。

まず1点目は、同社は卸売事業をコア事業と位置づけていることである。建設業界の縮小と共にポンプ業界の市場も縮小傾向にあり、大手メーカーの寡占市場となっている。流通段階でも寡占化した成熟期にあり、同社の卸売事業もここ数年横ばい傾向にあるが、大阪以西においては高い市場占有率を保っている。先述したように、ニュービジネス大賞優秀賞受賞後は、ベンチャーキャピタルなどの投資家からの投資による資金調達も可能となってきたが、卸売事業での安定したキャッシュフローを新規事業への投資に充当することでナイアス発売後の成長を可能にすることができたのである。

2点目として同社は、卸売業から開発型メーカーへ早期の転換を図るために、自社内で開発・製造技術や有能な人材を養成するだけでなく、企業買収を積極的に行うことで外部から技術と人材を獲得している。先述した三和テスコはエンジンの台板製造に加えて各種プラントの設計・製造技術を持ち、特殊溶接技術のような熟練した技術者も多く雇用していたことから買収した。同社とのシナジー効果もあり、買収後4期目で三和テスコは黒字化することができた。

そして2008年には、同様に船舶用ディーゼルエンジンの部品製造を行う岡山市の東洋精機産業(株)を買収した。この会社は大型加工の三和テスコとは異なる優れた精密加工技術を持っており、同社は精密加工から大型加工までの技術を所有することとなった。

3．事例企業の考察

ここまで、(株)アイ・レンタルとポエック(株)の事例を通じて中小企業の新事業開発戦略について見てきた。それでは、2社は何によって新事業を開発し、企業成長を遂げてきたのかについて考察してみる。

1点目は既存事業への危機意識である。アイ・レンタルのレンタルテレビ事業、ポエックにおけるポンプ卸売事業のライフサイクルが、成熟期から衰退期

図表5－6　事例企業2社の企業成長力の源泉

成長力の源泉	(株)アイ・レンタル	ポエック(株)
リスク軽減	レンタルテレビ事業 旅行レンタル事業	ポンプ卸売事業
未利用資源の活用	明確な対象顧客の設定 顧客の立場にたったサービス，マーチャンダイジング	ポンプ卸売事業の販売スキルと企業信用力
事業開始シナジー	レンタルサービス関連事業の運営スキル	ポンプ卸売事業のキャッシュフロー 企業信用力
運営シナジー	社長の熱意，意思決定能力，実行力	社長の熱意，実行力，優秀なボードメンバー副社長
全社レベルの取組み	戦略的な資源の配分・調整	戦略的な資源の配分・調整

出所：筆者作成

に移行したと社長が判断し，企業存続への危機感から新事業を開発し展開することで，全社的な経営のリスク分散を図ったことが指摘できる。特にアイ・レンタルは，新事業として開発した旅行レンタル事業が外部環境の変化に強い影響を受けやすい特性を持つことを知り，旅行レンタル事業が成長期にありながらも，利益率は旅行レンタル事業より低いものの安定的な収益と外部環境の影響を受けにくい保育事業へ参入することでリスク分散を図っている。

2点目は新事業の開発に当たって，これまで企業内に蓄積されてきた未利用資源の活用や既存資源を組み合わせることで，新市場の開発による新事業展開を実行している点である。図表5－6のとおり，アイ・レンタルの場合はテレビレンタル事業の経営で培ってきた明確な対象顧客の設定と顧客の立場に立ったサービスやマーチャンダイジングなどである。ポエックは，ポンプ卸売事業で安定的なキャッシュフローを生み出す販売スキルと企業信用力，ポンプに代表されるプラント業界の開発や生産技術の目利き能力である。

3点目は新事業に参入するために能力を高める事業開始シナジーと，参入後の競争力を確立・維持するための運営シナジーである。アイ・レンタルの事業

開始シナジーはレンタルサービス関連事業の運営スキルである。そして運営シナジーは，社長の経営に対する熱意，地方の弱みを強みに変えたローコストオペレーションの設計や顧客セグメントの設定に代表される意思決定能力，成功体験に安住しない保育事業への参入に代表される実行力である。

ポエックの事業開始シナジーはポンプ卸売事業の安定的キャッシュフローとニュービジネス大賞優秀賞受賞に代表される信用力である。運営シナジーは社長の経営に対する熱意と実行力，経営に関する意思決定に参画し気心が知れ優秀な経営陣である副社長である。

4点目は両社とも新事業への取り組みに当たり，企業内の資源の配分や調整を戦略的に実行することで，組織的に全社レベルで統一的に機能させるような仕組みを構築している点である。

Ⅳ　おわりに

本章は，中小企業の成長戦略の中でも新たな市場開発による新事業展開に焦点をあててみた。2社の事例からも判明したように，中小企業においても既存事業の成熟化と衰退が起こる可能性があるからには，企業の存続と成長のために未利用資源の有効利用や経営資源の再構築による新事業開発は必須のものである。

また中小企業の場合，大企業と比較して組織の規模が大きくないことから，社長の意思を全従業員へ伝え実行することは，それほど困難なことではない。しかし，新事業展開を実行する場合は，事業部門だけに任せた事業戦略ベースでの新市場開発では達成が困難となる。山田が言うように，社長を筆頭に全社レベルで統一的に機能させるような仕組みの構築が重要となる。

中小企業において市場開発型の新事業展開を実行し企業の成長を図るためには，社長を筆頭にした全社的な取り組みによって経営資源を統一的に活用することである。その結果，成長力の源泉を機能させ，「成長が成長を呼ぶ」プロセスを形成させることが求められるのである。

【注】

1) 「既存事業の経営資源を活かしながら，あたかも新規創業のごとく，新規事業分野等に挑んでいくこと」（鉢嶺［2005］）。
2) 委託するJ社のブランドを使用してレンタル事業を行うこと。知名度の低い中小企業にとってJ社ブランドによる販売は魅力的である。

【参考文献】

[1] Ansoff, H. I. [1965] *Corporate Strategy*, McGraw-Hill, Inc. 広田寿亮訳『企業戦略論』産業能率大学出版部，1969年．
[2] Barney, J. B. [2002] *Gaining and Sustaining Competitive Advantage, Second Edition* Pearson Education, 岡田正大訳『企業戦略論【下】全社戦略編―競争優位の構築と持続―』ダイヤモンド社，2003年．
[3] Penrose, E. T. [1980] *The Theory of The Growth of The Firm*. 末松玄六訳『会社成長の理論（第二版）』ダイヤモンド社，1980年．
[4] 伊丹敬之・加護野忠男［2003］『ゼミナール経営学入門（第3版）』日本経済新聞社．
[5] 井上善海・佐久間信夫［2008］『よくわかる経営戦略論』ミネルヴァ書房．
[6] 加護野忠男［2003］『企業の戦略』八千代出版．
[7] 高橋徳行［2005］『起業学の基礎―アントレプレナーシップとは何か―』勁草書房．
[8] 鉢嶺実［2005］「脚光を浴びる「第二創業」―既存事業の"行き詰まり感"の打開に向けて」『産業企業情報16-9』信金中央金庫総合研究所．
[9] 山田幸三［2000］『新事業開発の戦略と組織』白桃書房．
[10] 吉原英樹・佐久間昭光・伊丹敬之・加護野忠男［1981］『日本企業の多角化戦略―経営資源アプローチ―』日本経済新聞社．

（執筆担当：山本公平）

第 6 章　中小企業の成長と多角化戦略

I　はじめに

　企業が成長・存立していくための戦略の1つとして、複数の事業を展開し、事業範囲を広げていく多角化戦略がある。

　これまで多角化は、本業で成長した大企業が内部に蓄積された経営資源を効率的に活用しようとする戦略として捉えられてきた。しかし環境の変化が激しくなった近年では、中小企業も多角化に関心を示し始めている。産業のライフサイクルは規模の小さな企業の事業領域でも大企業と同じように存在することから、市場が停滞・衰退している事業分野の中小企業においては、企業存立・成長のための多角化が必要であり、比較的市場が安定している事業を営む中小企業でも、長期的に安定成長していくための戦略として多角化が必要となってきている。

　そこで本章では、中小企業が存立・成長していくためには、どのような動機から多角化を行うのか、どのような多角化形態を採用し、それに伴い、どのようにシナジーを活用しているのかについて中小建設業に焦点をあてて考察する。また、多角化の程度と経営指標の関係より多角化の成果についての実態調査を行い中小企業における多角化戦略の特徴を明らかにする。

　多角化の要素である「多角化のタイプ」「多角化の動機」「シナジー」、企業の各事業分野の集中度合いを図る尺度として「多角化の程度」、経営指標として「収益性」「流動性」「安全性」「健全性」の8つを分析の視座として取り上げる。

Ⅱ 中小企業と多角化戦略の理論

1．多角化戦略研究の基礎理論
(1) 企業の成長戦略

アンゾフ（Ansoff［1965］）によると企業が成長をしていくには，4つの戦略が考えられる（図表5-3）。本章で取り上げる多角化戦略は，企業が新規市場と新規製品の両方において事業領域を拡大することによって成長する分野のことである。

また，本章の事例企業である中小建設業の現状からすると，将来の方向性としては，「成長・存立」「廃業」「第三者への譲渡」が考えられる。本章では，成長・存立を目的とした多角化戦略を考察する。さらに，新分野進出型は「水平型」「垂直型」「集中型」「集成型」の4つに分類され，その中の集中型が本章における中小建設業の多角化と位置づけられる（図表6-1）。

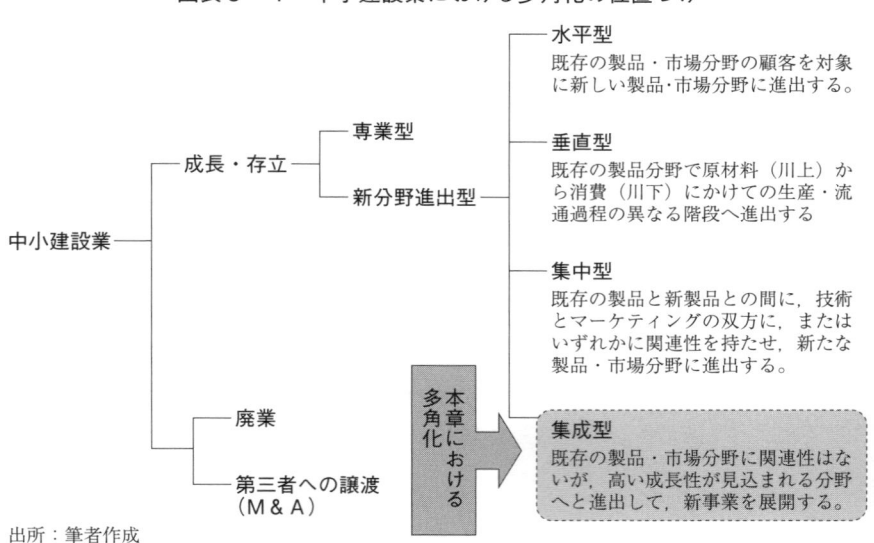

図表6-1　中小建設業における多角化の位置づけ

- 中小建設業
  - 成長・存立
    - 専業型
    - 新分野進出型 → 本章における多角化
      - 水平型：既存の製品・市場分野の顧客を対象に新しい製品・市場分野に進出する。
      - 垂直型：既存の製品分野で原材料（川上）から消費（川下）にかけての生産・流通過程の異なる階段へ進出する
      - 集中型：既存の製品と新製品との間に，技術とマーケティングの双方に，またはいずれかに関連性を持たせ，新たな製品・市場分野に進出する。
      - 集成型：既存の製品・市場分野に関連性はないが，高い成長性が見込まれる分野へと進出して，新事業を展開する。
  - 廃業
  - 第三者への譲渡（M&A）

出所：筆者作成

(2) 多角化の動機

　企業の多角化は，さまざまな動機で行われる。主なものとして，以下の4点があげられる（徳重 [1994]）。

①未利用資源の有効活用

　企業の内部には，経営活動を通じて既存の事業活動だけでは使い切ることのできない経営資源が蓄積されていく。それは，経営ノウハウ，資金，施設，人材，技術，ブランド・イメージなどで，それを放置しておくと余剰資源となる。このため，未利用資源を複数の事業分野に効率的に配分し，相互のシナジー効果を利用して製品・市場分野へ進出し，有効活用を行おうとする。

②収益の安定化

　季節変動，流行，天候による需要の変化や競争の激化などにより，安定した収益を確保することが困難になった場合，その影響を相殺するような異なった製品・市場分野へ進出し，収益の安定化を図ろうとする。

③既存事業の衰退

　どのような製品にも，創業，成長，成熟，衰退というライフサイクルがあり，単一事業だけに依存していると，成熟，衰退を迎えると同時に企業存立・成長が危うくなる。また，産業構造の変化など，企業努力によっては動かしがたい外部環境の変化が生じる。このため，企業は生き残りのために複数の製品・市場分野へ進出する。

④リスク分散

　単一事業によって収益をあげている企業は，技術が優れていても，ブランドが浸透していても，製品のライフサイクルや市場規模の細分化などの外部環境の変化の影響を受けやすい。このことから現在の環境とは全く違う環境ともやりとりすることで，環境の変化の影響度を最小限に抑えることを目的として新しい製品・市場分野へ進出する。

　また，吉原ら [1981] は企業が多角化を行う動機は，外的誘因と内的誘因に分けられるとしている。

　多角化の外的誘因の主要なものとしては，①既存製品市場の需要成長率の長

期的停滞，②既存主力製品の市場集中度，③既存製品市場における需要動向の不確実性，④独占禁止法などがある。

多角化の内的誘因の主要なものとしては，①未利用資源の有効活用，②負の目標ギャップ，③企業規模などがある。

外的誘因とは，企業環境の特性やその変化に関するものであり，徳重の述べる多角化の動機の「収益の安定化」「既存事業の衰退」「リスク分散」にあてはまる。内的誘因とは，企業の内部状況に関するものであり，徳重の述べる動機の「未利用資源の有効活用」にあてはまる。

(3) シナジー

シナジーとは，2つの関連する要素を有機的に結合させることによって，その総和以上の力を得る，いわゆる相乗効果のことである。通常，シナジーには販売，生産，投資，マネジメントの4つがあるとされる（石井ら[1996]）。

①販売シナジー

販売シナジーとは，既存の流通経路，販売組織，商品倉庫，広告宣伝，販売促進，ブランド・イメージなど販売面での経営資源を共通利用することによって得られる相乗効果のことである。また，共同広告や共同販売促進などによって同一資金で収益を増加させることができる。

②生産シナジー

生産シナジーとは，既存の生産施設，原材料，人員，技術ノウハウなど生産面での経営資源を共通利用し，間接費を分散することによって得られる相乗効果のことである。複数の製品についての技能を蓄積できる。

③投資シナジー

投資シナジーとは，既存の工場，機械，工具，設備などの経営資源を共通利用することによって，投資面が節約できる相乗効果のことである。研究開発の過程で研究開発成果を他製品へ移転できるとともに，その経験から研究開発能力を強化することができる。

④マネジメントシナジー

　マネジメントシナジーとは，既存の経営者・管理者が身につけているマネジメント能力やノウハウなどを，複数の事業において共通利用することによって得られる相乗効果のことである。既存事業での経験が多角化分野でも活かされることによって問題を解決できる。

　シナジーがあれば2つ以上の製品を別々の企業で生産・販売している場合よりも，1つの企業で生産・販売する（つまり多角化）場合のほうが有利であり，多角化の有利性の原理を提供する。

(4) 多角化のタイプ

　アンゾフは，既存の製品の技術や需要（市場）における関連性を4つに分類している（図表6-2）。

①水平型多角化

　水平型多角化は，既存の製品分野の顧客を対象に新しい製品分野に進出する多角化である。既存の生産技術や流通経路を利用できることから，シナジーが

図表6-2　多角化のタイプ分類

顧客＼製品	新製品	
	技術関連あり	技術関連なし
新しい使命（需要） 同じタイプ／従来と全く同じ顧客	水平型多角化	
	垂直型多角化	
類似タイプ	(1)* 集中型多角化	(2)*
新しいタイプ	(3)*	集成型多角化

　(1)*　マーケティングと技術が関連しているもの
　(2)*　マーケティングが関連しているもの
　(3)*　技術が関連しているもの

出所：アンゾフ（Ansoff [1965]），p.165.

働き，リスクも最小限に抑えることができる。しかし，対象が同じタイプの顧客であることから，既存事業と多角化事業の活動領域が類似しているため市場環境の変化に影響を受けやすく，必ずしも収益が安定するとは限らない。

②垂直型多角化

垂直型多角化は，既存の製品分野で原材料（川上）から消費（川下）にかけての生産・流通過程の異なる段階へ進出する多角化である。既存の製品・市場分野を中心に消費分野に進出する前方的多角化と，原材料分野に進出する後方的多角化に分けられる。既存の部門の需要先を拡大することや，供給源を確保することを狙いとし，生産・流通段階の付加価値を獲得し，収益の改善が見込まれる。しかし，生産・流通過程に生じた問題が波及し，企業業績を一気に悪化させ企業を不安定にさせるというリスクもある。

③集中型多角化

集中型多角化は，既存の製品と新製品との間に，技術とマーケティングの双方に，またはいずれかに関連性を持たせ，新たな製品・市場分野に進出する多角化である。技術やマーケティングに特殊な能力を持つ企業は，成長分野においてそれを効果的に適用して，シナジーを十分に発揮することができる。

④集成型多角化

集成型多角化は，既存の製品・市場分野分野に関連性はないが，高い成長性が見込まれる分野へと進出して，新規事業を展開する多角化である。経験のない異分野における事業展開であるため，他の多角化に比べてリスクは大きいが，急速な成長を成し遂げる機会が得られる。

以上が多角化のタイプであるが，いずれにせよ企業は，新たな分野に進出する場合には，既存の分野との間にマーケティングや技術，限られた経営資源がどの程度関連を持つかを十分に把握し，シナジーやリスクの程度を検討しなければならい。

(5) 多角化の程度

米国の大企業の多角化の分析を行ったベリー（Berry [1971]）は，ハーフィ

ンダール指数（Herfindahl-Hirschman Index）に依拠した多角化度測定を行っている。ハーフィンダール指数とは，市場の集中度を測る指標で，Xを企業の総売上高とし，Xiを企業の各事業における売上高として，以下のような数式で表される。

$$H = \sum (X_i/X)^2 = \sum S_i^2$$

ベリーは，1からn個までの事業をもつ企業において第i番目の分野における構成比p_iの数量変化を反映できるという以下のような数式を用いて分析を行った。

$$D = 1 - \sum p_i^2$$

日本の多角化の程度についての研究で吉原ら［1981］は，1からn個までの事業を持つ企業の第i番目の分野の構成比をp_iとし，産業組織論で市場集中度の尺度としてよく使われるハーフィンダール指数の考えをそのまま使い，いくつかの事業分野へのその企業の集中度合いを計る尺度として$\sum_{i=1}^{n} p_i^2$を得ている。さらに，この指標の平方根をもったものを事業分野間の集中度の指標と考え，それを基に集中の逆の多角化の指数とするため1から引いたものを多角化度指数（ＤＩ：Diversification Index）とした。吉原らの多角化度指数は，以下のように表される[1]。

$$DI = \left(1 - \sqrt{\sum_{i=1}^{n} p_i^2}\right) \times 100$$

２．多角化戦略の具体的展開

多角化が企業の業績にどのように成果をもたらしているかについての研究で代表的なものとしてはルメルト（Rumelt［1974］）の研究があげられる。日本企業の多角化については，吉原ら［1981］の研究が知られている。吉原らは，多角化のタイプを企業の売上構成比，事業の関連性，マーケティングの特徴，製造工程や生産技術の特性などから，「専業戦略」「垂直的統合戦略」「本業中

心集約的多角化戦略」「本業中心拡散的多角化戦略」「関連分野集約的多角化戦略」「関連分野拡散的多角化戦略」「非関連多角化戦略」の7つに分類している。

吉原らは，多角化のタイプの分布と変化を分析し，高度成長期における日本の大企業の多角化は，「垂直的統合戦略」をとる企業が多かったことを明らかにしている。また，企業の各事業分野の集中度合を計る尺度として「多角化の程度」を導き出し，多角化戦略がどのような経営成果を生み出しているかを分析した。その結果，多角化の程度が増大すると成長性は直線的に増大し，収益性は中程度の多角化までは増大するが，高度の多角化に向かって行くに従って下がることが判明している（**図表6-3**）。

さらに，「本業中心型」（「本業中心集約的多角化戦略」「本業中心拡散的多角化戦略」）と「関連型」（「関連分野集約的多角化戦略」「関連分野拡散的多角化戦略」）の多角化では収益性が高く，多角化を過度に進めた企業は，収益性を維持するだけの資金需要が困難になるため結果として収益性が低下するとされている。このことから企業が収益性を重視するのであれば多角化を抑制する必要があり，企業が成長性を重視するのであれば高度な多角化を目指せばよいことになる。

図表6-3　多角化と成果（収益性・成長性）についての実証結果の概念図

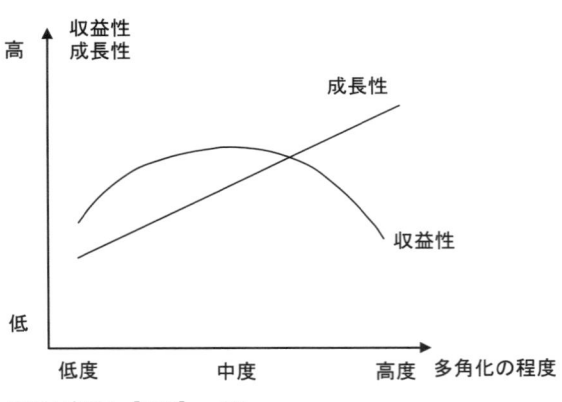

出所：吉原ら［1981］，p.181．

Ⅲ 中小企業における多角化戦略の実際

1. 事例調査

(1) 事例調査の概要

本章では，中小建設業3社の事例を取り上げる。建設業界は，建設市場が縮小する中，大企業の建設業は新分野の需要開拓などを積極的に行っているが，地方の中小建設業は，公共工事への依存度や就業先としての建設業への依存度が高いことから，再編・淘汰が避けられない状況下にある。そこで近年，中小企業において企業存立を目指した多角化を選択する動きがみられる。

また，建設投資（名目値）を民間と政府に分けて推移をみてみると，バブル経済崩壊後には，数次に渡る経済対策による補正等で政府投資が増加したことから民間投資のウエイトが低下し，1995年度には55.5％まで割合が減った。その後も民間投資の停滞等により民間投資のウエイトがさらに低下した。これに連動して建設業者の倒産件数も増加し，利益率は低下基調で推移している。

(2) 事例1

①A社の企業概要

農業分野へ多角化を行っているA社は，1971年にH県S市で建設業（一般土木建設工事業，舗装工事業）を創業したのが始まりである。2002年"安心して食べられる野菜"をスローガンにかかげ，青ネギの水耕栽培を始める。2002年春より商品出荷を開始し，中国地方をはじめ関西，中部，北陸，関東，九州まで幅広い地域に出荷体制を整え販売している。

青ネギ栽培の特徴としては，自社配送による指定場所に納品が可能で，最新鋭の集出荷施設（予冷庫30坪）を保有していることから鮮度が保持でき，大型温室における栽培効率の追求による安定供給が行えるところにある。

②A社の多角化戦略の具体的展開

・多角化の動機

公共工事の削減に伴い，他分野への進出を考えた。また，経営が安定し融資

が受けられるうちに何かに取り組まなければならないと考えた。S市は，のどかな田園が広がった地であり，標高270mの高原地域で，山，水，空気，高原という企業立地（環境）から，農業に最も適した場所であったこと，さらに減反で，田が多く空いており遊休地を借用するのは容易であったため，水耕栽培施設を造り青ネギの生産を多角化分野とした。

青ネギ以外にもチンゲン菜，水菜も考慮したが，他の品目は栽培が困難であったために，生産が容易で，1年を通じて需要が安定し，大量消費がみこめる青ネギ1品に絞った。

- **多角化の際に利用した共通資源（シナジー）**

建設業が暇なときに農業は忙しく，人員を共通利用できることから，主に草刈（年3回/60人体制）などを行っている。なお，草刈機やゴミ処理はA社の設備を使用している。

経営者のこれまで培ってきた経営能力も活用している。農業と建設業は事業内容に関連があり，農業従事者が従業員に多いこともあって経営者，従業員共に農業進出にはあまり心理的抵抗がなかった。

広告宣伝のために，ホームページを開設しているが，経営者が出資した企業に依頼し，その企業の配当金をホームページ作成費に当てている。また，パンフレットも自社で作成するなどして広告宣伝費を引き下げている。

- **多角化の活動領域**

青ネギの生産・販売を行い，富山，東京，埼玉，名古屋，京都，大阪，福山，広島，九州などの市場に進出している。また，ホームページの開設，CM，パンフレットを作成し，幅広く広告宣伝活動を行っている。CMは，お正月の3日間のみに流し商品イメージ向上に努め，小売や市場ではなく，消費者にも訴求することを目的としている。

(3) 事例2

①甲斐建設(株)の企業概要

福祉分野への多角化を行っている甲斐建設(株)は，1950年に広島県福山市で

建設業（一般土木建築工事業，土木工事業，舗装工事業，木造建築工事業，建築リフォーム工事業，大工工事業，鉄骨工事業，鉄筋工事業，左官工事業）を創業したのが始まりである。甲斐建設(株)は多角化事業として，介護福祉施設（グループホーム）を開設している。

②甲斐建設(株)の多角化戦略の具体的展開
・多角化の動機

　公共工事の削減に伴い，多角化を考えた。また，経営が安定し融資が受けられるうちに何かに取り組まなければならないと考えた。当初は，現在の事業分野（得意分野）で強みを活かした新しい事業に取組むことを考えたが，適当な事業が見当たらなかった。また福祉事業は，建設業と異なり毎月定額の現金収入が見込め安定し，経営の見通しが立つことと，さらなる事業の拡大が見込まれる分野であるので進出した。

・多角化の際に利用した共通資源（シナジー）

　広告を自社で作成し，広告宣伝費がかからない仕組みを考えている。入居者については，従業員の力（口コミ）で確保した。また，経理が共通であるので，経費が削減されており，経営者のこれまで培ってきた経営能力や人脈が共通利用されている。別会社にしたのは，建物を甲斐建設(株)に外注することにより安価にすることで投資額を引き下げることと，甲斐建設(株)にも利益を出せる仕組みを考えたためである。

・多角化での活動領域

　介護福祉施設の中でも認知症高齢者向けグループホーム事業の運営・管理を行っている。グループホームへの新規参入は指定認可事業の中では容易であった。しかし，福祉事業に関しては素人であったため核になる人材を探していたところ，老人ホームに勤めていた人に出会えた。経営者は資金を出すにとどめ，専門家が現場を担当・運営する仕組みにしている。

(4) 事例3

①(株)かわばたの企業概要

農業分野への多角化を行っている(株)かわばたは，1960年に鳥取県日野郡で建設業（土木工事業，舗装工事業，とび・土工・コンクリート工事業）を創業したのが始まりである。観光地として，年間170万人が足を運ぶこの地域の観光客を取り込んでいること，地ビールレストランや宿泊施設への波及効果も期待できることから，ブルーベリー栽培を始めている。2007年からは本格的に収穫し，生食用，加工品（ジャム，ワイン，ジュース）を，インターネット通販や直売所で販売するほか今後，青果市場への出荷も検討している。

②(株)かわばたの多角化戦略の具体的展開

・多角化の動機

公共工事削減による建設不況から雇用を確保することを目的に，農業参入のための農地利用に関する特区申請を2004年1月に町役場へ打診した。休耕地対策と交流人口増加を期待する町も賛同し，特区の申請者になった。同町は，以前，夏だいこんの産地としてだいこん畑が広がっていた。しかし，農業の担い手不足から急速に農地の荒廃が進展していく中で，同社は同町から遊休農地解消と雇用創出を目的に国へ特区を申請して，特区による農業経営に参入し，全国有数のブルーベリー栽培地を目指している。

2000年10月の地震で，同町は大きく被災した。同社など郡内の建設業者は災害復旧工事で繁忙を極めたが，公共工事削減の流れもあり，何か異業種に進出しなければと考えた。実際，ピーク時には130億円あった郡内の公共工事費は，2004年度には70億円とほぼ半減している。

福祉事業への参入も検討したが「施設を建てるだけでも一度に数億円の費用がかかる。うちのような中山間地の小さな業者ではとても無理」と資金面ですぐにあきらめがつき，出費が少ない点も農業を選択した大きな理由の1つとなっている。栽培技術は，農業改良普及所にアドバイスを受けた。

・多角化の際に利用した共通資源（シナジー）

経営者のこれまで培ってきた経営能力が共通利用されている。また，経理が

共通であり，経費が削減されている。建設重機・設備の共同活用，共通の技術基盤，共通の材料調達，共通の人員を共通利用している。

・**多角化での活動領域**

　特区申請に先立って，2004年4月に同町集落の農家が所有する農地を同社の農業を営む役員が個人的に1ha借りた。ブルーベリーは他の果樹に比べると栽培が容易で高冷地でも栽培可能であり，身体によいと注目を集めていること，生食用だけではなく加工品にして出荷も可能であることからブルーベリーの栽培を開始した。その後，特区に認定されたことにより，町が農家から1.7haの農地を借り上げ，同社は同町からその農地を借りて経営を開始した。これを機に同社内にブルーベリー事業部を立ち上げ，常時3名がブルーベリー栽培に携わっている。2006年現在4.0haで，約7,200本のブルーベリーを栽培している。栽培形態は，ブルーベリー栽培に多く見られる点滴によるポット栽培ではなく，肥よくな黒ぼく地（火山灰土の表層部分で有機質を含み，黒褐色をしている土のこと）を活かした露地栽培（作物を自然の気象条件のもとで栽培すること）を行っている。

　2007年からは本格的な収穫が始まり，生食用，加工品を，インターネット通販や直売所により販売するほか青果市場への出荷も検討している。また，観光農園としても営業し，隣接する宿泊型の市民農園や近隣の観光地からの観光客流入を期待している。

(5)　**事例の分析**

　中小企業は，どのような動機から多角化を行い，どのようにシナジーを活用し，どのような多角化形態を採用しているのかという観点と，第2節で明示した多角化戦略の理論より設定した「多角化の動機」「シナジー」「多角化のタイプ」の3つの視座に基づき事例企業3社の分析を行う。

①**事例企業3社における多角化の動機**

　多角化の動機は，3社ともに公共工事削減などの「既存事業の衰退」と，3社中2社があげた，現在の企業業績なら融資が可能であったため，金融機関か

らの融資が受けられるうちに多角化を行うという「リスク分散」である。甲斐建設(株)のケースでは,成長を続けたいという目標と現状のギャップから内的誘因も発生し,事前に必要な経営資源を意図的に蓄積しながら,将来その企業に貢献をすると考えられる福祉分野に進出している。

②事例企業3社におけるシナジー

3社とも,シナジーは,建設重機・設備の共同活用,共通の技術基盤,共通の材料調達,共通の人員といった「投資シナジー」,設備・要員の稼働率の向上,間接費の分散などといった「生産シナジー」,経営者がこれまで培ってきた経営ノウハウ,人脈の共通利用などといった「マネジメントシナジー」が機能している。また,多角化分野を決定し,シナジーとなる建設重機や人員の共通利用を考えている事例企業も見られた。

③事例企業3社における多角化のタイプ

多角化のタイプは,多角化分野と既存の製品・市場分野との連関によって決まる。A社と(株)かわばたは建設業から農業分野への進出であり,甲斐建設(株)は建設業から福祉分野進出であるため,既存の製品・市場分野とほとんど関係性はないが,高い成長性が見込まれる分野へと果敢に進出する多角化であると考えられ,「集成型多角化」に当てはまる。

(6) 事例の考察

中小建設業の存立・成長のための多角化の事例について行った分析結果についての考察を行う。

①多角化の動機

企業存立のための多角化を行う際には,外部環境の変化などの外的誘因が多角化の大きな動機となっており,企業成長のための多角化を行う際には,事業拡大や,経営者の企業目標とのギャップなどの内的誘因が動機となっていることがわかった。

公共工事削減などによる既存事業での企業成長に問題が生じた場合の多角化である「既存事業の衰退」と,現在の環境とは全く違う環境ともやりとりをす

ることで，環境の変化の影響度を最小限に抑えることを目的とした「リスク分散」が3社に共通する動機となっている。さらに危険を分散させる役割として多角化を行ったという意味では3社中2社があげた現在の企業業績なら融資が可能であったため，金融機関からの融資が受けられるうちに多角化を行ったことも「リスク分散」に当てはまる。また，甲斐建設(株)のケースにおいては，今後も成長していきたいという目標と現状のギャップから，事前に意図的に必要な経営資源を蓄積しながら，将来その企業に貢献をすると考えられる分野に進出したことから，多角化の動機としては「内的誘因」が大きく影響している。

以上のことから，中小企業の多角化は，既存事業の衰退を意識した際に発生する場合が最も大きな動機となるものと考えられる。よって，中小企業の経営者は，環境の変化に敏感になり，既存事業のライフサイクルを常に意識することが必要である。

②シナジー

3社とも，シナジーとしては，共通の機械や工具の共同利用などによる「投資シナジー」と，人員を共通に活用して間接費を分散させる「生産シナジー」が機能していた。中でも最も機能していたのは「マネジメントシナジー」である。経営者の能力やこれまで培ってきた経営ノウハウを活かして多角化事業を展開していた。また，シナジーとなる建設重機や人員の共通利用を考え，多角化分野を決定している事例企業も見られた。

事例企業はシナジーを起因とする多角化ではなく，多角化事業の決定を行ってから自社内で活用できるもの（シナジー）を考えており，結果としてシナジーが多角化事業に影響していたのが特徴である。しかし，シナジーは事例企業のように複数の分野に利用された結果から得られるだけではない。これまでとは異なった製品・市場分野へ進出する多角化戦略においては，シナジーのあるなしが事業の成否に大きく影響してくる。

③多角化のタイプ

企業は，動機の発生後，シナジー効果の考察を行いながら多角化分野を決定する。

事例企業の多角化のタイプは建設業から農業分野・福祉分野進出であるため，既存の製品・市場分野とほとんど関係性はないが，高い成長性が見込まれる分野へと果敢に進出する多角化であると考えられることから，「集成型多角化」である。集成型多角化は，他の多角化のタイプに比べてリスクは大きいが，事例企業は既存事業への依存から脱皮して存立・成長を遂げる機会を得ていた。

以上のことから，中小企業が，経験のない異業種に事業展開するには，経営者の強力なリーダーシップと長期的な視野とすぐれた経営管理能力が必要となってくるものと考えられる。また，集成型多角化であったとしても，既存事業と多角化事業との間にマーケティング，技術，経営資源がどの程度関連性を持つかを十分に把握しておくとリスクを減らすことができる。

以上により，物的資産または，経営資源によるシナジーも重要であるが，中小企業において最も重要となるシナジーは，経営者のマネジメント能力やノウハウであるといえる。経営者は既存の事業から得られた能力を活かし，既存事業と多角化事業とで人員などを共通活用することで間接費を分散し，技術や経営資源を最大限に活用することが多角化の成功率を高くすることができる。

2．実態調査

中小建設業の多角化の成果を明らかにすることを目的に多角化の程度と経営指標の実態調査を行った。実態調査を実施するにあたり，調査対象とする企業を選定した。今回の調査では，中小建設業を対象とするため，その定義として「中小企業基本法」「日本標準産業分類」における量的基準を用いた。

このことから，①資本の額又は出資の総額が3億円以下の会社，並びに常時使用する従業員数が300人以下の会社，②または個人，③日本標準産業分類の建設業に属する事業を主たる事業として営むもの。以上の条件を満たす中小建設業を調査の対象として設定し，合計404社の事例を収集した[2]。

次に404社の中から経営事項審査公表企業185社に対して2008年4月25日に調査票を発送し，5月15日までに55社の有効回答を回収できた。このうち欠損値

の少ない企業は32社であった。

(1) 実態調査の分析

中小企業の多角化の成果を明らかにするため第2節で明示した多角化戦略の理論より設定した「多角化の程度」と経営成果を表す指標に基づき32社の分析を行う。

経営成果を表す指標としては，「収益性」「流動性」「安全性」「健全性」の4つの指標[3]を用いる（**図表6－4**）。

①中小建設業における多角化の成果（収益性）

企業の収益力を判断する指標群から成り立っている。収益性は，高多角化度群が高く，中・低多角化度群は，低い。

②中小建設業における多角化の成果（流動性）

貸借対照表の流動資産の部と流動負債の部の勘定科目を中心に，短期的な支払い能力や資金の余裕度を見る。流動性は，低多角化度群，高多角化度群，中多角化度群の順に高い。

③中小建設業における多角化の成果（安定性）

内部留保（自己資本）の厚みを判断する自己資本比率と，有利子負債の多寡を判断する有利子負債月商倍率及び純支払利息率で構成されている。安定性は，高多角化度群，中多角化度群，低多角化度群という順に低い。

④中小建設業における多角化度の成果（健全性）

資本構造分析（自己資本，他人資本バランス分析）と投資構造分析（固定資産と自己資本等のバランス分析）に分けられる。この投資構造分析は建設機械や土地，建物等の有形固定資産や長期保有を目的とする投資有価証券等と，資金調達源泉のうち原則として返還を要求されない自己資本や，すぐに返済を要求されない固定負債等とのバランスを見るものである。健全性は，高，中多角化度群が低く，低多角化度群が高い。

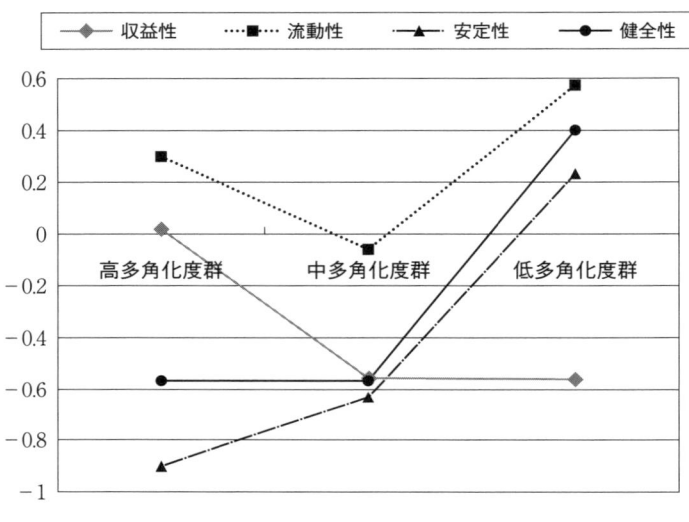

図表6-4　中小建設業における多角化の成果

◆ 収益性　■ 流動性　▲ 安定性　● 健全性

出所：筆者作成

(2) 実態調査の考察

経営成果を表す4つの経営指標を多角化の程度について考察を行う。

①中小建設業における多角化の成果（収益性）

公共工事が減少し、多角化事業の割合を多くすると収益が増えることから「高度な多角化を行った場合には低度な多角化より収益が増える」ことが判明した。

②中小建設業における多角化の成果（流動性）

流動性は、完成工事未払金が算式の中に入っており、多角化事業の割合が低いほど流動性が高くなるが、中度多角化を行った場合に指標のバランスがよくなることから「低度な多角化を行った場合には高度な多角化より短期的な支払い能力や資金の余裕がある」ことが判明した。

③中小建設業における多角化の成果（安定性）

高度な多角化を行った場合には、借入金、買掛金、未払費用や引当金などが

多くなることから「低度な多角化を行った場合には高度な多角化より負債が少ない」ことが判明した。

④中小建設業における多角化度の成果（健全性）

程度な多角化を行っている企業は，資金調達源泉のうち返還を要求されない自己資本や，すぐに返済を要求されない固定負債等とのバランスがとれていることから「低度な多角化を行った場合には高度な多角化より固定資産が少ない」ことが判明した。

以上のことから，高多角化度群が低多角化度群を上回っていたのは「収益性」のみであった。

したがって，企業が「流動性」「安定性」「健全性」を重視するのであれば多角化を抑制し，企業が「収益性」を重視するのであれば高度な多角化を目指せばよいということが導き出せる。

Ⅳ　おわりに

本章では，中小企業の成長戦略の中でも多角化戦略について中小建設業の3事例調査と実態調査を中心に考察した。中小企業が長期的に環境変化に対応していくためには，自ら積極的に多角化・事業転換していく必要があり，新しい方向に多角化・事業転換することが不可欠な戦略となりつつある。

今回の事例では，大企業と比べれば少ない経営資源を活用し新事業の創出に取り組んでいた。事例企業の多角化は，既存事業の衰退やリスク分散などからくる危機感によるものであるが，機動性・小回り性という特性を持つ中小企業だからこそ環境の変化に対して素早く反応ができるため多角化が行いやすいという一面もある。

また，多角化のタイプに関しては，3社とも集成型多角化であり，既存事業とは関連のない分野であったが，既存の加工技術ノウハウ，販売・仕入れノウハウという情報的資源の蓄積，そして企業外部との間に蓄積された信用力を基盤として新たに事業を展開し，シナジーを機能させていた。実態調査より，企

業が「流動性」「安定性」「健全性」を重視するのであれば多角化を抑制し，企業が「収益性」を重視するのであれば高度な多角化を目指せばよいことが導き出せた。このことから，中小企業が進出しやすい分野であること，シナジー効果のある分野に進出していくこと，情報的資源の蓄積とそれを基盤にすることが，中小企業の多角化において重要であると言える。

【注】

1) ここで，100を掛けてあるのは，字数の桁をパーセントと同様に揃えるためである。したがってＤＩは，0から $\left(1-\frac{1}{\sqrt{n}}\right)\times 100$ の間をとると示した。

2) 中小建設業の多角化事例として，経営革新事例149社，国土交通省中国地方整備局調査事例96社，建設業振興基金調査事例94社，日経テレコン調査事例65社から，合計404社の収集を行った。

3) 4つの指標は，財団法人建設業情報管理センターの定義を使用した。
①収益性 ＝ 0.10403×売上高営業利益率＋0.03219×総資本経常利益率＋0.06474×キャッシュ・フロー対売上高利益率
②流動性 ＝ 0.13201×必要運転資金月商倍率＋0.06263×立替工事高＋0.16302×受取勘定月商倍率－1.21835
③安定性 ＝ 0.00969×自己資本比率－0.16104×有利子負債月商倍率－0.36901×純支払利息比率＋0.43437
④健全性 ＝ 0.00107×自己資本対固定資産比率＋0.00229×長期固定適合比率＋0.00071×負荷価値対固定資産比率－0.94023

【参考文献】

[1] Ansoff, H. I. [1965] *Corporate Strategy*, McGraw-Hill. 広田寿亮訳『企業戦略論』産業能率大学出版部，1969年。
[2] Berry, C. H. [1975] *Corporate Growth and Diversification*, N. Y. Princeton University Press.
[3] Rumelt, R. P. [1974] *Strategy, Structure and Economic Performance*, Harvard University Press. 鳥羽鉄一郎・山田正喜子・川辺信雄・熊沢孝訳『多角化戦略と経済成果』東洋経済新報社，1977年。
[4] 石井淳三・奥村昭博・加護野忠男・野中郁次郎 [1996]『経営戦略論（新版）』有斐閣。
[5] 国土交通省総合政策局情報管理部建設調査統計課 [2006]『建設投資見通し（平成18年6月2日公表）』。
[6] 佐竹隆幸 [2008]『中小企業存立論』ミネルヴァ書房。
[7] 徳重宏一郎 [1994]『経営管理要論（改訂版）』同友館。

[8] 吉原英樹・佐久間昭光・伊丹敬之・加護野忠男［1981］『日本企業の多角化戦略』日本経済新聞社。

（執筆担当：大杉奉代）

第7章　中小企業の成長とM&A戦略

I　はじめに

　近年，中小企業にもM&Aを経営戦略の一つとして捉えて，積極的に活用する企業が増加してきている。また，後継者難から子息等親族間への事業承継がうまくいかず，このような状況下で事業を清算・廃業させることなく事業を継続させて従業員の雇用を維持する有効な手段としてM&Aへの関心も高まりつつある。

　しかし，中小企業の経営者，特にオーナー経営者の中には，M&Aを「身売り」というイメージで捉えて消極的な評価をしている場合も少なくない。自ら創業し，あるいは親族から引き継いだ企業を，多くの労力と時間をかけて成長させてきたという自負があるオーナー経営者にとって，当該事業を売却してその後の経営を他人に委ねることへの抵抗感は強いものがある。こうした抵抗感は，逆の立場，つまり買い手側企業の経営者にとっても少なからず存在する。しかし，こうした否定的なイメージゆえにM&Aを経営戦略の一つとして認識しなければ，「さらなる成長の機会」「事業規模拡大の機会」「従業員の雇用継続の機会」などといったさまざまな機会を失うことになるのである。

　それでは，M&Aとは，特に中小企業のM&Aとはいかなるものであろうか。その実態と内容を把握し，M&Aを成功に導くための手法と考え方を明らかにしようとするのが本章の目的である。

II 中小企業とM＆A戦略の理論

1. M＆Aの基礎理論
(1) 内部成長戦略と外部成長戦略

　企業成長のパターンは，内部成長と外部成長に分けることができる。前者の内部成長は，自社の経営資源を活用して，事業機会を企業内で創出する方法である。具体的には，原材料や人材などの経営資源を新規に取得し，設備投資や研究開発投資などを行って製品・サービスを作り出し，取得した人材や技術を育成して自らが築き上げた流通チャネルを通して販売し収益を得るという，一連のプロセスを通して成長を遂げていくというものである。

　後者の外部成長は，他の企業の資産や事業の一部，あるいは全部を取得することで成長を図る方法である。さまざまな経営資源が複合的に機能しているような事業や企業が外部に存在し，仮にそこにある経営資源それぞれについて，それらを新規で調達して育成する場合と比較して，妥当とされる価格で取引されている市場があるとすれば，それを取得して成長していくという選択肢も，合理的な戦略であると言えるだろう。このような外部成長のための手段がM＆A（Mergers and Acquisitions：企業の合併・買収）である。M＆Aという外部成長戦略は，企業内部の経営資源を時間をかけて育成していく内部成長戦略と比較して，「時間を買う」成長戦略であると言える。

(2) 戦略的に期待される効果

　M＆Aの戦略的側面は，「時間を買う」外部成長戦略以外にも，いくつか存在する。ここでは，M＆Aによって期待される効果という観点から，「シナジーの獲得」と「市場支配力の増大」という2点に焦点を絞って述べることにする。

　経営戦略の一環としてM＆Aを行うとき，その主たる動機としてシナジー効果がある。シナジー効果とは，2つの独立した企業が合体することにより，合体以前のそれぞれの企業価値を合わせたものよりも大きくなるような，つまり「1＋1＞2」となるような効果のことを言う。M＆Aによるシナジー効果を，

企業価値の増大が何によってもたらされるのかという観点から，①営業シナジー，②財務シナジー，③経営改善シナジー，の３つについてみていくことにしよう。

営業シナジーとは，事業活動を行っていく上で生じるシナジーのことであり，M＆Aによって生産やマーケティングの規模が増大し，単位あたりの生産コストが削減されたり増収につながったりするような，規模の経済性によってもたらされるシナジーである。

財務シナジーとは，財務活動，特に資金調達を行う上で生じるシナジーである。M＆Aによって資本コストが低下したり，借入枠が拡大するといった効果がもたらされることが期待される。

経営改善シナジーとは，一方の企業の経営が必ずしも効率的に行われていないような場合，効率的な経営を行っている企業とM＆Aを行うことで経営内容が改善されるような効果をもたらすシナジーのことを言う。十分な生産設備を持ちながらそれを活かすだけの技術力に欠ける場合や，どちらか一方の経営者の経営能力に問題がある場合など，欠如している部分がM＆Aによって補われ，改善されると考えられる効果と言える。

戦略的に期待される効果の２つ目として市場支配力の増大があげられる。市場支配力の増大は，①水平的統合，②垂直的統合，③コングロマリットという戦略形態に分類される。

水平的統合とは，同一産業に属する企業同士が統合することで製品やサービスの市場における占有率を高めることを目的とするものである。これはヨコ方向の市場支配力を増大するものであり，特に上述した営業シナジーの規模の経済性獲得を意図したものであると言える。

垂直的統合とは，原材料の加工・製造段階から販売までの，いわゆる川上（upstream）から川下（downstream）にいたる一連の事業プロセスを持つことによって競争上の優位性を得ることを目的とするものである。原材料などの安定的な供給ルートを確保することが可能となり，より市場（顧客）に近いところから得られたニーズの変化を原材料の調達や生産計画に反映させるなどと

いったことも可能となる。たとえば総合食品メーカーがレストラン・チェーンを買収するといったような，タテ方向の市場支配力の増大を目的としたものがこれにあたる。

コングロマリット型統合とは，現在の製品・サービス，技術，販売市場などと関係のない，異なる事業分野の企業と統合することによって事業領域を広げることを目的とするものである。既存の事業分野から新規の事業分野に進出するという多角化を意図したものと言える。なお，多角化には，まったく異質な事業分野へ進出する非関連多角化と，既存の技術や市場などの資源が生かせる事業分野へ進出する関連多角化がある。

2．M＆A戦略の具体的展開
(1)　M＆Aの分類

M＆Aは文字通り，合併（mergers）と買収・取得（acquisitions）に分類される。図表7－1はその分類を示したものであるが，以下，この分類にしたがって説明を加えることにしよう。

①合併

合併とは，複数の企業が法律の定める要領にしたがって一つの企業体となるもので，新設合併と吸収合併とに分類される。新設合併とは，複数の企業が合体して新たな一つの企業に組織変更されるような合併であり，合併前の企業はいずれも消滅することになる。吸収合併とは，合体する企業のうち一つが存続し，残りの企業は存続企業に吸収されて消滅するような合併であり，消滅する企業の財産は負債も含めて存続企業に引き継がれることになる。

わが国のM＆Aの歴史の中では，この合併が主流を占めていた。産業育成を意図した大企業同士の合併であり，大型倒産による市場の混乱を未然に防ぐための救済型合併である。これらはいずれも国策主導で行われてきたものであり，中小企業が関わる余地が少なかったと言える。加えて，中小企業にとっては合併にともなう諸手続きが複雑であるという問題点もあった。

図表7-1　M&Aの分類

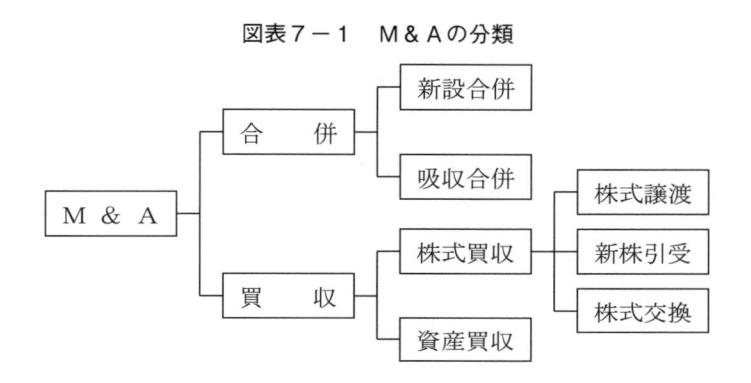

```
           ┌─合　　併─┬─新設合併
M&A ──┤          └─吸収合併
           │              ┌─株式譲渡
           └─買　　収─┬─株式買収─┼─新株引受
                          │              └─株式交換
                          └─資産買収
```

②買収

　一方，買収は，中小企業のM&Aにおいて近年特に注目を集めており，多く用いられるようになった手法である。買収は相手企業の資産や事業部門を取得する資産買収と経営権の取得を目的に株式を取得する株式買収とに分けられる。

　資産買収は，買い手側企業が必要とする資産を売り手側企業から移転させることによって行われる。ここで言う資産には，生産設備・機器や支店・営業所といった有形固定資産だけでなく，特許権・営業権やブランドなどといった無形固定資産も含まれる。また，事業活動にかかわる一切を包括的に移転させるような場合は事業譲渡と呼ばれる。

　株式買収とは，文字通り企業が発行する株式を用いたM&A取引である。具体的には，発行済株式が売買される株式譲渡，新しい株式を発行してこれが売買される新株引受，売買代金の代わりに株式を交付する株式交換がある。以下では，買収の中でも頻繁に行われる形式である株式買収の中から株式譲渡と新株引受について，また資産買収の一形態である事業譲渡について，詳述する。

③株式譲渡

　保有株式の売却であり，一般的にはオーナー経営者が保有する株式の100％すべてを売却することになる。会社名や会社が有するブランド，取引先との関係は従来どおり継続されるので，株主が変わったこと以外は対外的には変化が

ない。売却先が有していた債権や債務もそのまま引き継がれるし，仮に同じビジネスを展開していくことを前提に従業員の雇用も約束すれば，従業員にとっての顕著な変化は社長の交代のみとなる。

オーナー経営者にとっても，非公開で流動性のなかった株式を現金化することで流動性を高めることができるし，それによって財産分与を比較的容易に行え，納税などについてもスムーズに行えるというメリットがある。

逆に買い手側企業にとっては，売り手側企業の100％すべてを引き継ぐことになるので，簿外負債の有無や額について十分な事前調査が求められる。

④新株引受

売り手側が新たに株式を発行し，買い手側がこれを引き受けることで，経営への支配度を高めようとするものである。特定の第三者に新株を割り当てることを第三者割当増資と言う。

売り手側のオーナーには現金は入らないが，会社に現金が入るので，企業としてのキャッシュフローは改善される。売り手側の社長が経営を続ける場合もあるが，一般には増資によって出資比率が向上した大株主の意向を汲む人間が新社長になる。

⑤事業譲渡

会社の特定の事業や一つの部門に関する財産を他の企業に譲渡することである。たとえば，複数の事業ポートフォリオの中の一事業や多店舗展開している場合の一つまたは複数の店舗，特定製品のみを製造する工場などを売却する場合がこれにあたる。

売却対象としては，店舗や工場などの有形固定資産や売掛金，棚卸資産などの流動資産のみならず，暖簾や特許・ノウハウといった無形固定資産も対象となる。

契約で引き継ぐとされている資産・負債以外は原則として引き継ぐ必要がないため，簿外負債を遮断することが可能となる。

売り手側にとって，多角化，あるいは多店舗化しすぎた事業の選択と集中を図ろうとする場合などにも用いられる。

(2) Ｍ＆Ａの評価

　Ｍ＆Ａにおける買収取引において，売買価額にかかわる事項は最も重要な要因のひとつである。

　一般に，企業が発行する株式がマーケットで評価されている場合，買収価額算出の基礎となる企業価値は株価に発行済株式数を掛けることによって求めることができる。一方で，多くの中小企業は未上場である。この場合の買収価額算出の基礎となる企業価値の評価方法として，純資産価額法と収益還元価額法を取り上げて，以下にその概要を示す。

①純資産価額法

　純資産価額法とは，直近の貸借対照表に記載されている簿価（帳簿上の価値）を再評価して修正を加えることによって調整し，より現実に近い時価を算出して企業価値を求めようとするものである。具体的には，土地・建物，有価証券などが有する含み益や含み損，不良在庫となっている棚卸資産や回収不能と思われる売掛金などについて，簿価から時価への修正を行う。こうして求められた修正済みの純資産から負債を差し引いたものが純資産価額となる。

　純資産価額算出の根拠となる貸借対照表は，過去から現在に至る経営活動の成果を表したストックとしての会計資料である。企業価値の評価は，これに加えて，買収した相手先企業が将来にわたって稼ぎ出すであろう売上高や利益といったフローの面からの評価も行う必要がある。こうした超過収益力の源泉は，優れた商品（製品やサービス）を作り出す技術やノウハウであったり，それが市場で受け入れられるためのブランド力や名声・評判などであったりする。これらの目に見えない資産を営業権として捉えて，企業価値の評価に加えるということも行われている。この場合の企業価値は，純資産価額に営業権を加えたものとなる。

　ただし，将来の超過収益力を適切に予測して評価に加えることは容易ではない。そこで，非常に簡便な方法として，直近の税引後利益を参考に，複数年分の合計か，複数年間の平均値を以って営業権とするといった方法が採られることもある。この場合，何年分の利益を評価対象にするかについては意見の分か

れるところである。将来、長期安定的に収益が得られるであろうと考えられる場合は評価も高くなり、5年分となることもある。一方で、収益が漸減傾向にある企業や将来的に成長が期待できない業界・業種に属している企業は3年もしくはそれ未満ということも起こりうる。

　②収益還元価額法

　買収した企業が買収後の将来にわたって生み出すキャッシュフローをもとに企業価値を求める方法である。

　大企業の場合、予想キャッシュフローを5〜10年間にわたって算出し、これを資本コストで割り引いて現在価値を求め、この値に予測期間終了後の残存価額の現在価値を加えて求めるのが一般的である。

　しかし中小企業では、①経営計画が不十分で予測キャッシュフロー自体に意味がない場合が多く、②オーナー経営者自身が株主である場合、株主が経営者に求める最低限の期待収益率である資本コスト自体にも意味がないとの理由から、収益還元価額法単独で企業価値を決定することは少ないのが実態である。

Ⅲ　中小企業におけるM&A戦略の実際

1．中小企業のM&Aの実態把握

(1)　未上場企業のM&A

　中小企業が行ったM&Aについて、その実態を知るための正確な統計は存在していない。ここでは、M&Aのデータを専門的に収集し分析している㈱レコフのデータを用いて、そこで分類されている未上場企業を中小企業の代理変数として用いて、証券取引所に上場していない未上場企業のM&Aの実態を見ていくことにしよう。

　図表7-2はわが国企業が当事者となったM&A件数の推移を示したものである。これによると、M&A総件数は増加傾向にあり、特に近年では2,700件前後と、非常に高水準にあることがわかる。ちなみに、いわゆるバブル経済崩壊後の「失われた10年」と呼ばれた時期においては年間400〜600件程度で推移

しており，この頃と比べると近年の件数がいかに多いものであるかがわかる。総額の推移に比例する形で，未上場企業が当事者となるM＆A件数も増加傾向にあり，さらには未上場同士のM＆A件数も着実に増加していることがわかる。

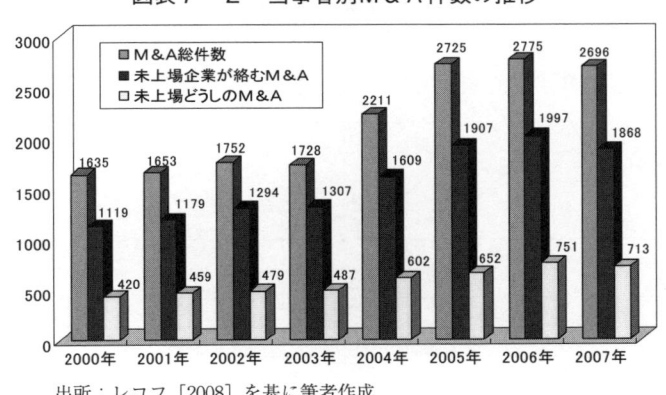

図表7－2　当事者別M＆A件数の推移

年	M＆A総件数	未上場企業が絡むM＆A	未上場どうしのM＆A
2000年	1635	1119	420
2001年	1653	1179	459
2002年	1752	1294	479
2003年	1728	1307	487
2004年	2211	1609	602
2005年	2725	1907	652
2006年	2775	1997	751
2007年	2696	1868	713

出所：レコフ［2008］を基に筆者作成

　図表7－3は，図表7－2のグラフをさらに詳しく見たものである。買収総件数に占める，未上場企業が絡んだM＆Aの割合は70％前後で推移しており，特に2003年は4件に3件の割合で未上場企業が買収側（当事者1）か被買収側（当事者2）となっていたことがわかる。さらに未上場企業同士の割合は25％前後で推移しており，買収総件数の4件に1件が未上場同士となっている。

　ジャスダック，東証マザーズや大証ヘラクレスといった新興市場に上場している企業と未上場企業とのM＆A件数も着実に増加してきている。これらの市場に上場している企業は東証や大証の1部，2部に上場している企業と比べると，相対的に小規模企業が多いことを考えると，未上場企業同士のM＆Aを含めた，小規模企業同士のM＆Aはさらに大きな割合を占めているのである。未上場企業のすべてが中小企業であると断じることはできないが，小規模企業のM＆Aがわが国M＆A市場において大きな割合を占めていることが見て取れ

図表7-3　未上場企業がかかわったM＆A件数

当事者1		当事者2		2000年	2001年	2002年	2003年	2004年	2005年	2006年	2007年
未上場		未上場		420	459	479	487	602	652	751	713
未上場		上場		39	50	92	97	113	131	102	110
未上場		新興市場上場	ジャスダック	12	14	15	28	51	45	50	68
未上場			東証マザーズ	0	7	3	7	14	20	9	26
未上場			大証ヘラクレス	1	0	6	11	11	19	11	26
未上場			明証セントレックス	0	0	0	0	0	3	2	6
未上場			福証Q-board	0	0	0	0	1	0	1	1
未上場			札証アンビシャス	0	0	0	0	0	0	0	4
未上場		外国企業／海外法人		52	42	45	41	51	63	68	73
上場		未上場		385	384	404	389	445	514	528	470
新興市場上場	ジャスダック	未上場		120	118	145	138	149	197	207	176
	東証マザーズ	未上場		9	20	19	20	83	108	95	69
	大証ヘラクレス	未上場		4	27	31	41	46	108	96	51
	明証セントレックス	未上場		0	0	0	0	1	9	27	21
	福証Q-board	未上場		0	0	0	0	1	1	1	3
	札証アンビシャス	未上場		0	0	1	0	0	0	1	4
外国企業／海外法人		未上場		77	58	54	48	41	37	48	47
未上場が絡むM＆A件数 (a)				1,119	1,179	1,294	1,307	1,609	1,907	1,997	1,868
未上場どうしのM＆A (b)				420	459	479	487	602	652	751	713
M＆A総件数 (c)				1,635	1,653	1,752	1,728	2,211	2,725	2,775	2,696
未上場が絡む割合 (a)/(c)				68.4%	71.3%	73.9%	75.6%	72.8%	70.0%	72.0%	69.3%
未上場どうしの割合 (b)/(c)				25.7%	27.8%	27.3%	28.2%	27.2%	23.9%	27.1%	26.4%

出所：レコフ［2008］を基に筆者作成

る。さらに言えば，本章の事例で取り上げているような小規模企業のM＆Aはここで示されたようなデータには含まれておらず，こうした，データには表れない小規模なM＆Aも数多く存在すると考えられる。M＆Aはもはや，メディアで喧伝されているような大企業の巨額な案件に限られるものではないのである。

(2) 事業承継対策としてのM＆A

戦後に事業を興した創業経営者やオーナー経営者の高齢化によって事業承継問題が喫緊の課題として認識されるようになってきたが，実子を含めた親族に後継者がいないために事業の廃業・清算に追い込まれるケースが増加してい

る。日本の中小企業の大半を占める小規模企業の場合、オーナー企業が多く、こうしたケースでは実子を含めた親族を後継者とするのが一般的であった。しかし、従来の傾向が大きく変化してきている。

図表7－4は先代経営者と後継者の関係を示したものであるが、20年以上前（調査時点、以下同様）には79.7％であった子息・子女への承継が、直近の0～4年前では41.8％に減少している。こうしたデータを見る限り、子息・子女を中心とした親族への事業承継は難しくなってきていることが伺える。

親族への承継が困難な場合、次に考えられるのが、経営幹部など、内部雇用の第三者に継がせる場合である。しかし、社内幹部への承継は、親族への承継以上に困難をともなう。オーナー経営者の引退に際して、オーナー経営者が保有する株式を買い取ることで経営権を取得することになるが、それだけの資金力がないことが多いのである。

従業員の雇用を守るべく、ゴーイング・コンサーンとして事業を継続させていくために残された手段は、株式を広く一般に売却して公開企業となるか、会社や事業そのものを譲渡、売却するかである。前者の場合、不可能というわけではないが、多くの中小企業の場合では現実的な選択肢ではない。そこで考えられるのが、後者の事業の譲渡、会社の売却という手段である。

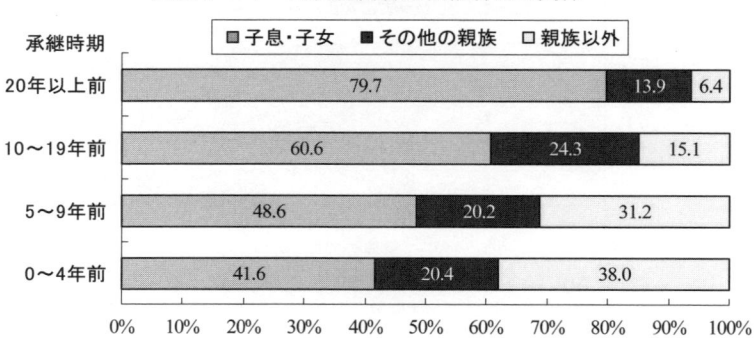

図表7－4　先代経営者と後継者との関係

承継時期	子息・子女	その他の親族	親族以外
20年以上前	79.7	13.9	6.4
10～19年前	60.6	24.3	15.1
5～9年前	48.6	20.2	31.2
0～4年前	41.6	20.4	38.0

出所：事業承継協議会「事業承継将来像検討委員会　中間報告」2006年10月。
資料：(株)東京商工リサーチ『後継者教育に関する実態調査』2003年。

自らが創り,育て上げてきた会社を第三者へ売却するということは,少し前までは非常にネガティブなイメージがあった。しかし,M&Aが頻繁に行われているアメリカでは,買いたいという会社が存在すること自体,その会社への評価が高い表れであり,むしろ誇りとする考え方がある。日本でも,近年M&Aが頻繁に行われるようになってきており,事業を売却することに対する抵抗感は確実に減少しつつあると言えよう。

図表7-5は事業売却に対する抵抗感を,従業員数を尺度とする会社の規模別で見たものであるが,注目すべきは,小規模企業ほど抵抗がないとする割合が多くなっているということである。一般的には,小規模企業の方が所有と経営が一致している場合が多いと考えられるが,こういう企業ほど,承継対象としての親族以外の経営幹部が育っておらず,従業員の雇用を維持するためのM&Aを前向きにとらえていると言えるかも知れない。

図表7-5　事業売却に対する抵抗感

（従業員数）	ある	ない
全体	47.3	52.7
10人以下	31.8	68.2
11〜50人	47.3	52.7
51〜100人	45.0	55.0
101人以上	59.0	41.0

出所：中小企業庁『中小企業白書　2006年版』。
資料：三菱UFJリサーチ&コンサルティング(株)「『事業承継』『職業能力承継』アンケート調査」2005年11月。
(注)　事業を何らかの形で承継したいが,後継者が決まっていない企業のうち,「事業売却による承継を検討する」と回答した企業のみを集計している。

2. 事例

(1) A社の沿革と概要

　1946年に家庭用ミシンの製造販売を目的に設立されたA社は，地場産業である繊維業界の発展を背景に，工業用ミシンの販売にシフトすることで工業用ミシンの専門商社として順調に業績を伸ばしてきた。創業者で，実父でもある先代社長の後を受け，1976年に社長に就任したB氏も積極的に営業展開を図る一方で，生産ラインの変更に対応した機械の設置・据付，修理業務にも力を入れ，「技術力を有する商社」として地元業界で確固たる地位を築いてきたのである。

　しかし，わが国繊維業界が構造不況業種となる中，特に地場産業である学生服やジーンズなどの需要が少子化のあおりを受けて低迷し，顧客の多くが新規設備投資を手控える中で，A社の工業用ミシンの売上も減少していった。

(2) 異業種への販路拡大

　単一業種への単一製品販売に依存することのリスクを痛感したB氏は，1980年代後半から繊維機械以外の取り扱いを開始する。1993年に業界最大手D社の産業用ボイラーや配置防食脱酸素装置の販売，2000年にコジェネレーションシステムの販売を行い，従来の取引先である繊維業界以外の企業への納入実績も増え，業績を急拡大させていったのである。

　大手メーカーの製品を販売することで，その取引を通じてあらゆる業種の大手企業，優良企業を顧客とするようになり，こうした取引が拡大するにしたがって，A社の売上高に占める工業用ミシンや繊維機械の割合は低下し，その割合はついには逆転するに至るのである。

　このように順調に業績を拡大してきたA社であったが，一方でB氏は，繊維業界に対する売上げの減少，工業用ミシンの売上低迷には強い危機感を抱いていた。設立以来A社の成長を支え続けてくれた繊維業界に対する想いは強く，業界の活性化に微力ながらもかかわりたいという使命感もあった。しかしながら工業用ミシンの需要は減少の一途をたどり，業界における新規設備投資も低水準が続く。「技術力のある商社」という評判は，皮肉にも，既設のミシンや

繊維機械の修理という形でしか売上に貢献しなくなってしまうのであった。このままでは，A社の従業員の過半を占める「技術力を有する」工業用ミシン販売担当者を有効に活用できなくなることが危惧されていた。

(3) 高付加価値製品を有する経営資源の獲得

　主要顧客と対象業界の分析を通じてA社の将来的な方向性を検討した結果，繊維業界への深耕についても今後の重要方針の一つに位置づけたB氏は，付加価値の高い独自製品の製造販売を行うことを決め，その対象としてプレス機械を扱うことになる。以前からA社は工業用ミシンに加え，少数ながらプレス機も販売していたが，顧客からひときわ高い評価を受けて販売も順調であったのがC社の万能プレス機であった。C社が作るプレス機は独創的で画期的な新技術によってプレス時の蒸気をコントロールすることが可能となり，その結果，どんな素材であってもアタリ（縫代や裏地の端がプレスによって盛り上がり表から線になって見えてしまう状態）やテカリ（繊維の毛並みがプレスで倒されて光ったように見える状態）を生じさせないシャープな仕上がりを可能にした。さらには，新合繊や新素材ウールに対応できるのは，C社のプレス機のみであった。

　C社は，この独自技術を開発した現在の社長によって1974年に創業された。技術を広く公開してオープンプラットフォーム化を行って大量生産，大量販売を行うことよりも，むしろ独自技術の流出を危惧し，製造販売のみならず，その後の保守，修理までかかわり続けることによって技術流出を防ごうとしてきた。C社は，法人組織でありながら，社長の妻と息子がかかわるだけの，小規模家族経営を続けてきたのである。このため生産台数に限りがあるとともに受注から納品，代金回収までのリードタイムが慢性的に長期化することで，常に資金繰りに窮する状態であった。加えて，更なる独自技術の開発に注力して差別化を図ろうとすることで，販売活動に投入可能な経営資源が限定されることになり，販売力の低下によって資金繰りの悪化に拍車をかけていたのである。

　付加価値の高い独自商品の開発を志向していたA社と，生き残りをかけた安

定的な販路の獲得が急務であったC社にとって双方の利益が一致しており，2008年，A社はC社の股下仕上げプレス機の独占販売権を獲得するとともに，C社の息子をA社に入社させて販路の拡大と当該プレス機の既納入先への修理業務を担ってもらうことにしたのである。このことによって，流出が危惧されていたC社の独自技術は，「技術力を有する商社」であるA社に引き継がれることになった。既述のとおり，C社の股下仕上げプレス機は繊維業界では高い評価を受けており，A社の主力製品として成長が期待されているのである。

3．事例の分析

(1) WIN－WINの関係

本事例は，株式や資産の売買という資金移動をともなわない，業務提携という緩やかなM＆Aである。しかし，このM＆Aによって，A社が有する販売力を背景に，C社の資金繰りは改善されることが見込まれる。このような事例は，一般的にはA社によるC社の吸収合併と見做される。しかし，A社が本事例のようなM＆Aを成立させた背景には「繊維業界に向けた付加価値の高い製品の製造販売」というA社の成長戦略があり，この要件を十分に満たすものがC社のプレス機であったことを考えると，C社の独自技術の存在が両社の発展を支えたことになる。中小企業のM＆Aではこういった事例が多く存在するが，独自の技術力で資金繰りの悪化に歯止めをかけたC社にとっても有意義なM＆Aであったと言えよう。このように，たとえ小規模なM＆Aであっても，互いにメリットを享受できるような，WIN－WINの関係の構築が戦略的M＆Aには不可欠であると言える。

(2) 低リスクの垂直統合とポートフォリオの変化

創業当初こそ家庭用ミシンの製造を行っていたA社であったが，その後の60年を超える業暦の中での売上構成の大半は卸売りによるものであり，この観点からはあくまで商社である。そのA社が製造機能を獲得することで，川上から川下にいたる垂直統合を成し遂げ，市場支配力を有することになったと言える

だろう。一般に，同業他社とのM＆Aである水平統合に比べて垂直統合型M＆Aは，既存の経営資源の共有化，転用が効きにくいことから高リスクであると言われる。しかし，A社の場合は従来から繊維機械に関する技術力には定評があり，しかもプレス機の販売先として想定される顧客は60年を超える営業活動を通じて得た既存顧客である。つまり，アンゾフ（Ansoff［1960］）の製品－市場マトリックスで示される「市場浸透」戦略であり，A社にとっては原点回帰とも言える低リスクのM＆Aと評価できるのである。

加えて，プレス機械は，A社がこれまで主力として扱ってこなかった製品であることから，このM＆AによってA社の事業ポートフォリオが変化し，高収益体制への移行が期待されているのである。

4．事例の考察

(1)　「原点回帰」を可能にしたM＆A

産業用設備機器の分野に販売の重点をシフトしながら安定的な収益を上げてきたA社が，当該分野の大手メーカーとの強固な関係を維持しつつも，創業以来の繊維業界に対する関係強化という原点回帰を行った。注意すべきは，なぜ今原点回帰なのかということである。それは，原点回帰を可能にする手法，すなわちM＆Aが，戦略的手段として機能する時代になってきたということが大きい。「時間を買う」ことによってA社に不足していた経営資源を瞬時に手に入れることができる状況が存在していたことが，A社あるいはB氏に原点回帰という意思決定をさせるきっかけになったと言えよう。

(2)　コア・コンピタンスの共有

さて，この事例を締めくくるにあたり，M＆Aを成功に導いた「成功の鍵」を検証しておこう。結論から先に述べると，コア・コンピタンス（中核能力）が，互いの企業において明確であったということである。

自社のコア・コンピタンスが何であるかを認識するためには，ＳＷＯＴ分析（自社の強み・弱み，事業の機会・脅威の分析）を行い，特に強みの再認識を行っ

ておく必要がある。企業の強みとは，具体的には，技術力，ブランド力，販売チャネルや取引のネットワーク，優良企業との取引口座などである。M＆Aにおいて，高い企業価値評価を得るためのコア・コンピタンスであるこれらを常に意識し，M＆A交渉の過程で効果的にアピールすることが必要であり，その点において本事例は他のM＆Aの参考となるものであると言えよう。

Ⅳ おわりに―M＆Aを成功に導くために

本章を終えるにあたり，中小企業がM＆A取引を成功に導くために日常から留意しておくべきポイントを整理しておこう。

(1) M＆Aは始まりである

中小企業のM＆Aの成否の鍵は，M＆A実施後の経営にかかっていると言っても過言ではない。M＆A取引以前に期待していたメリットや経営統合によって生じるはずの効果が得られず，結果的にM＆Aが失敗に終わってしまう事例も少なくないのである。

中小企業，特にオーナー経営者の場合，従業員は会社そのものへの帰属意識以上に，オーナー経営者個人に対する敬畏の念と親しみを感じている場合が多い。こうした企業とのM＆Aでは，オーナー経営者が経営の第一線から離れることに対する動揺と抵抗感が生まれ，組織としての一体感が醸成できず，全体としての志気の低下を招くことにもなりかねない。

また，中小企業では日常の商取引が会社という法人相手に行われているというよりも，直接の担当者である従業員個人の能力や人格に対して商取引が継続されているというような場合も少なくない。こうした企業では，M＆Aを契機として，従業員が彼の有する取引先を抱えたまま辞職し，独立するということも考えられる。加えて，独立して起業するために，他の優秀な従業員を引き連れていくという場合も想定される。そうなれば，M＆A以前に予測を立てていた事業計画に狂いが生じるばかりか，M＆Aそのものが事業の遂行に負の影響

を及ぼすことにもなりかねない。買収先の企業にコア・コンピタンスがなく，組織としての能力よりも個人の能力に依存するような事業展開を行っている企業との統合については，統合後に人材が流出して既存の取引先を失う可能性があることを念頭におき，M＆Aに対しては慎重な対応が求められるのである。

こうした事態を避けるためには，たとえばオーナー以外のキーマンを把握した上で，統合後の経営においてキーマンに大幅な権限委譲を行うなどの方策を通じて，人材の融合が支障なく行われるための仕組みづくりを検討しておかなければならない。

(2) 常に共生の視点で企業と接するところにM＆Aの芽はある

M＆Aの相手先企業は，一朝一夕には見つからない。近年ではM＆Aを仲介する業者も多いが，登録しても直ちに相手が見つかるわけではない。常に機敏に対応できるために，日頃からM＆Aを通じた外部成長戦略のあり方を検討しておくことが求められるのである。

互いの経営資源を消耗させるだけの競争の時代は過去のものとなった。協働することで互いに補完し，協力しながら成長を目指す時代へと変化してきた。そしてこれからは共に栄え，共に生き続ける共生の時代である。競争から協働へ，そして共生へと市場の環境が変化するにつれて，中小企業にも経営戦略の一環としてM＆Aを取り入れる必要性が増してきたのである。真に共生できる企業とはどういう企業なのか。自社の価値観や文化，企業風土などとも照らし合わせながら，常に共生できる企業との付き合いを心がけておく必要がある。

中小企業のM＆Aは，M＆Aそのものに対する抵抗感の低下もあって，今後とも増加するであろうし，より小規模の中小企業へも広がりを見せることが予想される。M＆Aは既に大企業や中堅企業に限られたものではなく，中小企業にとって重要な戦略的経営意思決定の一つになっていることを認識し，常にその可能性を探ろうとする姿勢が求められていると言えよう。

【参考文献】

Ansoff, H. [1965] *Corporate Strategy*, McGraw-Hill. 広田寿亮訳『企業戦略論』産業能率大学出版部, 1969年。
伊藤邦雄［2007］『ゼミナール企業価値評価』日本経済新聞社。
坂本恒夫・文堂弘之編著［2006］『M＆Aのすべて』税務経理協会。
中小企業総合研究機構［2007］「中小企業のM＆Aの実態に関する調査研究　平成19年度」中小企業総合研究機構。
中井透［2006］「ＴＯＢの防衛と企業価値」中井透編著『企業価値創造のマネジメント』文眞堂。
中井透［2009］「事業承継とM＆A」坂本恒夫・鳥邊晋司編著『スモールビジネスの財務』中央経済社。
レコフ［2008］『日本企業のM＆Aデータブック　1985－2007』。

（執筆担当：中井　透）

第 8 章　中小企業の成長とグローバル戦略

I　はじめに

　アメリカ発の金融危機が発生するまで，経済のグローバル化の進展と拡大にともなって，日本の輸出超過額（貿易黒字）は堅調に推移していた。こうしたなか，中小企業性製品に目を向けると，輸入超過の状態が続いているだけでなく，拡大する傾向がみられる。とはいえ，中小企業の労働生産性についてみると，売上高に占める輸出の割合が高い中小企業の方が，低い中小企業よりも，労働生産性が高くなっている[1]。

　一方，中小企業による海外直接投資も盛んであり，海外に子会社や関連会社を保有している中小企業は，これらを保有していない中小企業と比べて，労働生産性が高い。しかも，海外直接投資は，国内の雇用に悪影響をさほど与えていない。すなわち日本での雇用は概ね維持しながら，海外生産を行い，労働生産性を向上させているのである。なお，大企業と比べると中小企業の海外直接投資には，北米向けやヨーロッパ向けのものが少ない一方で，アジア向け，特に中国向けのものが多いという特徴がある[2]。

　このように海外市場参入の主要な方式である輸出と海外直接投資は，中小企業の労働生産性を向上させている。しかしながら，忘れてはならない問題がある。それは，中小企業が日本経済において圧倒的な地位（たとえば，全企業数の99.7％）を占めているにもかかわらず，中小企業と大企業との間には依然として労働生産性の格差が存在しているということである。これは，日本の労働生産性がそもそも諸外国よりも低いことと相まって，看過できない問題である。よって，中小企業による海外市場への進出を活発化させることは，日本全体の労働生産性の向上に必要不可欠であると言える[3]。

そこで，本章では，グローバル戦略，特に海外市場参入戦略に関する基本的な参入方式とその発展プロセスについて解説したうえで，中小企業の進出先として最も多い中国で活動している中小企業2社の事例分析を通じて，中小企業の海外市場参入戦略の実際に迫ることとする。

Ⅱ 中小企業とグローバル戦略の理論

1. 海外市場参入方式

海外市場参入方式とは，外国に会社の製品，技術，従業員の技能，経営管理のノウハウ，その他の資源の参入を可能にする一つの制度的取り決めのことである。これには，3つの参入方式がある[4]。

(1) 輸出による参入方式

これは，標的国以外の国で製造した完成品や半製品を標的国に輸出する方式で，以下の2つのものに大別できる。

1つは「間接輸出」で，自国の輸出代行業者（たとえば総合商社）に任せておくというものである。もう1つは「直接輸出」で，自社で輸出を行うものであり，標的国の仲介業者を利用する「代理店や流通業者を通じた輸出」と，標的国にある自社の組織を利用する「支店や子会社を通じた輸出」がある。

「海外の代理店」とは，標的国で自社に代わって業務を行う独立した仲介業者で，製品の所有権を保有しておらず，在庫もほとんど持たず，顧客に対して製品の信用を与えることもない。

他方，「海外の流通業者」とは，他の仲介業者や最終購入者に対する製品の再販売を目的として，製品の所有権を有する独立した商人である。これは，在庫管理，販売促進，顧客への信用の拡大，注文処理，製品の配送，製品の補修・修理といった代理店よりも幅広い機能を果たす。

(2) 契約による参入方式

 この方式は，他企業との間での株式所有をともなわない長期の提携のことである。代表的な方式としては，以下の3つのものがある。

 まずは「ライセンシング」で，他企業に対して一定の期間だけ，自社の知的財産権の使用を認め，その対価としてロイヤリティーなどを得る契約である。次に「フランチャイジング」は，他の企業に社名や商標などの使用許可と組織運営に関する援助を行う代わりに，ロイヤリティーなどを得る契約である。最後は，「契約製造（委託生産）」で，他の企業に細かい指定をして製品の製造を委託する一方で，その販売については自社で責任を持つものである[5]。

(3) 投資による参入方式

 これは，標的国において製造工場やその他の生産工場を保有する際に発生する方式である。活動内容の観点からみると，親会社からの半製品の輸入に完全に依存している簡単な組立工場から，製品の一貫生産を行うものまで，多岐にわたっている。この方式は，株式所有をともなうものであり，事業の開始には，新規に法人を設立する方法と，標的国の現地企業を買収する方法がある。

 また，株式所有比率によって，親会社の「完全所有子会社」か，親会社と一社以上の現地企業との「合弁」か，どちらかの形態になる。いずれの形態を採用するかは，3つの要因によって決定される（図表8－1）[6]。

 1つは，経営支配の確保である。親会社としては，海外子会社が親会社の経営方針や戦略にそって経営されることが望ましい。よって，親会社が自社の支配権を強固なものにしておきたい場合は，完全所有の方が選好される。

 もう1つは，経営資源の補充である。現地における販売網，政府との関係，資金や特定の技術をパートナー企業から供給してもらえる場合は，合弁の形態が有効となる。

 最後は，現地政府の資本の現地化政策である。これは現地の政府が外国企業の出資比率を低くしようとする政策である。この政策がとられている場合は，合弁を選択するほかなくなる。

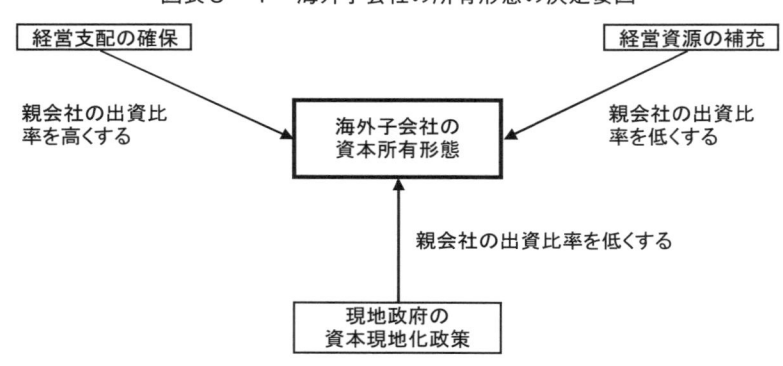

図表8−1　海外子会社の所有形態の決定要因

```
  経営支配の確保                           経営資源の補充
        ↘                                   ↙
  親会社の出資比        海外子会社の        親会社の出資比
  率を高くする    →    資本所有形態    ←   率を低くする
                           ↑
                  親会社の出資比率を低くする
                           │
                       現地政府の
                       資本現地化政策
```

出所：吉原［2001］，p.182.

2．海外市場参入の発展プロセス

　海外市場参入の方式に関する意思決定は，一連の発展プロセスをたどるという考え方（発展段階説（ステージ・モデル））が一般的となっている。研究者によって発展段階は多少異なっているが，概念的には図表8−2のようなプロセスを経ると考えるのが妥当であろう[7]。

(1)　第1段階

　自国の輸出代行業者に依存した段階である。モノとしての自社製品は海外へ移転されるが，それ以外の経営資源は国内にとどまっている状態である。

　国内市場で販売が伸び生産量も増えると，企業は海外市場を開拓して国内における生産能力を増強して規模の経済を享受しようと考える。しかしながら，輸出の経験に乏しい場合は，外部の輸出業者に頼るほかない。

　間接輸出には，海外市場の状況に詳しい専門業者に任せてあるので，リスクが低いというメリットがある。しかしながら，この方法には，海外市場に関する経験や知識の蓄積が難しいというデメリットもある。このデメリットが顕在化してくるにつれて，企業は直接輸出に目を向けるようになる。

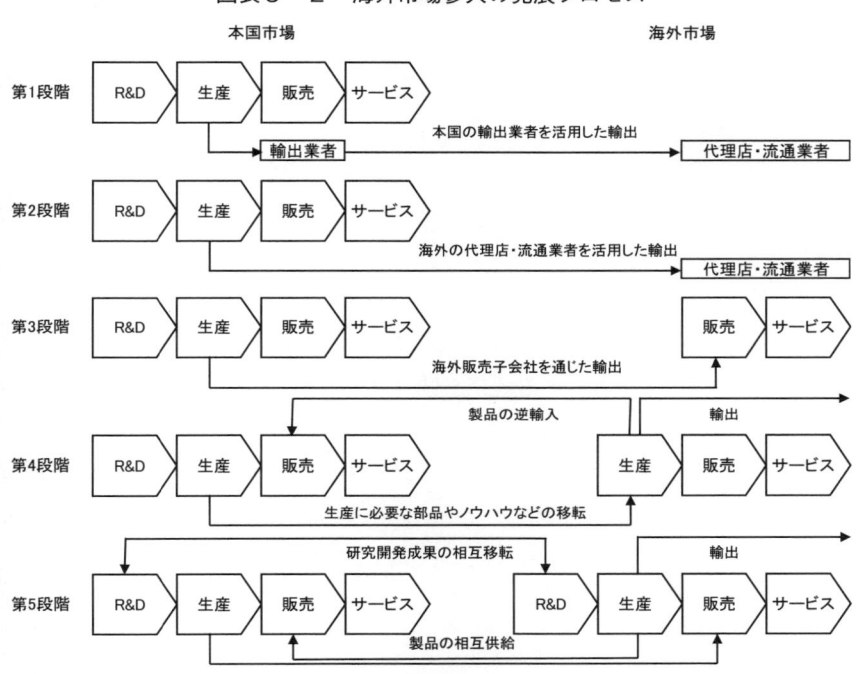

第8章　中小企業の成長とグローバル戦略　185

図表8-2　海外市場参入の発展プロセス

	本国市場	海外市場
第1段階	R&D → 生産 → 販売 → サービス ↓ 輸出業者	本国の輸出業者を活用した輸出 → 代理店・流通業者
第2段階	R&D → 生産 → 販売 → サービス	海外の代理店・流通業者を活用した輸出 → 代理店・流通業者
第3段階	R&D → 生産 → 販売 → サービス	海外販売子会社を通じた輸出 → 販売 → サービス
第4段階	R&D → 生産 → 販売 → サービス	製品の逆輸入 ← / 輸出 → 生産 → 販売 → サービス 生産に必要な部品やノウハウなどの移転
第5段階	R&D → 生産 → 販売 → サービス	研究開発成果の相互移転 / 輸出 R&D → 生産 → 販売 → サービス 製品の相互供給

出所：ダニング（Dunning［1993］），p.194を基に筆者作成

(2) 第2段階

海外の代理店や流通業者を活用する段階である。ただし，この段階の期間は短かったり，スキップされたりすることも少なくない。

(3) 第3段階

海外販売子会社を設立し，自社の製品を輸入して販売を行う段階である。これにより，標的国の市場からフィードバックした多量で迅速な情報の入手が可能となり，第1段階で問題となっていた現地の市場や顧客との接点が実現し，現地市場のニーズを汲み取ることが可能となる。

なお，この他にも，直接輸出には，海外マーケティング計画（4P）に対す

る部分的ないし完全な統制の確保，自社の製品系列に対するマーケティング活動の集中化，知的財産権の適切な保護といったメリットがある[8]。

(4) 第4段階

標的国での現地生産が開始される段階である。海外生産の理由としては，「天然資源・農産物の存在」「現地政府の政策」「低コスト労働力の存在」「標的国の市場状況」がある。

まず天然資源・農産物の存在によって，天然資源の採掘や精製，農産物を原料とした製品の生産拠点が設置される。次に，直接投資や輸出へのインセンティブといった現地政府による政策や低コスト労働力の存在によって，輸出拠点型の生産拠点が設置される。

さらに，輸入規制，ローカル・コンテント（現地調達率）の向上といった現地政府の政策と標的国の市場状況（たとえば市場の規模）によって，現地の市場志向型の生産拠点が設立される[9]。

(5) 第5段階

地域・グローバル統合が実施される段階である。この段階では，標的国で単に生産のみを行うのではなく，より付加価値の高い活動を実施するようになる。究極的には，最もグローバル化しにくい機能である研究開発活動の一部移転もみられるようになり，本国と現地との相互依存のもとで製品開発を実施するようになる。

Ⅲ　中小企業におけるグローバル戦略の実際

1．事例の概要

本章では，中小製造企業2社の事例を取り上げることで，海外市場参入戦略の実際に迫る。両社とも，中小企業の海外進出先として最も多い中国において，事業展開を行っている中小企業である。

1つは，中国での事業展開に自社の生き残りを賭けている(株)ヤクセルの事例である。もう1つは，中国の市場としての有望性に着目して事業展開を着々と拡大している森松工業(株)の事例である[10]。

2．事例1

(1) 企業概要

洋食器製造の(株)ヤクセル（以下，ヤクセル）は，1932年にポケットナイフメーカーとして創業した。創業以来，「より良く，より美しく」をテーマに洋食器，厨房用品，事務用品，美粧用品，その他贈答品などの製造販売を手がけている。現在，従業員数は国内102名，海外5名であり，2008年9月期の売上高は約35億円で，前年の約29億円より増加している。

(2) 海外市場参入戦略の展開

ヤクセルの海外市場への接近の歴史は古く，1947年頃から輸出を手がけ，当初のアメリカ，イギリス，ドイツから世界各国へと取引を拡大し，1960年代からの20数年間は輸出が海外市場参入戦略の中心であった。

輸出経路は，1965年までは日本の輸出商社をほぼ100％利用していたが，1966年からは，海外の輸入業者を利用し始めた。輸出額は当初の約100万円から現在では約17億円にのぼっている。なお，間接輸出と直接輸出の割合は，1985年まではほぼ均等であった。ただし，1975年頃になると，海外の小売りが直接買い付け（中抜き）をしてくるようになった。

しかしながら，1985年のプラザ合意以降の急激な円高が，ヤクセルの輸出主導型の海外市場参入戦略を直撃した。当時は売上高の約90％を輸出が占めていたが，同社の製品は労働集約的であるため，日本の高い賃金では国際的な競争力が維持できず，生産コストの安い海外に生産拠点を持つことを迫られた。この際，既存の海外の顧客から，ヤクセルが海外生産した場合，これまでと同程度の品質のものを低価格で供給してもらえれば，引き続き取引を継続するという話があった。

そこで，1990年頃から進出の準備を始め，進出先の候補としては，中国，マレーシア，タイなどがあがったが，最終的には日本と地理的にも近く，価格競争力のある中国を進出先とした。その後，広州，上海周辺，遼寧省と沿岸地域を調査し，検討を重ねた結果，旧満洲の遼寧省遼陽市への進出を決定した。

同市を選択した理由は，①知人から遼寧省を勧められたこと，②電力供給が安定していること，③満鉄の関係で歴史的に日本びいきが多く，治安が良いこと，④通勤可能な距離から従業員を集めることができるので定着率が良くなること，などである。

以上のようなプロセスを経て，1994年に遼陽日昇餐具有限公司が，現地企業との合弁企業として設立された。出資比率は，日本側が70％，中国側が30％（現物出資）であった。

合弁を選んだ理由としては，①政府との折衝を円滑に進めるには，パートナー企業がいた方が便利であること，②パートナー企業が持っている土地や建物（休止状態の工場）を活用できること，であった。しかも，この工場は，スプーンやフォークを作っていたこともあり，ある程度のノウハウもあるので，工場を短期間で立ち上げることができた。一方，日本側は，機械，資金，人材を提供した。だが，パートナー企業がいるとどうしても意思決定が遅くなることは否めなかったので，13年間の合弁契約期間が過ぎた後は，パートナー企業の出資分を買い取って，現在は独資である。

現在，遼陽日昇餐具有限公司の従業員数は，約130名で，日本から生産管理を担当する日本人3名が派遣されている。当初は，製品のほとんどを欧米に輸出していたが，現在では日本への輸出および中国国内への販売が主流となっている。一方，日本では高級品の商品開発および生産を行い，主にヨーロッパを中心に輸出している。このように，日本と中国との間で，技術レベルによる製品間の分業（棲み分け）関係が確立されている。

また，ヤクセルは，1993年に日昇香港有限公司を香港に設立している。同社は，遼陽日昇餐具有限公司の製品の輸出窓口としてだけでなく，中国の委託生産先が製造した製品を欧米や日本へ輸出する業務も担っている。なお，委託生

産先は，4～5社程度であり，その選考基準は，取引先からの評判を踏まえたうえで，実際に工場に赴き技術レベルをみて決定している。

以上のように，順調に進展してきたヤクセルの海外市場参入戦略であるが，現在大きな転換期にさしかかっている。というのも，元高，労働法の改正による賃金の上昇，増値税の還付問題，インフレなどの多岐にわたる要因によって，中国の価格競争力が低下しているなか，金融危機が襲ってきたために，急激に事業環境が悪化しているのである。よって，2009年度の状況によっては，中国事業の大幅な見直しの可能性もある。

3．事例2

(1) 企業概要

　業務用ステンレスタンクのメーカーとして1959年に創業した森松工業(株)（以下，森松工業）は，独自の球体構造を取り入れたステンレスタンクによって，ステンレス製貯水タンク・圧力容器で国内シェア約60%を誇る業界トップ企業に成長している。同社は，「他社にはできない製品開発」をモットーに，ステンレスタンクのパイオニアとして世界をリードし続けており，特許登録件数も100件を優に超えている。このような技術力が評価されて，『元気なモノ作り中小企業300社2008年度版』にも選ばれている。2008年8月期，売上高は128億8,362万円（前期比11%増）で，従業員数は535名となっている。

(2) 海外市場参入戦略の展開

　同社による海外市場への参入の嚆矢は，1987年に貿易商社（アムト(株)）を設立したことにある。同社は，「日本のメーカーはすべて商社経由で輸出入をやっており，自社で勉強もしていないし，リスクもとっていない。したがって，メリットも商社にとられている。森松工業は自社で一から勉強しながら，立ち上げる」という社長の指示のもと，設立された。当初は，中国製品の輸入・販売をしていたが，その後，中国への輸出を試みるようになった。だが，思わぬ事態に遭遇する。品質に自信を持って輸出した製品が，上海政府から不可解な

理由で認められなかったのである。これを受けて，森松工業の社長は，輸出ではなく現地に工場を建てることを決意した[11]。

当時，現地法人を設立するには，現地企業との合弁が必要であったため，北は大連から南はベトナムとの国境の近くまで約100社を調査したうえで，1990年に上海森松圧力容器有限公司を日本側70％，中国側30％の出資比率で設立した。

パートナー企業は，①同業者であり，中国の圧力容器に関する国の規定，条件，外注先に対し，ある程度の基本情報を持っていたこと，②郷鎮企業（民営）で国営企業よりも意思決定が早く，政府や党からの指導が少なかったこと，③商談をしているうちに，パートナー企業の所在地が国務院の認定する「浦東開発区」となり，優遇政策が増えたことと，同地が日本へのアクセスの観点から他の都市に比べて便利であったこと，といった理由で選ばれた[12]。

しかしながら，設立直後からパートナー企業との関係悪化で悩まされることになる。パートナー企業は，国際感覚がなく，技術や設備はタダでもらうのが当たり前で，自分たちの利益しか考えていなかった。対立が頂点に達したのは，溶接技術者の中途採用に際してであった。長期的な視野に立って先行投資をしようとする日本側と，黒字にこだわる中国側とでは水と油の状態であった。

この段階に至って，パートナー企業を説得することを諦めて，上海政府へ救いを求めた結果，パートナー企業の出資分を買い取り，合弁を解消していく方向で話が進んでいく。まず1994年には，日本側が出資比率を90％に増やすと同時に，合弁から合作に切り替え，1995年以降の3年間の配当でパートナー企業へ一定の資金を供給する代わりに，今後一切経営に関与しない確約を取りつけた。さらに1999年に出資比率を高めて独資とした[13]。

中国への進出の目的は，中国国内での販売及び第3国への輸出を狙うものであったが，当初はまったく販路が無いために手探り状態であった。とはいえ，中国の有望性を期待して進出した以上，しばらくは我慢するしかなかった。

そうしたなか，中国進出を見据えて採用した中国への留学経験のある若手女性社員と，その後5代目総経理に就任する若手男性社員[14] とを中心とした地

道で熱心な営業活動が，中国沿岸部の建設ラッシュと相まって実を結んでいく。特に上海市役所の新庁舎に採用されてからは知名度が増し，一時期，浦東地区に建設される高層ビルの７割に同社のタンクが採用されるまでになった。

しかし，構造が単純である建設用タンク市場へはコピーメーカーが相次ぎ，瞬く間に価格競争に陥った。そこで，５代目総経理となっていた若手男性社員は，自社の高い独自技術を活用できる新分野への挑戦を目指した。彼が注目したのは，化学プラント用タンクであった。このタンクは，石油化学，製薬，食品，原子力，医療機器とタンクの対応する幅が多岐にわたるうえに，中国にプラント建設を進める外資系企業も多く，需要が見込めた。また，用途によって機能や形状が異なり，オーダーメードで極めて高度な設計力，開発力，技術力が求められるため，競合他社は手がけることができなかった。結果として，化学プラント用タンクの売上高は８年で30倍となり，総売上高の97％を占めるに至った。

以上のような快進撃の背景には，中国人に任せる経営がある。というのも，中小企業であるがゆえに本社も人材不足で中国に派遣する余裕はなかったので，徹底して現地化するほかなかったのである。このため，中国人社員のやる気を高めるために，厳しい成果主義を導入した。これは，入社５年で賃金格差が最大10倍にもなるだけでなく，毎年の社員旅行も成績順に海外旅行から日帰り旅行まで５つのランクに分けられるという徹底したものである。実力主義を象徴するものが，「収款排行榜（代金回収ランキング）」で，前月の代金回収率が最も高かった営業スタッフと最も低かった営業スタッフの実名は，社員食堂内の掲示板に１カ月の間，掲示される。なお，営業スタッフは，入社後３年間，他部門で，製品知識，素材や工法の知識，マーケティングや見積もりの知識を身につけたうえで，希望して営業職に就いている。そのため，営業スタッフは，年々高度化する顧客ニーズに対応可能な能力を身につけている。

上海森松グループは，優秀な人材を獲得するために各地の理工系大学を直接まわり，学生たちの前で同グループについてプレゼンテーションしているので，理系大学出身者がかなり多い。また，多くの中国人を日本へ研修に送り出

しており，日本を凌ぐほどの技術水準にまで急激な向上をみせている。その証左は，2003年に大手医療機器メーカーから贈られた最優秀ベンダー賞である。日本では手がけていなかった医療設備の一部を約2,000台納入していたがクレームがまったくなかったというのが受賞の理由である。そして，この高い技術力を反映して，日本人の方が中国へ派遣され，技術研修を受けるまでになっている。

こうした長年に及ぶ努力が実を結び，急激に業績が伸び，本社グループ工場の中でもトップの成績をあげるようになっている。また，同社を橋頭保として，市場を開拓し，10年を過ぎたあたりから，次々と現地法人が設立されており，2006年には日中の売上高が逆転している。2008年の売上高は，290億円で日本の本社の約3倍となり，利益は税引き後で40億円とグループ全体の90％を占めるまでに成長している。

4．事例の分析

海外市場への参入方式の観点から分析すると，ヤクセルは，戦後間もなく輸出を始め，海外市場へは一貫して輸出によって参入していた。輸出経路としては，間接輸出が大部分を占めていたが，中抜きという流れを受けて，直接輸出の割合も次第に増加していった。

しかしながら，1985年のプラザ合意による円高の影響を受けて，投資による海外市場への参入を模索するようになる。検討の結果，中国の遼寧省遼陽市への進出が決定し，現地企業と合弁会社を設立している。

合弁会社の形態を採用した理由は，主としてパートナー企業の持つ政府との折衝能力や遊休資産といった経営資源を活用することである。とはいえ，意思決定の迅速化といった経営支配の確保の観点から，その後は完全所有子会社となっている。

なお，中国子会社で生産された製品の輸出窓口として，販売子会社が香港に設立されており，現在では中国の現地企業に委託生産（契約による参入方式）した製品を輸出する拠点としての役割も果たしている。

一方，森松工業は，原則として日本国内市場をターゲットとしてきた。しかしながら，1980年代末になると，中国市場の有望性を見据えて輸出を試みるようになった。この時，海外市場への参入につきものの「外国企業としての不利性[15]」に直面したため，投資による中国市場への参入を決断し，現地企業と合弁会社を設立している。

合弁会社の形態を採用した主な理由は，パートナー企業が中国で圧力容器事業を円滑に行うために必要な基本的な能力を保有していたことである。しかしながら，ヤクセルの場合とは違って，設立直後から経営方針に関して真っ向から対立していたので，経営権を確固たるものにするために，段階的に出資比率を上げ，最終的には事実上の完全所有子会社としている。

なお，製品そのものの委託生産（契約による参入方式）は行っておらず，資材の一部として部品や部材を外注する程度である。

5．事例の考察

図表8－2の海外市場参入の発展プロセスに基づいて考察すると，ヤクセルは，戦後40年弱をかけて，第1段階から第2段階へと漸進的に発展していったが，1985年のプラザ合意による円高の影響を受けて，第3段階と4段階に一気に進んでいる。

第4段階に至った理由は，主として低コスト労働力の活用にあり，中国子会社は輸出拠点として当初設置されている。ただし，現在では，中国を消費地として評価するようになっているため，輸出志向の拠点としてだけでなく，市場志向の拠点としての役割も併せ持つようになっている。

香港への販売子会社の設立（第3段階）は，中国への生産子会社の設立が前提となっているので，第3段階と第4段階への移行は，同時移行という側面がある。

他方，日本国内市場をターゲットとして活動してきた森松工業は，中国市場への輸出を試みたが，上海政府の不可解な対応という見えない壁に衝突したため，第4段階に一気に進んだ。海外生産の目的は，成長が著しい中国市場での

プレゼンスの確保と現地政府による外資系企業への優遇政策の活用にあり、中国子会社は、主に市場志向型の拠点として位置づけられている。

また、同社は中国を潜在性の高い販売市場としてだけでなく、優秀な理系大学卒の人材が豊富な労働市場としても注目している。そのため、大企業においても、最もグローバル化しにくい機能であると同時に、日本企業が欧米企業と比べてグローバル化が遅れている研究開発活動が海外子会社で行われる第5段階に達している。しかも、日本から技術研修生を受け入れるといった、海外子会社から親会社への技術移転である「逆移転[16]」が行われるようになっている点は特筆に値する。

Ⅳ　おわりに

本章では、グローバル戦略、特に海外市場参入戦略について説明したうえで、中国に進出している2つの事例について分析と考察を行なった。

ヤクセルは、中小企業のみならず、日本企業の代表的な戦略である「グローバル戦略」を採用していた。すなわち、世界規模で標準化した製品を世界中に輸出することによって規模の経済を享受していた[17]。しかし、多くの日本企業と同様に、1985年のプラザ合意による円高を受けて、輸出中心の海外市場参入戦略を一大転換し、低賃金労働力を求めて海外展開を進めた。現在でも中小企業の海外進出は、人件費のコスト削減や日本への逆輸入を目的としている割合が大企業と比べて高く、進出先もアジア、特に中国が多い[18]。しかしながら、100年に一度とも言われる経済危機の実質的な影響が大きくなってくる2009年以降には、それまでの海外市場参入戦略の刷新を迫られる可能性があり、今後の動向が注目される。

一方、森松工業は様相が幾分異なる。一言で表すと、「出藍の誉れ」であろう。元々、森松工業は高い技術力を武器に高い国内シェアを誇っている企業であるが、海外子会社も自社で切り開いた新分野における高度な技術力に基づいて、親会社を凌ぐほどに成長を遂げている。よって、同社の事例は、「海外子会社

における経営資源の蓄積と能力の開発はいかにして可能になったのか，あるいはまたそうした資源，能力の開発にかかわって，どのような問題点を親会社と子会社，あるいは子会社間の関係は抱えることになったのかということ[19]」を究明している海外子会社研究が，大企業から中小企業へと研究対象を拡張する必要性を示している。

【注】
1) 中小企業庁［2008］，pp.14-15, 116. なお，中小企業性製品とは，経済産業省「工業統計表」に基づいた日本標準産業分類細分類で従業員数300人以下の中小事業所の出荷額が2000年時点で70％以上を占めているものである（中小企業庁（2008），p.14.）
2) 中小企業庁［2008］，pp.123-125.
3) 中小企業庁［2008］，pp.24-25.
4) ルート（Root［1984］），pp.5-9（邦訳，pp.16-19）.
5) 浅川［2003］，pp.50-51.
6) 吉原［2001］，pp.181-185.
7) Dunning［1993］, pp.193-205；浅川［2003］，pp.52-53；丹下［2007］，pp.39-40.
8) ルート（Root［1984］），pp.67-68（邦訳，p.94）.
9) 山口［2007］，pp.126-128.
10) これらの事例は，後記する資料ならびに両社へのインタビュー調査に基づいて作成している。インタビュー調査に応じて頂いた両社およびインタビュー調査にご協力して頂いた財団法人岐阜県産業経済振興センターには，この場を借りて，深く御礼申し上げたい。

    岐阜県産業経済振興センター［2002］『台頭するアジア諸国と製造業のグローバル展開』岐阜県産業経済振興センター・アジア経済研究所，pp.25-26, 32-33.
    日本経済新聞（2004年11月10日（朝刊）），p.13.
    日本産業新聞（2003年11月19日），p.1.
    日本産業新聞（2004年11月11日），p.8.
    日経ビジネス（1996年12月23日・30号），pp.26-27.
    日経ビジネス（2008年12月15号），pp.48-49.
    中国ビジネスクラブ（2006年7月号），pp.4-17.

11) その後（1989年），中国だけでなく東南アジア全域との貿易を念頭において，貿易会社（タップメイト）を香港に設立している。
12) 同社は，浦東開発区の外資系合弁企業の第1号で，地元では「浦字一号」と呼ばれている。

13) 厳密に言うと，パートナー企業は4％分を保有している。これは，利益の4％の提供と引き換えに経営に一切関与させないためである。
14) 中国出身で社長との個人的な繋がりで日本に留学，その後，森松工業の社員となり，日本に帰化，さらに欧米系の大学で学びMBAを取得した人物である。
15) ハイマー（Hymer [1976]），pp.34-36（邦訳，pp.29-30）．
16) 吉原 [2001]，pp.137-143．
17) バートレット＆ゴシャール（Bartlett & Ghoshal [1989]），pp.51-52（邦訳，pp.70-71）．
18) 中小企業庁 [2008]，p.124．
19) 榎本 [2004]，p.1．

【参考文献】

[1] Bartlett, C. A. and Ghoshal, S. [1989] *Managing Across Borders: The Transnational Solution*, Harvard Business School Press. 吉原英樹（訳）『地球市場時代の企業戦略』日本経済新聞社，1990年。
[2] Dunning, J. [1993] *Multinational Enterprises and the Global Economy*, Addison-Wesley Publishing Company.
[3] Hymer, S. [1960] *The International Operations of National Firms: A Study of Direct Foreign Investment*, Doctoral Dissertation, MIT Press (pub. in 1976). 宮崎義一（編訳）『多国籍企業論』岩波書店，1978年。
[4] Root, F. R. [1982] *Foreign Market Entry Strategies*, Amacom. 中村元一（監訳）・桑名義晴（訳）『海外市場戦略　その展開と成功のノウハウ』ホルト・サウンダース・ジャパン，1984年。
[5] 浅川和宏 [2003]『グローバル経営入門』日本経済新聞社。
[6] 榎本悟 [2004]『海外子会社研究序説：カナダにおける日・米企業』御茶の書房。
[7] 丹下博文 [2007]『企業経営のグローバル化：国際経営とマーケティングの発展』中央経済社。
[8] 中小企業庁 [2008]『中小企業白書2008年度版』ぎょうせい。
[9] 山口隆英 [2007]「グローバル企業の生産」安室憲一（編著）『新グローバル経営論』白桃書房。
[10] 吉原英樹 [2001]『国際経営 [新版]』有斐閣。

（執筆担当：遠原智文）

第3部

中小企業の競争戦略

第 9 章 中小企業の競争と競争優位戦略

I はじめに

　近年,過去において静態的であると考えられていた企業を取り巻く経営環境は,より動態的な経営環境へと変化,そして21世紀を迎え企業を取り巻く経営環境はさらに複雑になってきた。

　かつてはそれがたった1つの価値観であると考えられていたものが,時を重ね行く間にいつしか社会や企業に悪影響を及ぼすようになることもあった。とくに2008年の秋に起きたアメリカのサブプライムローン問題を発端とした全世界での不況下においては,企業を取り巻く環境が急激に変化してきている。中でも無分別な規制緩和への見直しや,従来の考えである市場主導型でありさえすればうまくいくというモデルが変化してきている。

　また,企業を取り巻く環境のみならず消費者を中心としたステークホルダーへの影響も計り知れず,経済活動における大きな変動期を迎えている。このような環境の変化がもたらす企業への影響は大きく,かつてない緊急事態を招いている。しかし,そういった環境の中においても企業は活動を継続的に行い,停止するわけにはいかないのである。

　さらに,この不況下においてなお大企業と比較して限られた経営資源の中での活動をしなくてはならない中小企業は,新しい視点と経営資源の複合化による独自のシステムを構築することにより競争優位を構築するといった基本に立ち返った活動が無視できない必要不可欠なものとなってきている。

　競争優位の構築について考察するに当たり,競争と何であるかについて理解する必要がある。競争とは相手よりも優位に立つための戦いであり,勝者は相手よりも優れているものである。このことを市場における企業間競争の観点か

らみると，企業は優位な立場や条件を獲得し，企業が競合他社よりも平均以上の成果を長期にわたり獲得できる競争優位を構築する方法を決定する必要がある。この競争優位とは，企業が収益を達成するために必要不可欠なものであるとも言える。

競争優位は，基本的には買い手のために創造できる価値から生まれるものであり，競争戦略は，競争の発生する基本的な場所である業界において，有効な競争優位を獲得することであり，その狙いは業界における競争状況を左右するいくつかの要因を利用し，収益をもたらすものである。

近年ではキム＆モボルニュ（Kim & Mauborgne）のブルー・オーシャン戦略に代表される競争からの脱却という「競争優位」の本質に立ち返る「競争」も無視することができない。ライバル企業を打ち負かそうとするのではなく，顧客や自社にとっての価値を大幅に高めることによって，競争のない未知の市場空間を開拓して競争を無意味なものとすることが大切であるとする。競争優位の獲得に焦点を置くのではなく，まだ見ぬ新しい市場を創るものである。

また，単一事業を営む中小企業の場合，企業戦略が事業戦略そのものになることから，事業戦略レベルで行われる競争戦略が非常に重要になる。

Ⅱ 中小企業と競争優位戦略の理論

1. 競争戦略の基礎理論

本節では，競争戦略を考えるにあたり必要と考えられる5つの競争要因，基本戦略，バリューチェーン（価値連鎖），コア・コンピタンス，ビジネス・モデルについて取り上げることにする。

(1) 5つの競争要因

ポーター（Porter [1980]）は企業の業績に多大な影響を与えている要因として，組織を取り巻く外部環境の産業構造や業界の持つ特性に注目した。企業（事業）とそれを取り巻く環境との両者の関係をとらえ，その分析を目的とし

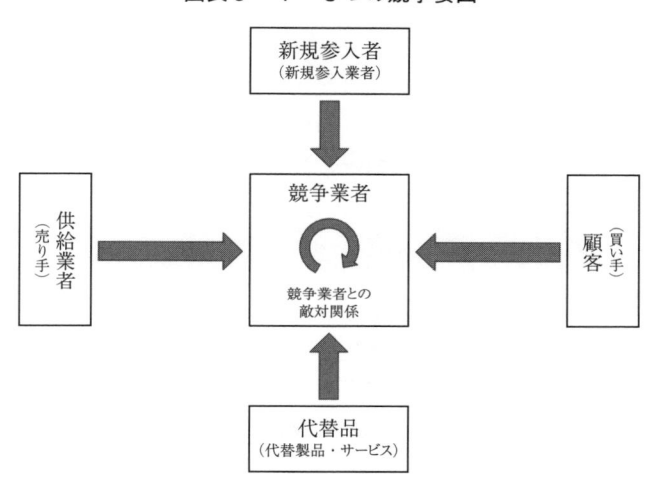

第9章　中小企業の競争と競争優位戦略　201

図表9−1　5つの競争要因

```
                    ┌──────────────┐
                    │  新規参入者    │
                    │（新規参入業者）│
                    └──────┬───────┘
                           │
                           ▼
┌─────────┐        ┌──────────────┐        ┌─────────┐
│ 供給業者 │───────▶│  競争業者     │◀───────│ 顧客    │
│（売り手）│        │      ↻       │        │（買い手）│
└─────────┘        │ 競争業者との  │        └─────────┘
                    │  敵対関係     │
                    └──────▲───────┘
                           │
                    ┌──────┴───────┐
                    │   代替品      │
                    │（代替製品・   │
                    │  サービス）   │
                    └──────────────┘
```

出所：ポーター（Porter［1980］）を基に筆者作成。

た「5つの競争要因（ファイブ・フォース）」を提唱した。

　5つの競争要因には，新規参入者，供給業者，代替品，顧客，競争業者があげられそれぞれが脅威を持ち自社に影響をもたらす（**図表9−1**）。

- 新規参入者の脅威とは，その業界に参入しようとする新たな競合他社からの脅威のことを言う。参入障壁が低いと脅威が増大する。
- 供給業者（売り手）の交渉力とは，可能な限り高い価格で原料を供給しようとする取引業者のパワーを指す。
- 代替品の脅威とは，自社が提供している製品・サービスの代替となるものがある場合に生じる脅威のことである。
- 顧客（買い手）の交渉力とは，買い手は価格が下がるか，品質が上がることを望む買い手の交渉によるパワーを指す。
- 競合他社との敵対関係とは，すでに同一業界に参入している既存企業との競争状態やパワーバランスのことである。

　5つの競争要因を分析することにより，大きく以下の2つのことがわかる。

第1に，自社の対象とする業界自体が，利益を生みやすい環境であるかどうか，その業界は自社の活動に適している環境にあるかどうかということ。

第2に，他の既存業界に参入する場合も，外部環境の脅威をある程度まで把握することができる。

企業は自社を取り巻く脅威を緩和するような競争戦略の立案を講じることができるようになる。

(2) 基本戦略

ポーターの「5つの競争要因」は企業が特定の業界において他社に対して優位な競争地位を得るために，自社のポジションをいかに決定するかということに重点を置いている。それに対し「基本戦略」は競合他社との競争に勝つための具体的な戦略を提示している。

基本戦略は，企業にとって利益をもたらす「競争優位の構築のタイプ」から「他社よりも低コスト」「差別化・製品の特異性」の2分類と，自社の標的市場の大小からなる4つのマトリックスで表わされる（**図表9-2**）。これがポーターの「3つの基本戦略」といわれるものである。

図表9-2　3つの基本戦略

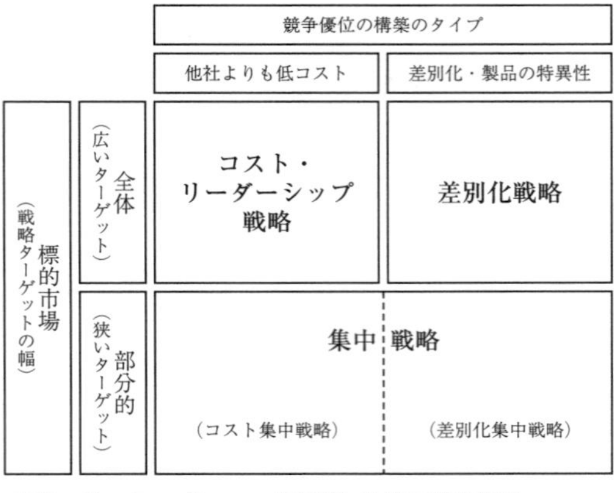

		競争優位の構築のタイプ	
		他社よりも低コスト	差別化・製品の特異性
標的市場（戦略ターゲットの幅）	全体（広いターゲット）	コスト・リーダーシップ戦略	差別化戦略
	部分的（狭いターゲット）	集中戦略（コスト集中戦略）	集中戦略（差別化集中戦略）

出所：ポーター（Porter [1985]）を基に筆者作成。

企業は4つのマトリックス中における自社の妥当なポジションを正しく認識することにより，効果的な基本戦略を見出すことができるとされている。

①採用すべき基本戦略

競争優位の構築のタイプの選択に際しては，自社製品の価値・品質を下げることなく，コストを下げることに集中するか，他社製品と比較し，高価格で売れるか，もしくは多く売るために何らかの差別化を行うかということを考える必要がある。前者をコスト・リーダーシップ戦略といい，後者を差別化戦略という。

標的市場の決定に際しては，自社の持つ経営資源の質や量に大きく影響される。経営資源が豊富である企業であれば，業界全体を対象とした競争を選択したとしても問題はないが，経営資源に限りがある企業は，活動の範囲をある程度限定し経営資源の投入先を集中させる集中戦略を採用することが望ましい。

②3つの基本戦略

コスト・リーダーシップ戦略とは，競合他社を上回る累積生産量を確保することにより，業界におけるマーケット・シェアを高めてさらなるスケールメリットを確保し，コスト低減の循環を実現する戦略である。差別化戦略では，競合他社に対して差別化を図ることにより，業界内における独自性を競争優位の源泉としている。差別化には2つのレベルがあり，製品・サービスレベルでの差別化とビジネス・システムレベルでの差別化である。前者は競合他社の製品に比べ価格，品質，性能等において差別化を図ることである。後者は自社の経営資源を活用した事業の仕組み（ビジネス・モデル）の面においての差別化を図ることである。

集中戦略は，業界の特定分野（買い手，地域，製品といった特定のターゲット）に焦点をあて，自社の経営資源を集中させることにより，競争優位を構築するものである。

また，商品・サービスによる差別化は短命で終わることが多く，継続して優位性を保ち続けることが難しいため，ビジネス・モデルによる差別化が競争優位の源泉になるが，時間の経過，環境の変化とともに，かつては圧倒的な優位

の源泉であったビジネス・モデルも，その差別的優位性を失うことがある。

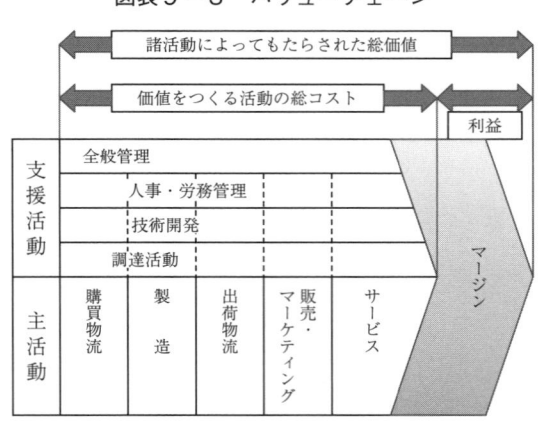

(3) バリューチェーン（価値連鎖）

バリューチェーンは価値をつくる活動とマージンとから構成されている。マージンとは，総価値と，価値をつくる活動の総コストの差から得られる。この場合，価値とは企業が提供する製品・サービスといったものに対し買い手，すなわち市場が進んで対価を投じるものである。

これは競争優位が企業の内部活動におけるどの部分から構築されるのかを説明するモデルであり，製品やサービスが企業活動のどの部分によって価値を付加されているかを確認するための有効な分析方法である。

バリューチェーンで連結されている企業活動は「主活動」と「支援活動」に大きく分類される。主活動には購買物流，製造，出荷物流，販売・マーケティング，サービスがあり，支援活動には全般管理（企業インフラ），人事・労務管理，技術開発，調達活動がある。なお全般管理とは，法務や経理といった経営全般にかかる管理活動を指し，バリューチェーン全体を支援するものである

図表9-3 バリューチェーン

出所：ポーター（Porter [1985]）を基に筆者作成。

（図表9－3）。

(4) コア・コンピタンス

ハメル&プラハラード（Hamel & Prahalad［1994］）によると，コア・コンピタンスとは他者には提供できないような利益を顧客にもたらすことのできる，企業内部に秘められた独自のスキルや技術の集合体である。

彼らはコア・コンピタンスに関して，一定の定義ではなく種々の要素や条件を提示しているが，本章では，中でも以下の3つの条件に焦点を当てる。

- 企業力を広げる：コア・コンピタンスはさまざまな市場への参入の可能性をもたらす。さまざまな市場への参入の可能性をもたらすとは，企業のもつ経営資源等が市場内の脅威を中和することにより，企業が市場での機会を得ることができるということである。
- 顧客価値：最終製品がもたらす顧客利益に実質的な貢献をしなければならない。
- 競合他社との違い：コア・コンピタンスは競合他社にとって模倣が困難でなければならない。模倣が困難なものとは具体的には次のようなものがあげられる。

　　　制度的専有性をもつ，特許などの知的所有権で保護されているもの／企業の持つブランドや歴史によって培われたもの／他社から見えないものや，仮説が多すぎて特定できないといった因果関係の不明瞭さ。また，競争優位を構築するシステムが複雑で模倣や理解が困難であるもの。

ハメル&プラハラードは，競争優位の源泉は以上のような特異性を備えたコア・コンピタンスそのものや，コア・コンピタンスによって構築された能力にあると主張した。

注意すべき点は，コア・コンピタンスを資産，インフラなどと混同してはならないことである。これらと混同すれば，資産やインフラといったものを源泉とした競争優位に依存してしまう。ここでいうコア・コンピタンスは，独自の技術やノウハウによって構築されるものを指している。コア・コンピタンスは

長期的な活動により形成されるものである。しかし時間の経過や環境の変化によってそれは、コア・コンピタンスではなくなる可能性もあるのである。

またいきなり新しいコア・コンピタンスの構築を行うのではなく、自社の持っているかもしれないコア・コンピタンスを明確にする必要がある。その際んもコア・コンピタンスは先に述べた3つの「企業力を広げる」「顧客価値」「競合他社との違い」が基準となるとなるが、その他、自社のコア・コンピタンスを確立する際の、留意点を以下に示す。

- 会社の成功をさせているスキルを幅広く、理解すること。
- 近視眼的に市場をとらえないこと。
- 社内の共通財産に注目すること。
- 新規事業拡大への筋道を示す。
- 企業力をめぐる競争という現実に敏感になること。
- 会社にとって最も価値のある経営資源を積極的に管理する土台を構築すること。

以上のことからも推察されるように、コア・コンピタンスの確立には長期間の継続的な努力が必要となる。

2．競争戦略の具体的展開

他社からより模倣されにくい競争優位とは、その価値を生み出すために必要な経営資源と、それを組織化するための仕組み（ビジネス・モデル）によって構築される。

単純な製品・サービスによる差別化はリバース・エンジニアリングの発達により、模倣が短期間のうちに行われることがあり、競争優位の維持が難しくなってきている。

独自の競争優位はそれを構成する経営資源の蓄積に時間と労力を必要とし、経営資源と、ビジネス・モデルによる差別化はその事業の仕組みが外部から見え難いため、たとえ同じ経営資源を持っていたとしても、それを活用する仕組みがなければ模倣が困難であるためである。

大企業と比較し、経営資源が限られた中小企業は、限られた経営資源を利用

し模倣困難な独自のビジネス・モデルを構築することが重要である。

　経営資源やそれを独自に組織化することは，その事業分野における企業の総合力であると言える。このため，ビジネス・モデルによる差別化は，比較的長期間にわたって競争優位を持続できる。

　しかし，時代の流れに合わせて世の中が変化するとともに，その差別的優位性を失うことも考えられるため，加護野［1999］は①製品技術・生産技術の変化，②交通技術の変化，③情報伝達・処理技術の変化，④取引・組織技術の変化，⑤社会構造や生活習慣の違いや変化に注意することが必要であると指摘している。

　事業の仕組みの優劣の評価については，客観的な評価となり得るものは，利益や付加価値であるとし，5つの評価基準を設定している。

- 有効性の基準：顧客にとっての価値，つまり顧客価値はどれほどあるのか。
- 効率性の基準：同じ価値あるいは類似の価値を提供する他の事業システムと比較してどちらが効率的であるか。
- 競争優位の基準：競争相手にとってどの程度模倣困難であるか。
- 持続可能性の基準：システムは長期にわたり持続することは可能であるか。環境の変化に対応することが可能であるか。
- 発展性の基準：将来において発展可能性はどの程度あるのか。

　特に「有効性の基準」と「効率性の基準」はトレードオフの関係になりやすく，スピード，組み合わせ，集中特化と外部化のメカニズムによって双方のバランスに注意する必要があるとし，「競争優位の基準」については情報による価値創造が必要であるとしている。

Ⅲ　中小企業における競争優位戦略の実際

　本章では，地球環境問題へ対応し，環境資材分野で事業展開する企業の事例を取り上げる。

　かつては大量生産大量消費こそが社会が豊かであるということの証明によう

に考えられ実践されてきたが、さまざまな地球環境問題が露顕し深刻化していく中で資源の有限性が問われ、社会の持続可能な発展や、資源循環型社会の構築が現代社会の大きな課題になった。そのことで社会の生産者たる企業のあり方が地球環境に対して相互に影響し、発展できるものであるかが問われるようになってきた。

また、地球環境問題に対する配慮は主として先進国で共通の価値観となっている。そのため、環境対応技術が優れていることは市場においても存在価値が高められ、地球環境問題対策のコアともなる環境対応技術を成長させることで事業拡大の機会も捉えることが可能という考えが出てきた。

1. 事例

環境資材分野で事業展開を行う楽しい(株)は、現在の社長が前職の会社から2001年に分社独立し設立された。

同社が立地する北九州市は、国連環境計画「グローバル500」受賞（1990年）、国連環境開発会議（地球サミット）で「国連地方自治体表彰」受賞（1992年）、「北九州エコタウン1プラン」の策定と国による承認（1997年）、「エコタウン事業第2期計画」の策定（2001年）、など地球環境問題に対する活動が活発な都市である。

同社は、地球環境問題を机上で考えるのではなく、実践できることから行い、顧客に対して提案するというビジネス・モデルが評価され、2007年に第5回日本環境経営大賞〔環境価値創造部門〕環境連携賞を受賞し、2007年度の経済産業省中小企業等環境配慮活動活性化促進事業（グリーン・サービサイジング事業）、農林水産省食品循環資源経済的処理システム実証事業に認定される。

現在、環境面だけではなく、コスト低減などの経済面と両立させることを目的とした、地域密着型食品廃棄物循環システム「メリーズ・モデル（**図表9－4**）」の構築へ取り組んでいる。

同社の生ゴミ処理機は、好気性微生物群を付着させたもみ殻を処理層へ入れ、水と二酸化炭素へと分解させる液状分解型タイプである。ゴミを分解させ

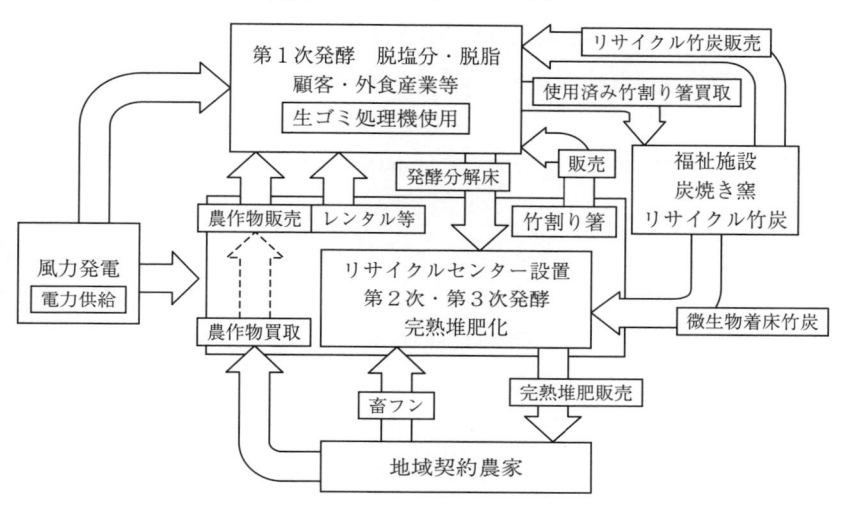

図表9-4　メリーズ・モデル

出所：楽しい(株)資料より筆者作成

た後には，半年に1回入れ替えるもみ殻と，水と二酸化炭素に分解させることができない物質が残る。このため，このもみ殻等を同社のリサイクル竹割箸の竹炭を混ぜ込み堆肥化させ地域の農家へ提供する廃棄物ゼロの仕組みを作り上げる構想が「メリーズ・モデル」である。

現在の事業構成は，生ゴミ処理分野が4割，竹割箸とリサイクル竹炭分野が6割である。

生ゴミ処理機は，処理機本体は韓国企業との共同開発によるもので，プログラムに関しては同社で開発している。同社の処理機の主役は微生物の働きであり，そこには単なる生ゴミ処理の機械ではなく，生命がある。だからこそゴミ処理機を大切に扱って欲しいという想いから，処理機1台1台に名前がつけられている。また，社長自身が神主資格を持ち，製品出荷時には安全祈願祭まで行う。最初の頃は社長が命名していたが，最近では顧客の方が命名したいとの希望が多く，顧客自身が命名することにより，顧客との大切なコミュニケーションの1つとなっている。

生ゴミ処理機は，2005年1月から販売方式だけではなく，顧客がゴミ処理機を導入する際のコスト負担軽減のため，レンタル方式も開始した。このレンタル方式の特徴は，同製品によって処理されるゴミの量によってレンタル料が決まるところにある。福岡市地区では生ゴミ1kg当たり22円，関東地区では27円と価格が設定されている。なお，福岡市地区，関東地区の標準的事業系食品廃棄物処理料金はそれぞれ30円と40円である（2008年8月現在）。このレンタル方式の導入により，利用者は通常の生ゴミ処理に必要な金額以下での処理が可能となった。また，ゴミ処理機のオーナー制度を導入し，資金面での安定化を図っている。このオーナー制度は，同社がゴミ処理機をレンタルで利用する顧客を獲得，契約し，その顧客がレンタルするゴミ処理機をオーナーが購入することにより，レンタルするという制度である。

同社は生ゴミ処理機事業以外にも，「金魚が死なない安全な竹割箸開発と使用後割箸のリサイクル竹炭」を行っている。生ゴミ処理機の顧客先である飲食店では，生ゴミの他に割箸がゴミとなる。そこで，少しでもゴミを減らしたいという「お客様の視点」に立ち，1999年より割箸のリサイクルを開始した。

従来の木の割箸には，防カビ剤，防腐剤，農薬や漂白剤といった物質が製造過程で混入される。その割箸を金魚の入った水槽に入れておくと，約8日で金魚が死んでしまうということが同社の実験によりわかった。このため，環境に対する負担軽減だけでなく，前述した物質を使用しないより安全な竹割箸を開発し，顧客に提供することを考えた。

同社の竹割箸は，従来の木材を利用したものではなく，自生し3～4年で成育するとともに，環境のためにも定期的な間伐が必要な竹を利用した。従来混入されていた物質に関しては，人体により安全なミネラル分で作った抗菌・防カビ剤を利用した。そして，無漂白竹割箸を2003年より販売を開始している。

同製品の原料調達，生産を中国で行うことによりコスト低減を行い，従来の木の割箸と同じ価格に抑えることが可能となった。また，販売面や割箸袋作成は国内最大の箸袋メーカーと提携し，袋詰めに関しては地域の福祉施設との連携も行われている。

2004年の秋には，国産の竹を使用した塗箸の販売を開始した。この塗箸は1膳が35円で約100回の使用に耐えるため経済性もあり，従来品と同様にリサイクルすることも可能である。現在では，竹割箸は年間に6,000万膳を出荷し，2008年には1億膳の出荷を目標としている。

さらに，同社は竹割箸というより安全な割箸の出荷にとどまることなく，リサイクルにも取り組んでいる。ゴミとなる使用済み竹割箸を顧客先から回収し，それを竹炭にして，生ゴミ処理や堆肥作りに利用している。また，その一部は顧客先からの竹割箸送料分を竹炭で返し，顧客先の店頭では1個100円で販売されている。

この店頭販売でのリサイクル竹炭は追加発注が来るほどのヒットとなった。割箸の処分はゴミとして処分するコストとリサイクルするコストが同じため，リサイクルに取り組んでいるという付加価値が，顧客先のイメージアップ等にも貢献している。

現在の使用済み竹割箸の回収率は6割である。同社は，竹炭の一部売り上げを植林基金として，大連市政府環境保護局へ，2004年に5,000本分を委託し，2005年度4月には2回目を実施している。

2006年度には，北九州市にある環境モデル地域内に本社事務所を含めた同社の関連施設を移転した。これまで同社は本社事務所，デリバリーセンターなどが点在しており，それを集約することにより効率的な運営や竹炭の炭焼き窯と堆肥化センターを増設することにより処理量の増加を図ることにしている。

また，環境モデル地域へ移転するのを機に，同社の掲げる地域循環型社会のための「メリーズ・モデル」を構築し，展開することにより，廃棄物のゼロエミッションの仕組みを作り上げるつもりである。

2．事例の分析

新規参入，既存競争業者からの脅威に対し，新規参入の障壁を好気性微生物群付着もみ殻による生ゴミ処理機の特許を取得することにより構築，また，従来のゴミ処理業者（主として行政）との価格を商品のレンタル方式により同等

に抑えている。なお活動の基盤をより強固にするためにも「メリーズ・モデル」の構築を目指している。

同社商品にレンタル方式を導入することにより，顧客の経済的負担を軽くしている。同社製品はメンテナンスフリーで，利用にかかるメンテナンスが一切必要ない。また，処理機一台一台に名前をつけるというユニークな方法により，顧客とのコミュニケーションを図っている。

これからの活動のフィールドを強固にするためにも，「メリーズ・モデル」の構築を課題としている。

自社の活動を途切れさせないための活動経路の確保等にも力を入れている。製品の開発に関しては，韓国の企業との共同開発で，開発にかかるコストと時間の削減を行っている。

生ゴミ処理機は，「ゴミを捨てたい」という表層的なニーズだけに応えるものでなく，「より安価，ゴミは少なく，衛生的に処理したい」と抜本的なニーズに応えることを可能にするものを提供している。

3．事例の考察

(1) コア・コンピタンス

好気性微生物群を付着させたもみ殻を処理層へ入れ，水と二酸化炭素へと分解させる液状分解型の技術を利用し生ゴミ分解することができる技術と，従来型の木材利用ではなく，自生し3～4年で成育することにより，環境のためにも定期的な間伐が必要な竹に着目し，人体により安全なミネラル分で作った抗菌・防カビ剤を利用した無漂白の安全竹割箸製造の技術という独自の環境技術の2点だけではなく，自社の技術を利用することにより，自社製品を循環させるビジネス・モデルというソフト面での新しい「技術」となる，循環システムを開発している。

同社の生ゴミ処理技術や竹割箸，竹炭製造技術は，似たような技術もあり際立った新規性はないが，自社の顧客との連携，連携を生むための製品提供といったところに，新規性・独自性が生じ，ソフト面でのコア・コンピタンスが

構築された。

(2) バリューチェーン

　先のコア・コンピタンスの獲得だけでは，競争優位を獲得するに至らないことがある。競合他社に模倣される危険性や，自社の製品はあるものの，原材料の仕入れや自社製品を市場へ送り出すことができなければ，コア・コンピタンスを機能させることができない危険性も考えられる。

　未知数の多い市場を抱える環境ビジネスにおいては，安定した原材料等の仕入れも重要な課題であり，創出された製品を市場で消費者へ送り届ける流通経路も大切な課題である。さらに，製品を市場へ送り出すだけではなく，企業が成長するためには，市場からの顧客ニーズなどの情報が重要であるため，消費者からのリサイクリング構造が必要となる。

　そのため，それぞれの製品や活動の価値をつなぐ仕組みが存在する。

　ゴミ処理機の維持管理・もみ殻の入替に関してはメンテナンスフリーで，専門係員が月1～2回程度巡回し，その都度必要な処置を行っている。2005年の1月から販売方式だけではなく，レンタル方式も行われるようになった。このレンタル方式の特徴は，同製品によって処理されるゴミの量によってレンタル料が決まっているところにある。このレンタル方式の導入により，通常の生ゴミ処理に必要となる金額以下でのゴミ処理機利用が可能となった。

(3) 適時性のある市場深耕

　竹割箸の使用済みの竹割箸を飲食店等の顧客先から回収し，竹炭にしてその製品を再度顧客先へ戻し販売してもらうという流れを形成している。

　また，生ゴミ処理機，竹割箸，竹炭それぞれが独立しているわけではなく，すべての製品がメリーズ・モデルによって連関し，1つの流れを作り出している。

　ゴミ処理機の製品開発においては，技術の一部を韓国企業と共同で開発し，開発にかかる，コストとスピードの削減を行っている。

竹割箸は，中国で製造することによりコスト削減を行い，販売面では国内最大の箸袋メーカーと販売提携を行い，市場深耕のスピードを高めている。

(4) ビジネス・モデル

楽しい(株)は，環境技術というハード面でのコア・コンピタンス以外に，ソフト面においての循環システムや，製品の供給システムというコア・コンピタンスによって対市場行動を行っていると考えられる。

また，製品の開発のみではなく，原料の仕入れ，市場からのニーズを吸い上げるリサイクリング構造を実践することが戦略展開において極めて重要であることが考えられる。

技術やソフト面でのコア・コンピタンスによる競争優位を維持し続けるため常に新しいものを取り入れ市場深耕の速度を上げることにより，競争優位が構築できると考えられる。

Ⅳ おわりに

本章では，競争戦略の中でもビジネス・モデルによる競争優位構築について考察した。近年，競争が激しくなりリバース・エンジニアリング等で製品・サービスによる差別化のみでは競争優位の持続は難しいものとなり，目に見えないビジネス・モデルが中小企業の成長には必要不可欠なものとなってきている。

しかし，ビジネス・モデルの構築にはそれを構成する経営資源の蓄積に時間と労力を必要とし，すぐに効果を期待することはできない。今回の事例は，環境技術というハード面でのコア・コンピタンス以外に，循環システムや，製品の供給システムというソフト面のコア・コンピタンスによって対市場行動を行っている。また，製品の開発のみではなく，原料の仕入れ，市場からのニーズを吸い上げるリサイクリング構造を実践することが戦略展開において極めて重要である。

技術やソフト面でのコア・コンピタンスによる競争優位を維持し続けるため

常に新しいものを取り入れ市場深耕の速度を上げるスピードや，それぞれの経営資源や環境を組織化したビジネス・モデルの構築を行うことにより，独自の競争優位を構築している。

　本章の事例からでは，中小企業の視点から競争戦略を取り上げ，経営資源や競争環境が制約された中で，競争優位構築のためのビジネス・モデルを構築し，活用していることが見出せた。このことから，中小企業における競争戦略はただ単純な製品・サービス・流通だけではなく，それらを組織化することによって構築されたビジネス・モデルによる戦略が必要であると言えよう。

【注】
1) 経済産業省は「地域の産業蓄積等を活かした環境産業の振興を通じた地域振興，及び地域の独自性を踏まえた廃棄物の発生抑制・リサイクル推進を通じた資源循環型経済社会の構築を目的として，既存の枠にとらわれない先進的環境調和型まちづくりを実現するために，地方自治体が主体となり，地域住民，地域産業と連携して取り組むもの」と定義している。

【参考文献】
[1] Hamel, G. & Prahalad, C.K. [1990] "The Core Competence of the Corporation" *Harvard Business Review, May-June.*
[2] Hamel, G. & Prahalad, C.K. [1994] *Competing for the Future*, Harvard Business School Press. 一條和夫訳『コア・コンピタンス経営』日本経済新聞社，1995年。
[3] Kim, W.C. & Mauborgne, R. [2005] *Blue Ocean Strategy: How to Create Uncontested Market Space ane Make the Competition Irrelevant*, Harvard Business School Press.
[4] Porter, M.E. [1980] *Competitive Strategy Competitive Strategy: Techniques for Analyzing Industries and Competitors*. Free Press. 土岐坤・中辻萬冶・服部照夫訳『競争の戦略』ダイヤモンド社，1982年。
[5] Porter, M.E. [1985] *Competitive Advantage*, Macmillan. 土岐坤・中辻萬冶・服部照夫訳『競争優位の戦略―いかに高業績を持続させるか―』ダイヤモンド社，1985年。
[6] Pümpin, C. [1987] *The Essence of Corporate Strategy*, Gower Publishing. 高梨智弘・吉田博文訳『企業戦略マニュアル―戦略優位の実行システム』ダイヤモンド社，1990。
[7] Stalk, G. Jr. & Hout, T.M. [1990] *Competing Against Time*, Macmillan. 中辻萬冶・川口恵一訳『タイムベース競争戦略―競争優位の新たな源泉：時間―』ダイヤモンド社，1993。

[8] 青島矢一・加藤俊彦［2003］『競争戦略論』東洋経済新報社。
[9] 井上善海［2002］『ベンチャー企業の成長と戦略』中央経済社。
[10] 加護野忠男［1999］『〈競争優位〉のシステム―事業戦略の静かな革命』ＰＨＰ新書。
[11] 合力榮監修・岸川善光他著［2003］『環境問題と経営診断』同友館。
[12] 三上富三郎［1994］『共生の経営診断』同友館。

（執筆担当：森　宗一）

第10章 中小企業の競争とOEM戦略

I　はじめに

　100年に1度と言われる経済的不況化の中で中小企業を取り巻く経営環境は，非常に厳しい状況となった。とりわけ，製造業は，自動車産業，電子産業と基幹産業が売上減少により在庫調整に突入している。そのため，製造は大きく減産体制に入り，中小製造業の売上減少は大企業以上の打撃を受けている。

　そのような中，中小企業は，「技術開発」「新製品開発」「製品の付加価値化」「新分野進出」などによりこの苦境を乗り切ろうと模索している。しかし，大企業と比較して限られた経営資源の中で，これらのことに中小企業1社だけで取り組んでいくのは，きわめて困難な状況下にある。大企業との系列取引などにより経営資源の不足を克服しようとした時期もあったが，流通構造の変化に伴いその系列取引も徐々に崩壊してきている。そこで，最近では，技術や市場の複雑化に積極的に対応するために，企業間の協調を通して新たな価値を創造する動きが出てきている。いわゆる企業間関係の構築である。

　企業間関係は，企業の独立性を維持したまま，戦略展開にとってきわめて重要なある特定の経営資源を獲得するため，他企業と緩やかで柔軟な関係を結ぶ方式である。企業関係を構築することによるメリットとしては，限定された市場へのアクセスやそうした市場への参入障壁の克服，マーケットパワーの獲得，市場安定性の維持，製品技術や新たなスキルの獲得，互いの資源の共同利用，不確実性の削減，新市場へのスピーディーな参入などがあげられる。

Ⅱ 中小企業とOEM戦略の理論

　企業間が関係を結ぶ方式としては，企業の独立性を維持したまま，企業間に緩やかで柔軟な結びつきが形成される，共同開発，共同生産，ОЕМ（Original Equipment Manufacturing），委託販売などがある。本章では，中小企業にとって取り組みやすい企業間関係構築方式の一つであるОЕМを取り上げる。

(1) 製品の多様化・短命化とОЕМ

　石井［2003］は，自動車産業の企業間関係のプロジェクトタイプを，「共同開発」「共同生産」「委託生産」「ОЕМ」に分けて説明を行っている

　共同開発には，自動車の基幹部品であるプラットフォーム（車台）の企業間移転で実現した製品開発と，企業間のプラットフォーム移転を伴わないが，開発プロセスにパートナー双方が企画段階から関与し，その製品をパートナーがそれぞれのブランドで販売した製品開発がある。共同生産は，生産工程におけるパートナー間の密接な協働をともなう製品の生産である。委託生産は，一方の企業が製品の生産工程を他方に委託する形の企業間協働であり委託される製品は，一方の単独開発の場合と，パートナー間の共同開発の場合がある。ОЕМは，一方の企業が開発・生産した製品を，他方が自社ブランドで販売することを指し，製品の供給側からするとОЕМ供給，調達側からするとОЕМ調達となる。

　これらを大きく分類すると，パートナー間の知識や技術等の情報的経営資源の結びつきの強さという点から，共同開発や委託生産・共同生産を「協働型」と呼び，対比する場合を「ОЕМ型」と呼ぶとしている。

　中小製造業は，製品の多様化や短命化が進んでいる環境の中で，自社の内部資源だけで経営を行っていくことが困難になっている状況から，中でもОЕМを選択している企業が多く見受けられる。

(2) OEMの定義

石井は「OEMは、一方のパートナーが開発・生産した製品を、他方が自社ブランドで販売すること」と定義している。また、山田［1992］は、「OEMは、完成品を他のメーカーから調達し、それに自社ブランドをつけて販売すること」と定義している。

(3) OEMの戦略

石井は、日本の自動車産業の企業間関係プロジェクトの分類をパートナー間の経営資源の機能的な結びつきから、機能的連関の概念の枠組みとその中での提携プロジェクトの各タイプの位置づけを行っている（**図表10－1**）。この中でOEMは、パートナー間の知識共有や密接な協働はほとんど行われていないことから、パートナー間の機能的連関が弱いとされている。

企業がOEMを選択する論理は、製品開発の時間を買うためやリスクを回避するために外部の経営資源を活用するところにある。また、一方では外的要因の変化に対応して自社生産シェアや自社ブランドの価値を守るために受動的にOEM化が推進される場合もある。

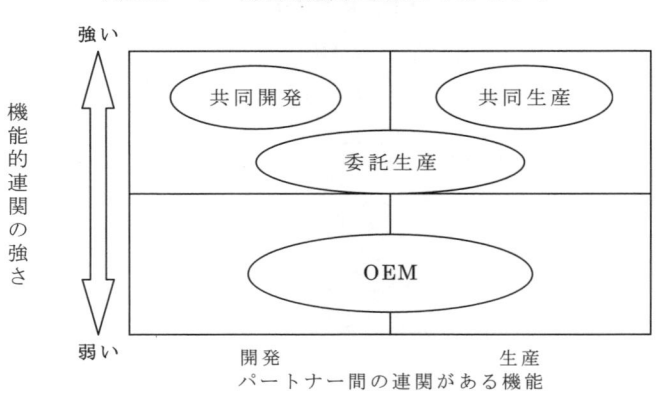

図表10－1　機能的連関と提携プロジェクト

	開発	生産
機能的連関の強さ（強い）	共同開発	共同生産
	委託生産	
（弱い）	OEM	

パートナー間の連関がある機能

出所：石井［2003］を基に筆者作成

山田は，ＯＥＭの委託・供給企業別や製品ライフサイクルの各段階によって，異なった目的で用いられているとしている。図表10－2は，製品ライフサイクル別に見たＯＥＭの狙いである。山田は，供給企業の市場導入期において，標準化のための「良い競争業者」作りにＯＥＭが戦略的に用いられるとする。市場の成長期においては，早期に累積生産量を増やし，コストダウンを図り，また，自社の強み分野に資源を集中し，競争優位性を確固たるものにするＯＥＭ生産も行われている。市場の成熟期は，自社の強い製品分野での競争企業数を減らすために行われる。

　さらに，ＯＥＭのメリット・デメリットを分類すると，ＯＥＭ供給企業（開発・生産側）にとっては，知名度，販売力が弱くても量販が可能であり，大量生産によるコストダウンおよび早期投資回収が可能であることから生産に専念でき，メンテナンスなどを発注側に委ねられるというメリットがあげられる。デメリットとしては，需要変動のリスクが大きく，マーケティング力が弱くなることから，供給先の戦略転換のリスクがあるとされている。

　そこで，次節では，中小製造業のＯＥＭに関するアンケート調査を行い現状を分析するとともに，ＯＥＭから戦略的なＯＥＭへと発展していく事例を取り

図表10－2　製品ライフサイクル別に見たＯＥＭの狙い

ライフサイクル	供給企業（開発・生産側）	委託企業（販売側）
導入期	・標準化のための「良い競争業者」づくり	・製品や技術の機会探索
成長期	・早期に累積生産量を増やしコストダウンを図る ・強み分野への資源集中（開発・生産）	・販売機会損失を回避するための製品ライン拡大 ・資源投入分野の集中
成熟期	・自社の強い製品分野での競争企業数減らし ・ＯＥＭ専業企業としての事業確立 ・コストダウン	・流通のフルライン要請への対応 ・非戦略製品の事実上の撤退 ・コストダウン

出所：山田［1992］を基に筆者作成

上げ，中小企業におけるOEM戦略の実際について考察していくことにする。

Ⅲ 中小企業におけるOEM戦略の実際

1．実態調査

(1) 実態調査の概要

OEMを実施している中小製造業へのアンケート調査を行った。アンケート発送総数は，429社で回答企業は116社である。有効総数27.2％であった（アンケート先企業の抽出方法は，インターネットにおけるホームページ検索で，「OEM」「受託製造」「小ロット対応」をキーワードとして抽出した）。

まず，図表10－3のOEMに取り組んだきっかけについて見てみると，「OEM先からの依頼」が82件と圧倒的に多いことがわかる。そして，「新市場への拡大」「収益を安定させるため」と続いている。これらのことからOEMのスタート時点では，受身の取り組みであることが読みとれる。

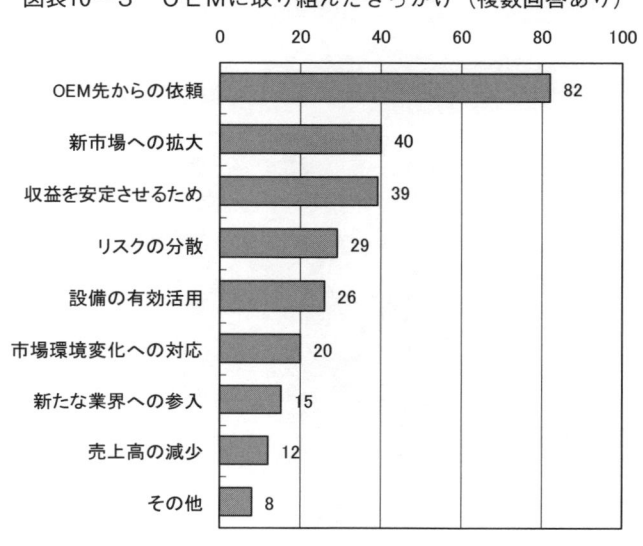

図表10－3　OEMに取り組んだきっかけ（複数回答あり）

項目	件数
OEM先からの依頼	82
新市場への拡大	40
収益を安定させるため	39
リスクの分散	29
設備の有効活用	26
市場環境変化への対応	20
新たな業界への参入	15
売上高の減少	12
その他	8

(2) 実態調査結果の分析

OEM取り組み前の売上高1億円以下が36件（29.8％），1億円以上5億円未満が35件（30.7％），5億円以上10億円未満が17件（14.9％）となっており，10億円未満の企業で全体の75.4％を占めている（**図表10－4**）。OEMを行うことで現在の売上高がどう変化したかを表したのが**図表10－5**である。現在の売上高で1億円以下は，11件（9.6％），1億円以上5億円未満が41件（35.1％），5億円以上10億円未満が21件（18.4％）となっており，全体の63.1％を占めている。単純計算で，OEM取り組み前より12.3％の売上増加となっている。

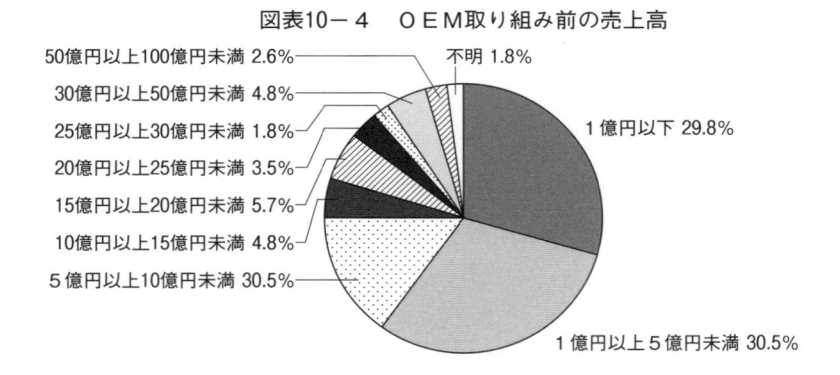

図表10－4　OEM取り組み前の売上高

- 1億円以下 29.8％
- 1億円以上5億円未満 30.5％
- 5億円以上10億円未満 30.5％
- 10億円以上15億円未満 4.8％
- 15億円以上20億円未満 5.7％
- 20億円以上25億円未満 3.5％
- 25億円以上30億円未満 1.8％
- 30億円以上50億円未満 4.8％
- 50億円以上100億円未満 2.6％
- 不明 1.8％

図表10－5　現在の売上高

- 1億円以下 9.6％
- 1億円以上5億円未満 35.1％
- 5億円以上10億円未満 18.4％
- 10億円以上15億円未満 7.9％
- 15億円以上20億円未満 7.9％
- 20億円以上30億円未満 9.6％
- 30億円以上50億円未満 6.1％
- 50億円以上100億円未満 3.5％
- 100億円以上 0.9％
- 不明 0.9％

次に，売上高に占めるOEM売上高の割合は，9割以上が20件で16.7%と一番多い。次に1割以上2割未満が15.8%，2割以上3割未満が14.9%，1割以下が14.0%，3割以上4割以下が10.5%と4割未満までで全体の55.2%を占めている（図表10－6）。既存の売上高とバランスを取りながら取引をしている企業とOEMに完全に依存している企業と二極化していることがわかる。

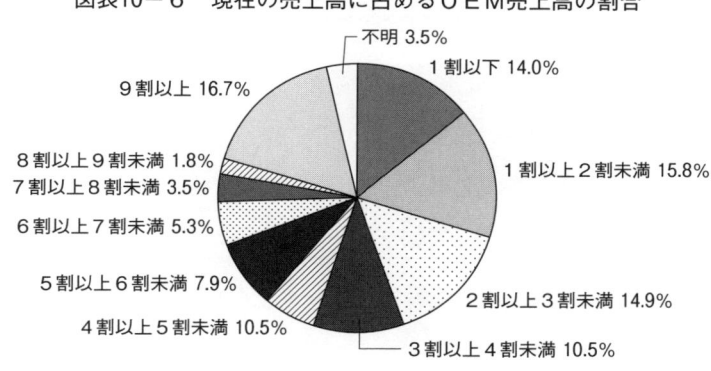

図表10－6　現在の売上高に占めるOEM売上高の割合

- 不明 3.5%
- 1割以下 14.0%
- 1割以上2割未満 15.8%
- 2割以上3割未満 14.9%
- 3割以上4割未満 10.5%
- 4割以上5割未満 10.5%
- 5割以上6割未満 7.9%
- 6割以上7割未満 5.3%
- 7割以上8割未満 3.5%
- 8割以上9割未満 1.8%
- 9割以上 16.7%

図表10－7は，OEMに取り組むことで発生した問題点である。「OEM先による売上高の増減」が最多の55件で，次が「納期短縮」の28件，「自社ブランド構築ができない」26件となっている。これらは，前節で取り上げたOEMの特性と同じ内容となっている。

2．事例

(1) 事例の概要

本章では，菓子製造業2社の事例を取り上げる。菓子業界は，長い歴史があり，消費者の食文化を支えてきた。しかし，最近の健康志向や安全志向などにより食生活が変化してきている。特に生活習慣病などによる肥満やメタボリックシンドローム（内蔵脂肪症候群）などにより菓子や甘いものを敬遠する傾向が子供から大人まで現れている。そのため菓子業界では，食材に油脂や甘味を

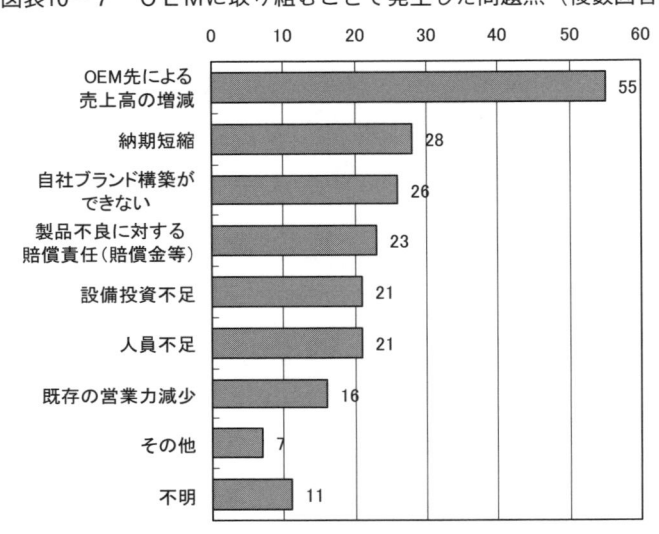

図表10-7　OEMに取り組むことで発生した問題点（複数回答）

OEM先による売上高の増減	55
納期短縮	28
自社ブランド構築ができない	26
製品不良に対する賠償責任（賠償金等）	23
設備投資不足	21
人員不足	21
既存の営業力減少	16
その他	7
不明	11

押さえたものを使用することで対応している。

また，日本銀行調査統計局の「物価指数月報[2006]」によると菓子の製造原価となる原材料費，包装費，加工費，配送費は，2000年を基準として108.5から196.4と大きく上昇している。その一方で販売価格は頭打ちであり，菓子販売の経営環境は非常に厳しい状況である。

(2) 事例1

①A社の企業概要

　A社は，1931年にM市で創業した製パン業が始まりで，1955年に先代が神戸より修行を終え帰郷して和菓子製造を手がけている。1971年，百貨店の開店にあわせて郷土菓子の土産品販売を開始する。ピーク時には1億円以上の売上高をあげていた。今では，ほぼ半分の5,500万円にまで減少している。そして，1995年に現在の社長（48歳）が就任している。

　売上が減少する中，2005年1月に中四国地方に多店舗展開しているB社より

OEM供給の依頼があった。B社は，A社と同じ菓子製造業であり競合企業である。しかし，企業規模が大きく違っており，A社は小規模企業である。B社のOEM依頼製品は，多品種同時包餡機により量産できる郷土銘菓であった。しかし，この量産機械を持っている企業は少なく，この銘菓を主力製品として製造している数社だけである。その他の企業は手作業により作っていた。A社が多品種同時包餡機を持ち機械による量産体制が可能であることが依頼理由の1つとなった。また，B社のこれまでの取引先が経営者の高齢化により廃業したことも要因となっている。

A社は，自社製品製造とOEM供給による機械稼働率向上と原材料コスト，調達コスト，製造コストを組織内の価値連鎖の主活動に取り組むことができると考えた。

②A社の具体的OEM戦略の展開

真空パックにより日持ちすることから，自社製品のみでは1週間に1回の機械稼働になるが，OEM供給を実施することで1週間に2回の機械稼働となり，生産性が倍増することになった。ただ，自社製品と同じ製品をOEM供給するのだが，箱詰め団子の本数を相手先仕様に変更しなければならない。B社は10本，16本，20本トレーを使用していた。A社は，8本，12本，16本である。そのため10本トレーを新たに在庫しなければならなくなる。この10本トレーを余分に持つことはリスクではあるが，反対に16本トレーは共有化できることになる。

A社の価値連鎖を表すと，**図表10−8**のようになる。購買物流から製造までの価値連鎖が，A社にとって原材料・副資材の共有化によるコストダウン，製造における量産による規模の経済が得られていることがわかる（**図表10−8**の濃いシャーディング部分）。さらに，OEM供給先B社の販売・マーケティング，アフターサービスの顧客情報収集にA社の営業配送員が直接関わることで，顧客が求める製品の大きさ（トレー本数）や陳列方法，接客手法，顧客管理に至るまで問題点を把握でき，OEM供給先B社への「協力体制のコミットメント」「共同の情報探究」「外部支援の確立」が行えている。

図表10－8　A社の価値連鎖

	購買物流開発	製造	出荷物流	販売マーケティング	サービス
OEM団子	B社より箱・包装紙供給	多品種同時包餡機により、OEMと自社製品を同時に生産	B社の直営店（お菓子物産館）へ出荷	B店舗における販売情報収集を行う	B店舗販売によるサービスノウハウ
自社団子	原材料・トレー・フイルム・箱・脱酸素剤		自社の直営店及び卸先店舗	自社販売員及び卸先店舗での販売情報	自社販売員及び卸先店舗での活用

出所：ポーター（Porter［1985］）を基に筆者作成

　2005年の2月からは，同じエリアでブランド力のあるB社店舗へのOEM供給を開始した。日々の菓子販売ではなく，進物・土産品を主力製品とする菓子店舗である。A社の団子の自社製品とOEM供給製品の推移は次の通りである。2005年2月OEM開始時の自社販売数量は8本入り，12本入り，16本入りの箱物合計で933個，OEM供給は，10本入り，16本入り，20本入り箱物で769個となっている。OEM供給先B社のブランド力と集客力は高く，販売店舗10店舗対1店舗の数値の差となって表れている。

　和菓子は，夏場の7月・8月は売れなくなる。また，OEM先企業B社が新製品発売や他の郷土銘菓に力を入れたテレビコマーシャルを秋口から行うようになった。そのためOEM受注数量が当初の計画数値を大きく下回り500個前後にまで落ち込むようになった。その後，数値は多少回復するが，現在では600～700箱ぐらいを推移する状態である。OEM供給を行うようになり機械稼働率が当初大きく上がったが，その後OEM先の受注数量は下がっている。機械稼働率は，2005年度の4月・5月の稼働率に比して下がってはいるが，OEM受注前よりも確実に機械を稼働させることができるようになった。

③新たな展開

　A社は，B社とのOEMで設備生産性・労働生産性がともに向上したことで自信ができ，生活協同組合マーケットへの商品の売り込みを開始した。まず，売上実績を積むことで，仕入担当者にA社商品を認知してもらい，生活協同組合マーケットオリジナル「10円饅頭」のOEM提案を行った。現在，週産30万個のレベルの実績をあげている。

(3) 事例2
①D社の企業概要

　初代社長が1946年に贈答用上菓子店をG市で創業し，1955年には乳菓が爆発的にヒットした。その後，中四国へと進出し，1965年，二代目となる社長（長男）と専務（次男）がG市とH市において会社を分割している。そのため，D社の販売網は，G市を中心とした販売網が主体となっていた。1996年に株式会社化し，D社の三代目が後継者になる。現在，G市に5店舗，他の隣接市に2店舗それぞれ直営店を運営している。このようなことから，売上をあげていくのは，非常に厳しい環境下にあった。

　今から10年前，包装資材メーカーから菓子の包装資材を販売するためにOEM生産の打診があったが，その時点では，自社の生産能力や業界のOEM動向がわからなかったためOEM生産は行っていない。今回，機械メーカーが自社のトンネルオーブンで焼くパイの売り先を紹介してきた。この機械メーカーは，1982年に生産技術を有する菓子のOEM事業を立ち上げていた。そして，機械の販売を行うかわりにOEMによる販売先を紹介してくれることになっていた。

　D社は，OEM実績のある企業の紹介であったため，OEMに積極的に取り組むことにした。また，生産シナジーを得ることができるOEM委託企業のマーケットが，大規模市場の東京であったことも決断するきっかけとなった。

②D社の具体的OEM戦略の展開

　D社がOEM供給を行うためには，機械購入が条件となり，設備投資1億円

が先行投資として発生することになった。1ラインの稼働（24時間）で菓子製造70～80万枚であったが，OEM先の要望は月最大生産量100万枚対応であった。売場も東京観光地を中心に展開して，追加ラインが発生した。そのため，7,000～8,000万円の追加投資となった。OEM供給を始めて2ヶ月の時点での追加投資である。

　D社は，OEM供給開始からすでに設備投資が2億円近くまでになっていたため，リスク管理とコスト管理を行う必要があった。そこで，D社は，OEM先の企業に対して新しい製品企画を出して欲しいと提案した。しかし，なかなか返事がなかったため，D社自身が新製品を開発してOEM取引先企業に提案して受け入れられた。そして，提案したその製品がヒットした。

　本来，OEMは，生産委託先提案の委託先仕様で作られるものである。しかし，D社は，自社で市場のニーズを読み，買い手（OEM先）の活動に対して影響を与え，価値向上につなげている。つまり，買い手の開発コストを削減して，買い手の売上実績を向上させているのである。

　D社は，OEM供給がスタートした2004年3月から2007年4月までの自社製品とOEM製品の販売数量の推移についてみると2004年度は，自社製品104万枚，OEM261万枚であった。2005年度は，自社製品149万枚，OEM241万枚であった。2006年度は，自社製品157万枚，OEM457万枚であった。2007年度4月までの数値は，自社製品51万枚，OEM158万枚である。自社製品に対するOEM製品の割合は，最小で1.6倍から最大で3倍の生産をしていることがわかった。新製品企画提案をした時期をみてみると数値が下がり出した際に，提案することで伸びている。

　さらに，菓子業界特有の季節変動による販売数量の変化が大きいため，本来，販売数量減少月である6月，9月，10月，11月にOEM供給を行うことで販売数量が高まり，機械稼働を一定以上まで上げることができている。また，製品開発力を自社内に取り込むこともできた。

　③新たな展開
　　D社はOEM供給の経験を活かして次々にOEM先を開拓していった。現在

のＯＥＭ取引先は10社以上になっている。取引先は，競合他社からレストラン・ホテル・居酒屋チェーンと水平的関係から垂直的関係へ展開しており，1社依存を避けている。そして，新たにアミューズメントテーマパーク会社との取引がスタートしようとしている。

(4) 事例の分析

　これまで，菓子業界のＡ社とＤ社のＯＥＭ戦略についてみてきた。この2社は同じ菓子業界であるが，歴史・店舗数・従業員・機械設備等すべての点で異なっている。

　Ａ社とＤ社は，自社生産の拡大がＯＥＭ参入の契機となっている。Ａ社とＤ社の持つ生産技術は，味・品質・素材加工・量産・パッケージ・ブランドネーミング等である。ＯＥＭ供給では，味・品質・素材加工・量産が，ＯＥＭ供給先に対してのコア技術となっている。Ａ社，Ｄ社ともにＯＥＭ供給に取り組む際に，取引先企業から求められたものである。ＯＥＭ供給開始後，Ａ社とＤ社のＯＥＭに対する取り組みが大きく変化していった。Ａ社，Ｄ社ともＯＥＭ供給先企業の戦略転換のリスクや需要変動のリスクを考え，ＯＥＭ供給先企業への販売・マーケティングにも関与していったのである。

　しかし，Ａ社はあくまでＯＥＭ供給先との関係性を維持するレベルに終始している。だが，Ｄ社は，市場別に戦略的なＯＥＭ展開を行っている。まずは，最初のＯＥＭ供給先市場である東京土産ギフト市場である。これは，需要変動リスクへの対応が目的であった。さらに，新たな供給先として北海道観光市場への展開を行っていく。これは，最初のＯＥＭ供給先企業の販売・マーケティングに関わることで企画提案のノウハウを習得し，それを活用することで得られた成果である。また，インターネット市場は，同じ機械で生産が可能なダイエットクッキーのＯＥＭ供給市場である。これもＤ社が既にインターネット市場で販売していたダイエットクッキーにヒントを得て，ＯＥＭ供給先を機械メーカーや包装資材メーカーに依頼した。すでに学習したノウハウを水平展開したものである。製品販売を実施する取引先に対して，自社の製品品質や工場

の安全性をアピールして，OEM供給の製品企画書を供給先へ提出したのである。これも，最初の東京土産市場で得たノウハウを活用したものである。

A社は，D社と同じOEM戦略に取り組んでいるが，設備規模・従業員数が零細であるとともに，マーケット市場がM市のみと限られた地域である。それよりも決定的な違いは，扱っている製品である。D社が取り扱っている製品は，パイ・クッキーなど日持ちのする製品である。しかし，A社の扱う製品は，一週間しか日持ちしない団子製品である。つまり，遠隔地への展開が難しい製品を扱っていることになる。現在の土産・進物においては，地産・地消及び安全性・鮮度が重視される。しかし，土産として持ち帰るための賞味期限の短さは，OEMを委託する企業に取っては製品採用の大きな障害となっている。

既に示したように，A社はOEMによる自社生産の拡大を図り，限られた市場での販路拡大に努めている。しかし，D社はOEMにより，規模の経済の追求や競合からの学習，リスク管理とコスト分担，抵コストでの新規市場参入，新たな業界もしくは業界内セグメントへの低コスト参入といった取り組みを行い，単なるOEMから戦略的なOEMへと発展させていることがわかる。

(5) 事例の考察

本章での事例企業の分析からすると，石井［2003］が言う「OEMは，一方のパートナーが開発・生産した製品を，他方が自社ブランドで販売すること」や山田［1992］の「OEMは，完成品を他のメーカーから調達し，それに自社ブランドをつけて販売すること」という定義と異なり，A社，D社ともにOEM供給だけでなく販売にまで積極的に関与していることがわかる。このことから，中小企業におけるOEMの成功要因は，「OEM供給側が開発・生産した製品を，他方が自社ブランドで販売するだけでなく，OEM供給側が販売にまで積極的に関与すること」と言えよう。

また，石井が示した図表10－1からは，OEMはパートナー間の知識共有や密接な協働はほとんど行われない。しかし，A社やD社は，パートナー間の知識共有や密接な協働に取り組んでいる。特に，D社は，リスクを回避するため

第10章　中小企業の競争とOEM戦略　231

図表10-9　機能的連関と提携プロジェクト

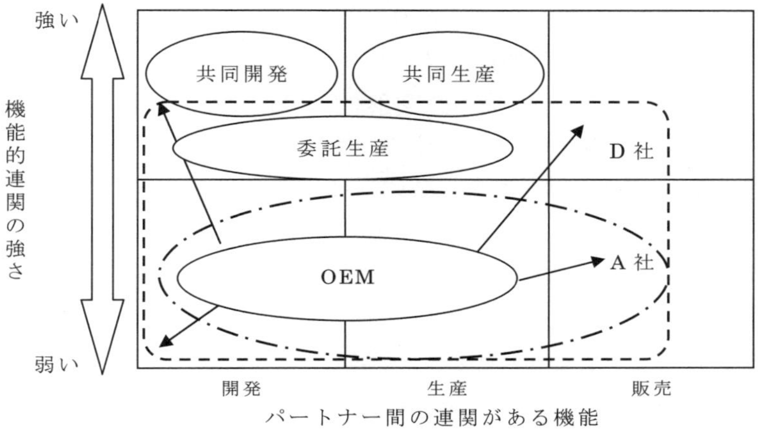

```
強い ↑
       ┌─────────┬─────────┬─────────┐
機      │ ( 共同開発 )│ ( 共同生産 )│         │
能      │   ╱      │         │         │
的      │  ╱       │         │         │
連      │ ╱  ( 委託生産 )    │   D社   │
関      │╱                  ↗         │
の      │                 ╱           │
強      │   ( ─ ─ OEM ─ ─ )  → A社   │
さ      │    ↙               │         │
       └─────────┴─────────┴─────────┘
弱い ↓    開発       生産       販売
          パートナー間の連関がある機能
```

出所：石井［2003］を基に筆者作成

にパートナー間の機能的連関を強めようという意図から，その関わりを積極的に持とうとしているのが事例からわかる。これを図表化したのが**図表10-9**である。A社（**図表10-9の点線で表示した円内**）及びD社（**図表10-9の点線で表示した枠内**）のように，OEM供給企業が開発・生産・販売までパートナーとの連関機能を持っていることがわかる。

Ⅳ　おわりに

　本章では，OEMについて菓子製造業の2事例を考察した。OEM戦略は，近年，中小企業が成長していくためには必要不可欠なものとなりつつある。しかし，物事には必ずメリットと共にデメリットが発生する。今回の事例では，A社では包装資材におけるコスト増が発生し，D社では2億円という大きな設備投資が発生している。つまり，OEMに取り組み，売上増加と製造設備の生産性向上を行っていくには，それに伴う新たなコストが必ず発生する。

　また，OEM化により組織構造が変化していくこともわかった。これは，O

ＥＭ先より求められる要求に応えるために組織そのもののレベルアップが図られ，かつ従業員教育も実施されるため，従業員のレベルアップも図られる。つまり，売上確保のために価値を生み出し，それが組織間で価値連鎖を起こしているのである。受動的ＯＥＭから能動的なＯＥＭが実施されることにより，戦略的なＯＥＭへと進化している。この戦略的なＯＥＭへの進化のプロセスでは，ＯＥＭ先からの学習とリスク管理，コスト分担に惹起されているところが大きい。

　本章では，中小企業の視点からＯＥＭを取り上げ，経営資源が制約された中，ＯＥＭ手法を能動的に活用していることが見出せた。このことから，戦略的なＯＥＭとは，「２社間の契約に基づき，共同で製品開発に関与し，一方が製品を生産，他方が自社ブランドで販売する。その際に，両社間が情報を共有することで，販売の領域にまで２社間で戦略的に関与する手法である」と再定義することができよう。

【参考文献】

[1] Barney, J. B. [2002] *Gaining and Sustaining Competitive Advantage, Second Edition.* Pearson Education. 岡田正大訳『企業戦略論—競争優位の構築と持続—下　全社戦略編』ダイヤモンド社，2003年。
[2] Porter, M. E. [1985] *Competitive Advantage,* Macmillan. 土岐坤・中辻萬治・小野寺武夫他訳『競争優位の戦略—いかに高業績を持続させるか—』ダイヤモンド社，1999年。
[3] Yoshino, M.Y. and Rangan [1995] *Starategic allaiances: an entrepreneurial approach to globalization,* Harvard Business School Press.
[4] 石井真一 [2003]『企業間提携の戦略と組織』中央経済社。
[5] 松行彬子 [2002]『国際戦略的提携—組織間関係と企業革命を中心として』中央経済社。
[6] 山田英夫 [1992]「製品ライフサイクルから見たＯＥＭ戦略」研究技術計画学会Vol7. No3。

　　　　　　　　　　　　　　　　　　　　　　　　（執筆担当：山本久美）

第11章 中小企業の競争とネットワーク戦略

I はじめに

　系列取引の見直しが進む国内市場や，高付加価値化が進展している海外市場との激しい競争に対応するため，中小企業では技術開発や新事業創造等が求められている。しかしながら，中小企業のすべてがこれらを容易に実現できる環境にあるとは言えない。経営資源に制約の多い中小企業にとって，1社単独では困難な分野への進出を促すネットワーク戦略は有効的な方策であると言われている。本章では，ネットワークを，何らかの目的を遂行するために2社以上の企業や組織が関連を持っている状態ととらえ，中小企業の戦略におけるネットワークについて考察していく。

　中小企業のネットワークは以前から存在しており，異業種交流や産学連携，さらには戦略的なネットワークづくりへと発展している。中小企業は分野が限られるものの，特定の技術やノウハウに長じているため，各社の経営資源を結集させることによって，小さな問題解決から壮大な計画まで取り組んできた。

　しかし，中小企業のネットワークによる相互作用に期待が寄せられているものの，ネットワークを形成しさえすれば，事業が自動的に成功するものではないことに留意しなければならない。近年，中小企業の異業種活動への参加企業は増加している一方で，異業種グループ数は減少傾向にある[1]。ネットワークは企業同士を単に結びつければよいというものではなく，企業間の連携をより重視していかなければならないのである。

　そこで本章では，中小企業のネットワーク戦略について，実際の中小企業が取り組んでいる事例を通じて，ネットワークを形成することによってどのようなメリットがあるのか，また，どのような点に留意しなければならないのかを

明らかにする。

Ⅱ 中小企業とネットワーク戦略の理論

1．ネットワーク戦略の基礎理論
(1) ネットワーク戦略の視点
　①資源依存アプローチ

　資源依存アプローチは，自社が保有しない経営資源を他社から調達するという考え方である。企業は自己完結的な存在ではなく，他社と関連を持った存在ととらえられている。これは経営資源に制約のある企業が自社にはない資源を他企業へ依存するという動機づけに注目したもので，この点で中小企業ネットワークを説明するために有用であると考えられる。

　しかし，資源依存アプローチの代表的な研究に，フェッファー&サランシック（Pfeffer & Salancik [1978]）があるが，彼らの資源依存の概念には，他社が自社の資源に依存することによって，自社が相手にパワーを発揮するという考え方が根底にある。この点で，中小企業ネットワークには該当しない面もあることに留意しなければならない。

　②制度化アプローチ

　制度化アプローチの代表的な研究に，スコット（Scott [1987]）がある。制度化アプローチは，自社がどこかの制度化された環境に属することによって，自社の存在の正当性や評判といった利益を受ける考え方である。ここでの環境とは，何らかの制約を課すだけではなく，その存在や行動に正当性や妥当性を与えるものである。

　中小企業であれば，地域の大企業との取引によって技術力のあることを間接的に誇示したり，中小企業ネットワークに積極的に取り組むことによって，活発な企業であるという評判を得たりすることがあげられる。

　③戦略的ネットワーク・アプローチ

　現実に，企業が経営環境に対して主体的に活動をする場合，資源依存および

制度化アプローチを同時に達成することができる。この意味において，資源依存と制度化はそれぞれひとつのアプローチに過ぎず，要するに，ネットワークを活用して競争優位性に導くことが望まれている。

戦略的ネットワーク・アプローチは，自社が競争優位を獲得するためのネットワーク構築を強調し，戦略的に各社の経営資源を組み合わせ，利潤を獲得することを目的としている。ここでは効率的なパートナーを探すことが想定されていることに留意しておきたい。

(2) 社会ネットワーク理論の視点

①ソーシャル・キャピタル

ネットワークに属することによって得られる効果に，ソーシャル・キャピタル (social capital) という概念がある。アドラー＆クォン (Adler & Kwon [2002]) によると，ソーシャル・キャピタルは社会的関係の構造によって生じ，活動を促進するために動員することが可能な信用 (goodwill) とされている。信用の源泉は，ネットワークを構成するメンバー企業（行為者）の関係の構造と内容にあって，効果はメンバー企業（行為者）が利用できる情報や連帯 (solidarity) である。

②多様性の実現

ネットワークの効果として，1社単独よりも多くの情報を得ることができ，結果，ネットワークとして多様性を実現することができる。ネットワークによって新たな情報にたどり着くことが可能になるのは，従来にはなかった関係が形成され，その経路を通じて情報が流れるようになったからである。

バート (Burt [1992]) は，自社と他社の間に関係が存在しない状態のことを構造的空隙 (structural holes) と呼び，この空隙を埋めることによって，他の企業やネットワークと関係を結んで新しい情報や資源を獲得できるとした。

他社（人，ネットワーク）とのつながりが情報入手や資源獲得を高めることについては，グラノベッター (Granovetter [1973]) が弱い紐帯 (strength of weak ties) の重要性を指摘している。弱い紐帯とは，普段あまり接すること

のない企業（人，ネットワーク）とのつながりである。グラノベッターによる転職時の情報提供者の調査によって，弱い紐帯のほうが転職に有益な情報を提供したことが明らかになっている。弱い紐帯は，普段はあまり関係のない企業（人，ネットワーク）であり，周辺部として軽視しがちであるが，新たな機会の提供やコミュニティへの統合のためには重要な役割を担うのである。

③ネットワークの制約

　グラノベッターが説く弱い関係性のメリットは，逆に，強い関係性のデメリットを提示している。グラノベッターは，強い紐帯が局所的な凝集性を生み出すために，全体として関係の強いもの同士で断片化してしまうことを指摘している。つまり，ネットワーク内のメンバーがあまりに関係が強すぎると情報入手性が弱まり，結果としてネットワークでもたらされる多様性が阻害されるのである。

　オルドリッチ（Aldrich [2007]）は，ネットワークにおけるメンバー間の関係がネットワーク拡大の制約となることについて，次の3点をあげた。ひとつめは，個人のネットワークはほとんど多様性を持たないということである。人種や年齢といった属性がほぼ同質的であると，ネットワークの多様性は乏しくなる。ふたつめは，ネットワークの境界が社会関係の発生を制限することである。これは，ネットワークへの社会的な参入障壁である。密度の高いネットワークが存在していることは，新たなメンバーがそのネットワークに参画するために多くの労力を要することを意味する。慣習の理解，信頼関係の構築といった多くの取り組みが求められるのである。最後は，ネットワークの個人や企業はその合理的意思決定には限界があり，一定の範囲内での関係づくりをしてしまうために多様性が制約されることである。新たなネットワークへの加入を推薦してくれたり，仲介してくれたりするような不確実性を減らす仕組みがなければ，新しい関係づくりは促進されないのである。

2. ネットワーク戦略の具体的展開
(1) 異業種交流

　異業種交流は1970年代から始まり，1980年代になって制度面の整備も進んだため，全国で盛んに形成されるようになった。異業種交流は，各社の技術やノウハウを出し合って情報交換したり，さらには新製品・新技術開発へと発展したりするものもある。異業種交流には，メンバーが集結し，その後に自社紹介を終えてから異業種交流会で何をしていくのかを明確にすることもあるが，成功する異業種グループを考察すると，設立当初から目的や役割分担を明確にしておくことが重要だと言える。

　特に，異業種交流は本業の傍らで実施することから，中小企業の経営者は活動を通じて何かを得て，自社へ還元できなければ異業種交流の価値を見出すのは困難である。異業種交流に価値を見出せなければ，単なる「お食事会」程度の位置づけになり，結果として，参画意識が弱まってネットワーク自体が機能しなくなるからである。

(2) 産学連携

　中小企業にとって，大学等や公設試験研究所とのネットワークを構築する産学連携も，経営資源を補完する重要な取り組みである。中小企業のなかには研究開発部門を持たないものも少なくない。大学や公設試験研究所等との協力関係によって，自社だけでは実施が不可能な実験や測定が可能になるため，産学連携にはイノベーションの実現を高める効果が期待されている。

　わが国では，1990年代から産学連携の法制度の整備が進み，多くの大学に技術移転機関（ＴＬＯ：Technology Licensing Organization）や共同研究センターが設置された。しかし，中小企業はいまだに連携相手の大学等に敷居の高さや，自社にとってメリットがあるのかどうか疑問視したりと，産学連携にあまり良い印象を持っていないという問題がある。今後，大学等が技術相談しやすい環境づくりを提供することが課題としてあげられる。

　これまでの産学連携が大企業中心であったのと，研究者レベルで展開される

ことが多かったことも、中小企業に対して大学等の敷居を高くする要因であった。今後、産学連携の効果を高めるためには、研究者レベルで実施されていた産学連携を、ＴＬＯ等の学内部門を活用しながら組織レベルへ発展させることも求められている。

たとえば、最近では産学連携を推進するために、大学等は県や市、地域の中核企業、銀行等と包括的提携を結び、その地域の学術的な知を積極的に地元経済へ還元する試みが行われている。このように、産学連携は地域全体をも巻き込んだネットワークによって発展しようとしており、地域経済の担い手である中小企業は活躍の機会が広がりつつあるのである。

Ⅲ 中小企業におけるネットワーク戦略の実際

1．事例の概要

中小企業のネットワーク活動は、先にあげた異業種交流や産学連携をはじめ、海外展開する国際ネットワークや情報ネットワークによる連携など、さまざまな形態がある。本節は形態ではなく、中小企業がネットワークを形成することによる利点について考察していきたい。なかでも、前節までに議論した、ネットワーク戦略や社会ネットワークの理論から、資源の相互補完や評判を獲得することや、情報入手性や多様性を高めることについて注目したい。

事例の対象とするのは、輸送業を営む中小企業である。輸送業でも仕事の受注競争が激しく、単に荷物を運ぶだけではなく周辺部分にも仕事の幅を広げてきたが、さらに範囲を広げるために中小企業ネットワークの構築に至った[2]。

2．事例の内容

(1) (株)ネストの概要

(株)ネスト（以下、ネスト）は1964年に創業した運送業に従事している中小企業である。事業構成は、60％が家具輸送、20％が食品輸送、その他が20％である。顧客は8割強が法人契約で、残りの2割程度が引越を中心とした個人顧

客という構成である。

　ネストは，家具輸送や引越といったサービスにおいて，模様替え，掃除，エアコン等の販売を実施するなど，付加価値を高めたサービスを提供してきた。そして近年，企業の引越やリフォームの需要が増加し，その受注単価が一般顧客よりも高いことが判明したために，法人向けのサービスを強化することが望まれており，法人顧客をいかに取り込むのかが課題となっていた。

(2)　ネットワーク設立の経緯

　一方で，ネストは中小企業家同友会の異業種交流会に参加していた。異業種交流において，「自分の会社の顧客を，みんなの顧客にしよう」というスタンスで話し合いを進めるなか，ネスト社長の迫慎二氏は「『運送』を軸に考えると，たくさんの仕事がある」という点に注目した。

　実際に，事務所の引越や移転には，事務機器以外にも配線，パーテーション，移転はがき，自社パンフレットの刷り直しのための印刷，不動産など複数の業者が関係する。引越をする企業では，各業者と交渉・発注を行う総務関係の部署は数社と連絡をとるため，事務手続きが煩雑になる。業者も，自社の仕事を優先するため，他社の仕事には関心を払わないので，実際は関連する仕事であっても連携が取れていなかった。

　そこで，これらの仕事を運送を軸にして，建設業界のジョイント・ベンチャーのように，中小企業でまとめてできないかと考えたのである。もちろん，中小企業で構成するネットワークなので，企業間の関係は支配－従属ではなく対等な立場で活動することが志向された。この考えに賛同した企業26社でスタートしたネットワーク活動は，現在35社にまで拡大している[3]。

　中小企業ネットワークによって，トータルでビジネスをサポートするサービスを提供するために設立されたこの取り組みは，**図表11－1**に示す目的や目標を達成するためである。共通して言えるのは，業種を超えた協力関係の構築がこれまでにない顧客や仕事を各企業にもたらし，提案力のある企業へ成長するための可能性を提示するものだということである。

図表11-1　ネットワークの目的・目標

1	効果的，効率的な顧客への接近
2	利益の共有と公平化の実現
3	販売チャネル拡大・流通開拓のリスク低減
4	業界にない新しい価値の創造
5	業界を超えた顧客の拡大
6	品揃えの充実化と販売規模拡大
7	顧客満足度（CS）の向上

出所：ネスト，ヒアリング調査資料より。

(3)　ネットワークの特徴と利点

　このネットワークは，運送を基軸としたサービス・ネットワークを中小企業で構築しているが，組織体として法人格を持たせていない純然たるパートナー企業の集合体である。協同組合や株式会社にする中小企業ネットワークも多いが，ここでは特に法人格にこだわっていないのである。
　メンバー企業には，不動産，オフィスレイアウト，電気工事，LAN構築，カギ，什器，OA機器，不用品リサイクル，保管業，印刷業等々が参加している。例えば，不動産業者は移転や事務所開設を希望する企業へ物件の斡旋を行い，それにともなってレイアウト業者は移転先のオフィスのデザインを行い，合わせて情報ネットワーク業者が社内LANの構築をしたり，他企業が什器を整備したりしながら，各社でまとまって仕事を展開するのである。
　このネットワークには，メンバー企業への動機づけを維持する工夫として注目すべき点がある。このネットワークでは，新たな受注をした企業が中心となって仕事の調整を行っていくのである。35社いるメンバーは，それぞれが営業を行って顧客を獲得し，その仕事内容をメンバーに電子メールで流し，受注可能な企業が仕事に参加する形態をとる。そして，メンバーが揃って顧客と打ち合わせを行っていくので，仕事全体の調整がスムーズに展開される。他社と連携しながら，自社領域の伸長を図っている。

また，メンバー間のコミットメントの維持として月例会が開催されるが，これも本業に支障のないように午前7時から8時半までとなっている。その他，電子メールによる全体の情報交換はもちろん，その仕事毎のやり取りも局部的に活発に行われている。もちろん，メンバー間の関係は対等性が尊重されているのは言うまでもない。

(4)　ネットワークの事業性

　このネットワーク活動には，顧客が業者の窓口をひとつにして交渉できるメリットがある。法人が事務所を移転する場合，当該企業は各業者との交渉等の煩雑な事務処理や，それぞれの業者毎に仕事を任せるために値引き交渉もままならないという問題があった。この活動では，これらの問題について，担当企業に一元化することができる他に，値引き交渉も引越に関連する費用を全体として計上するため，各社が値引きに応じやすくなる利点があるのである。これは顧客にとっても重要なサービスである。

　事業そのものが提供するサービス内容でも，このネットワークは従来の大手企業が行ってきたオフィス関係のサービス提供よりも，以下の点で内容的な優位さを発揮することができる。まずひとつめは，顧客の要望に忠実なことである。オフィスの引越であれば，事務機器は大手メーカーが推奨する製品から選択するしかなかったものの，各メーカーと取引のある中小企業だと，顧客の要望にあったものをメーカーの枠を超えて提供することができる。次に，価格面についても，大手のメーカーが推奨するものをそのまま購入するよりも，それぞれの分野で日々営業している中小企業を通じて交渉するので，低価格を実現できる利点がある。このネットワークが取り組んでいる事業には，大企業が主体となって提供してきた従来のサービスよりも，価値のあるものを顧客に提供できるという事業自体の強みがあるのである。

　また，事業自体が停滞しないようにする仕組みに，共同受注による仕事量の確保があげられる。もともと参加企業にはそれぞれの顧客がおり，このネットワークを通じて，それぞれの顧客を共有し合うことで引越に関する情報入手性

図表11－2　事例における事業性のポイント

顧客ニーズの充足	窓口の一元化
	顧客の要望に忠実
	価格交渉の融通
事業の維持	共同受注による仕事確保
	仕事内容の陳腐化防止

出所：筆者作成

を高めているからである。企業ネットワークを構築することによって，ネットワーク自体の事業である引越関連の情報入手性を高め，その活動を維持することができるメリットは，当然のこととは言え重要である。

さらに，このネットワークの重要な点としてあげられるのは，ネットワークを通じて提供するサービス内容が，それぞれの中小企業が専門とする内容であるため，その内容の陳腐化を防止でき，高度なサービス提供を可能にしていることである。引越に関する情報入手は各社で行うが，それにともなう仕事はそれぞれの専門分野で行うため，本業での収益にできる。この点は経営資源に制約のある中小企業のネットワーク活動を継続させる上で重要である。

以上の事業性のポイントをまとめたものを**図表11－2**に示す。

3．事例の分析

事例のネットワーク活動は，運送という基軸事業を基にして，その補完事業についても幅広く中小企業を募って，ネットワーク組織で対応する取り組みであった。事例の内容を考察して，ネットワーク戦略の基礎理論で取り上げた，ネットワーク戦略における経営資源の相互補完と制度化による評判や正当化の実現や，社会ネットワーク理論における情報入手性や多様性を高めることが確認できた。

まず，ネットワーク戦略における，資源依存アプローチの資源の相互補完は分かりやすい。事例で取り上げたトータルサービスを1社単独で実現すること

は，きわめて困難である。運送業を中心として，その周辺の仕事を他社の資源に依存することによって成立するサービスであるのは明らかである。この意味で資源依存というネットワークの利点は満たされている。次に，制度化について考察すると，中小企業家同友会の異業種交流会が母体となっているため，ここで活躍したり積極的な活動を展開したりするのは，当地域において高い評判を生み出すことにつながりやすい。実際に，地元経済ニュースや全国の取り組み事例でも取り上げられることによって，参加メンバーは自社を正当化することが可能である。さらに，正当化や良い評判を得ることによって，自社をはじめネットワーク全体の士気を高める効果もあるし，それが同友会の他企業の刺激にもなるのである。

　次に，社会ネットワーク理論におけるひとつめの項目の情報入手性を高めることが確認できた。事例は，35社という多くの中小企業で構成されたネットワークであり，なおかつ受注毎に取り組み企業が入れ替わる柔軟性を持っている。他企業と接することだけでも，自社の業界にはない意見を取り入れることができる可能性があるし，ネットワーク活動を通じて，1社単独では実現困難な顧客を紹介されたり，仕事を得たりすることが可能になっている。多様性についても，受注毎に参加メンバーで顧客と交渉するため，他社の仕事を目の当たりにする機会が増え，今後の自社の事業展開への手がかりを得ることが可能になる。

　さらに，事例のネットワークにおける事業性について考察を行うと，頓挫しやすい中小企業ネットワークの弱点を，柔軟な体制づくりで克服していることが分かった。この事例は，ネットワークが本来持つ，どこか一部分が分断されても，他の経路を活用することで機能不全に陥ることがないという柔軟性を，アドホックな組織体制で対応することによって実現していた。次に，ネットワークの事業自体も，大企業のサービスとの差別化を念頭におき，中小企業が連携することによって何が可能になり，それらが顧客にどのような価値を提供できるのかを明確にしていたことは重要であった。

　以上のことから，中小企業のネットワークを考察するためには，ネットワー

図表11－3　中小企業ネットワークの考察軸

ネットワーク戦略　　社会ネットワーク理論

事業性の視点

出所：筆者作成

ク関連の理論による資源依存や情報入手性を高めるだけではなく，ネットワーク活動における事業についても考慮しなければ，活発な中小企業ネットワークの展開を論じきれないと言えよう。つまり，先行研究で取り上げたネットワーク戦略や社会ネットワーク理論という軸とともに，ネットワークの事業性という軸からも考察する必要があるのである（図表11－3）。

4．事例の考察

　中小企業ネットワークについて，ネットワーク戦略，社会ネットワーク理論，事業性の視点という3つの軸から考察することが重要であると指摘した。それぞれの軸において，どのような点に留意することで中小企業ネットワークは活発に展開されるのであろうか。

　まず，ネットワーク戦略において，経営資源の相互補完や制度化による評判や正当化を実現するためには，メンバーの持つ経営資源の相互連関性を考慮した企業間の関係性やパートナーシップの醸成が重要になると考えられる。企業の関係性では，各社がどのような資源を持っており，それらをどのように結合させて独自のサービスや技術開発を実現させるのかという問題である。単に，今まで関連のあった企業だから一緒に組もうというのでは，ネットワーク活動は成立しにくいだろう。

　パートナーシップについても，大企業と中小企業という支配－従属関係ではなく，対等な関係であることは重要である。特に，異業種交流のような取り組みは，下請的な仕事に従事している中小企業が，自立した経営活動を展開する

企業に成長することを目的としていることが多い。この場合，主体的にネットワーク活動に取り組むことがなければ，自社製品を開発したり新事業創造に成功することが困難であると考えられるからである。

次に，社会ネットワーク理論においては，ネットワーク構築による情報入手性や多様性の高まりを維持することが重要となる。情報入手性や多様性を維持するためには，グラノベッターが指摘しているような，弱い紐帯の重要性の認識が求められる。弱い紐帯は，今までにない新しい情報をもたらす可能性が高いため，ネットワークの活性化を維持するために必要なのである。また，新たな情報を継続的に入れるためには，バートの構造的空隙についても考慮しておく必要がある。ある企業との関係が発生したことによって，その企業が背後に持つ多様な企業群の資源にもアクセスが可能になるからである。

さらに，強い紐帯による過度の同質性を回避することも軽視してはならない。関係性の強い企業とのネットワークは価値観も行動様式も似通っているため，活動しやすい利点がある。ネットワークの活動が安定的で長期にわたって継続している場合，強い紐帯は効力を発揮する。しかし，ネットワークの事業が立ち行かなくなりつつある場合，紐帯を弱めて情報入手性や多様性を高めることによってネットワークの維持を図る必要がある。

最後に，ネットワークの事業性について考慮しなければならない。上述したように，資源の連関性やパートナーシップ，新情報や多様な価値観や技術によって，ネットワークで継続可能な事業を構築しなければ，ネットワークの事業が活発に展開されないからである。中小企業のネットワークが活発に展開されるには，顧客に確実に価値を提供する基軸事業の他，容易に事業が機能しなくならないように，メンバーの代替性や潜在的な顧客を獲得できる構造的空隙の存在，ネットワーク活動に積極的に参画するメンバーが求められる。

以上の点に留意することによって，中小企業ネットワークは活発に展開され，メンバー企業はメリットを享受することができ，事業にも継続して取り組むことが可能になるため，ネットワーク活動を通じてさまざまな経験や利益を得ることができるのである（図表11－4）。

図表11－4　中小企業ネットワーク展開の留意点

ネットワーク戦略	企業の関係性（資源の連関）
	パートナーシップ
社会ネットワーク理論	情報入手性
	多様性
事業展開	事業性

出所：筆者作成

5．企業成長とネットワークの発展

　ネットワーク活動を通じて，各企業は経験や利益を享受しながら成長を図っている。同時に，構成メンバーがそれぞれに成長することによって，ネットワーク全体としても発展を遂げていると考えることができる。

　事例のネットワーク活動では，小さなネットワークが受注に応じて形成され仕事を遂行していた。その都度，元請として中心的な役割を担う企業は変わるので，企業は受注によってそれぞれにネットワーク内の調整役をこなさなければならない。顧客の要望をもとにメンバー間の調整を行うことは，1社単独で本業に携わるだけでは得られない経験である。本業以外の活動に取り組むことによって，情報入手性を高めて多様性を得ているのである。

　これは事例に限らず，他の中小企業のネットワークについても言えることである。中小企業のネットワークはすべてが容易に展開するわけではなく，様々な難局に直面しながら試行錯誤を繰り返して存続している。すぐに成功するものもあれば，なかには頓挫してしまう取り組みもあるだろう。現実には，これらを反復しながら自立的な経営能力の実現を目指していると言え，これは**図表11－4**のように示すことができる。

　ネットワーク活動を存続させるためには，企業の関係性やパートナーシップ，情報入手性，多様性，事業性に留意する必要があることを先にあげた。各項目を実現させるためには，同じメンバーで再度ネットワークを組む場合もあれば，新しいメンバーを追加することもある。ネットワーク自体は内部の企業

図表11-4　反復的なネットワークの展開

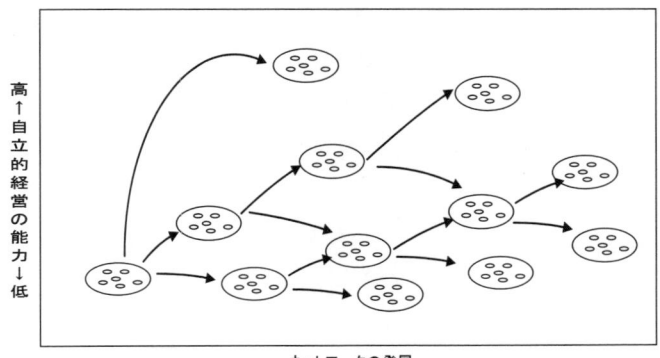

（縦軸：高↑自立的経営の能力↓低　横軸：ネットワークの発展）

出所：筆者作成

間関係の強弱を繰り返しながら発展している。つまり，ネットワークを維持するために情報入手性や多様性を高めたい時は，弱い紐帯のメリットを得るために企業間関係を弱め，一方で，活動が実行に移行してメンバー間の意思統一が求められる時は，強い紐帯のメリットを得られるよう企業間関係を強めることが望まれるのである。

　以上のことから，企業成長とネットワークの発展について**図表11-5**のようにまとめることができる。中小企業はネットワーク活動の段階に応じて企業間の関係を強めたり弱めたりしながら，徐々に企業成長をしていると考えられる。つまり，中小企業は他のメンバーとのネットワーク活動を通じて，関係の強弱を経ながらスパイラル・アップというかたちで，自立した企業に向けて成長しているととらえることができる。そして，メンバーがそれぞれに成長することは，全体のネットワークとしての発展にも寄与しており，ソーシャル・キャピタルを高める効果もあると言えるのである。

図表11-5　企業成長とネットワークの発展

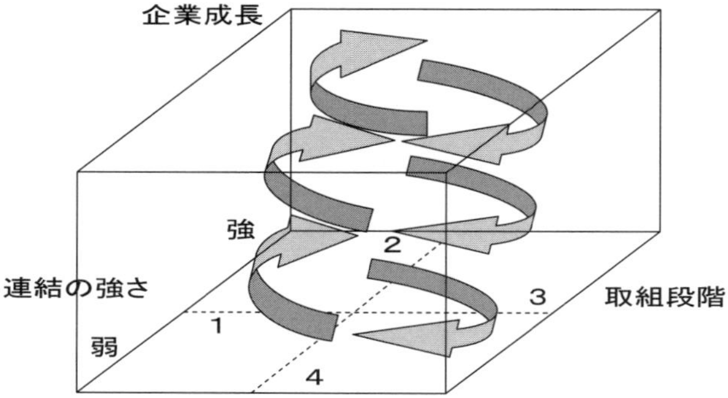

出所：筆者作成

Ⅳ　おわりに

　本章では，中小企業のネットワークについて考察してきた。ネットワークを構築することによって，さまざまな経営資源や情報を手に入れたり，1社単独では困難な取り組みにも参加したりすることはできる。しかし，もともと経営資源に制約のある中小企業によるネットワーク活動は容易ではなく，メンバー企業が持つ資源の結合の困難さや，新しい情報が入ってこないといった問題が生じており，結果として頓挫する中小企業ネットワークも少なくない。

　だが，中小企業には自立した経営活動の実現が望まれているのも事実である。自立経営は一朝一夕に為せるものではないが，中小企業がネットワーク活動を通じて，下請的業務では経験できない商品開発や他企業との連携作業などに取り組むことは可能である。この意味においてネットワーク活動は，中小企業が自立した経営ができるように成長する可能性を高める存在であると言えるのである。

　最後に指摘しておきたいのは，事例のネットワーク活動が単なる経済的意欲に基づく取り組みではなく，メンバー相互の利益をもたらすような意識も働いていたことである。もちろん，ネットワーク活動が維持されていくうえで，メ

ンバー企業が認識する経済的なメリットが重要なのは言うまでもない。しかし，ネットワーク活動は，自社が率先して活動を行う利他的な意欲に成り立っていることも忘れてはならない[4]。つまり，共通理念のような，メンバーの行動規範となる相互の認識が浸透していることも，中小企業ネットワークには必要なのである。

【注】

1) 異業種グループ数と参加企業数ついては，中小企業庁［2003］，中小企業基盤整備機構［2007］より。
2) 本事例は，中小企業がどのようにネットワーク活動を展開しているのかを考察したものであり，事例のネットワークの優劣について考察したものではない。
3) 参加企業のなかには，中小企業11社で形成したネットワーク企業も含まれている。中小企業ネットワークのなかに，さらに中小企業ネットワークが存在しているのである。これは，地域内にネットワークが多重的に形成され，参画する企業の多様性や情報入手性を高めていることを示している。
4) この点については，ネストへのヒアリング調査によって確認している。その他の中小企業ネットワークにおいても指摘されることの多い項目である。

【参考文献】

[1] Adler P. S. & Kwon, S-W [2002] "Social Capital: Prospects for a new concept" *Academy of Management Review*, Vol.27, No.1, pp.17-40.
[2] Burt, R. S. [1992] *Social Structure of Competition*. Harvard University Press. 安田雪訳『競争の社会的構造』新曜社，2006年。
[3] Granovetter, M. S. [1973] "The Strength of Weak Ties" *American Journal of Sociology*, Vol.78, No.6, pp.1360-1380.
[4] Pfeffer, J. & Salancik, G. R. [1978] *The External Control of Organizations*, New York: Harper and Row.
[5] Scott, W. R. [1987] "The Adolescence of Institutional Theory", *Administrative Science Quarterly*, Vol.32, pp.493-511.
[6] オルドリッチ［2007］「起業家と社会関係資本」（若林直樹訳）『組織科学』Vol.40, No.3, pp.4-17.
[7] 中小企業基盤整備機構［2007］『異業種交流グループ情報調査報告書』。
[8] 中小企業庁［2003］『中小企業白書2003年度版』ぎょうせい。

（執筆担当：木村　弘）

第12章 中小企業の競争と環境経営戦略

I　はじめに

　今日の環境問題は，過去のいわゆる公害問題と異なり，企業や市民のあらゆる活動自体が原因主体となりうる広範囲で総合的な問題となっている。

　近年の企業経営はグローバル化が進展しており，経済社会の持続可能な発展のため，国内外から環境問題への対応という社会的責任が強く期待されるようになってきた。循環型社会に向けた法整備も進められ，地球環境への配慮を企業へ迫る外的圧力も日増しに高くなっている。

　しかし多くの企業では，いまだ環境問題への対応＝コストの増大という考え方が根強く残っている。法規制への対応のみならず，経営自体の環境対応＝環境経営ができなければ，やがて市場から排斥される可能性が高い。今や環境問題への対応は，大企業だけでなく中小企業においても重要な経営課題であり，これまでのような対処療法ではなく，根本的な対応が求められている。

　このようななか，ＩＳＯ14001の認証取得など環境マネジメントシステムを構築し，積極的な環境経営戦略の実践に取り組んでいる先進的な中小企業も見られる。しかし，その成果を実感している中小企業経営者は少ないという現状にある。中小企業の環境経営戦略を意義あるものとするためには，経営者が環境経営戦略に対する本音と建前の間で自己矛盾に陥ることなく，その成果が実感できるか否かにかかっている。

　経営者が成果を実感できない理由は，環境経営戦略に期待する成果の種類（マインド，マネジメント，プロダクト）の不明確さに依存する問題であり，目標とすべき成果の選択にかかわる戦略的経営課題が横たわっている。

　そこで本章では，環境経営戦略の成果と課題を整理して分類し，環境経営評

価モデルの活用による有効な環境経営戦略のあり方について考察する。

Ⅱ 中小企業と環境経営戦略の理論

1．環境経営戦略の基礎理論

(1) 企業活動と環境問題の基本的視点

地球温暖化問題，廃棄物・リサイクル問題，化学物質管理問題等，地球環境に対する社会的関心が高まり，環境法規制の強化や環境保全に対する社会的責任への期待など，企業を取り巻く制約は徐々に高まっている。

図表12－1　企業活動と環境問題の基本的視点

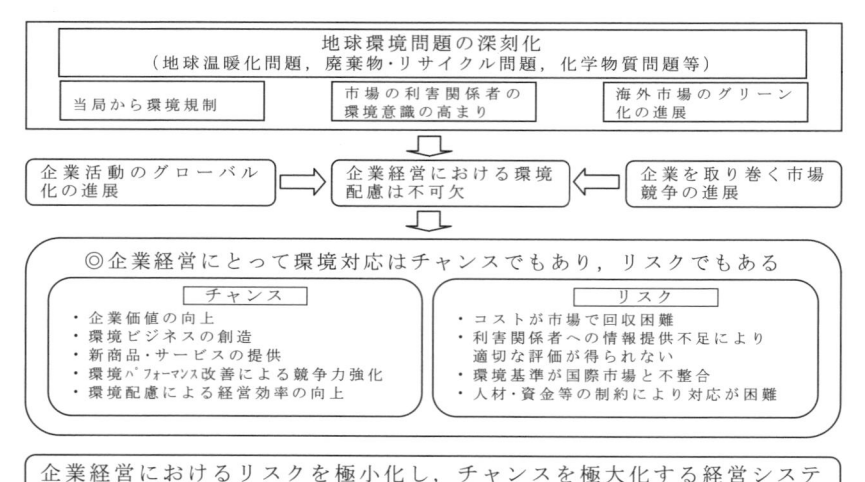

```
┌─────────────────────────────────────────────────┐
│           地球環境問題の深刻化                    │
│  (地球温暖化問題，廃棄物・リサイクル問題，化学物質問題等) │
├──────────────┬──────────────┬──────────────┤
│ 当局から環境規制 │ 市場の利害関係者の │ 海外市場のグリーン │
│              │  環境意識の高まり  │   化の進展      │
└──────────────┴──────────────┴──────────────┘
                        ⇩
┌──────────┐    ┌──────────┐    ┌──────────┐
│企業活動のグローバル│ →  │企業経営における環境│ ←  │企業を取り巻く市場│
│ 化の進展       │    │ 配慮は不可欠    │    │ 競争の進展     │
└──────────┘    └──────────┘    └──────────┘
                        ⇩
   ◎企業経営にとって環境対応はチャンスでもあり，リスクでもある
   ┌─── チャンス ────┐    ┌─── リスク ────┐
   ・企業価値の向上         ・コストが市場で回収困難
   ・環境ビジネスの創造       ・利害関係者への情報提供不足により
   ・新商品・サービスの提供      適切な評価が得られない
   ・環境パフォーマンス改善による競争力強化 ・環境基準が国際市場と不整合
   ・環境配慮による経営効率の向上  ・人材・資金等の制約により対応が困難

   企業経営におけるリスクを極小化し，チャンスを極大化する経営システム
   や経済社会システムの再構築が必要
```

出所：経済産業省産業構造審議会資料 [2003]，p.12 を基に筆者作成

個々の企業が，環境的な制約をビジネス・チャンスとみるか，あるいは経営を圧迫するリスクとみるかで，企業経営の成長の方向性が大きく異なってくる。企業に求められる環境問題に対する社会的責任と，企業としての経済性を

どう両立させていくかは，きわめて大きな経営課題である。

　環境的な制約が強まるなか，中小企業においても環境問題へ自主的に取り組み，環境リスクの低減とビジネス・チャンスの拡大を図ることにより，競争環境のなかで優位性を発揮することが期待されている（経産省［2003］，pp.8-12)。中小企業においても，環境問題への対応が社会的責任として避けられないのであれば，これを前向きに捉え戦略的に事業機会として活かす必要がある。

(2)　環境経営戦略とは何か

　環境省［2002］によれば「地球環境への負荷を削減して社会に貢献するとともに，環境を新たな競争力の源泉ととらえ，効率的に企業活動を行うこと。環境に関する経営方針の制定，環境マネジメントシステムの構築や環境報告書・環境会計の公表などを行う」と定義している。また環境庁［1999］では，環境経営の取組姿勢として環境経営を4つのグループに分類している。鷲尾［2001］によると，企業の環境対応は「すべてが上記4つのタイプの一つに割り当てられるものではなく，それぞれのタイプが横断的または複合的に対応する組織もみられる」と論じている（p.146)。鈴木［1999］，鷲尾［2002］ほかも環境経営について論じている。どれも環境責任・貢献を至上として実践しつつ，企業目的である利益の実現をも図る企業経営としている。

　しかし，これらの概念は明確に定着しているわけではなく，使用者によってその概念は異なるが，基本的な部分はほぼ共通している。これらをまとめると環境経営戦略とは「企業の経済性，存続性を損なわずに，環境負荷の低減を図りうる企業経営を行い，地球規模の環境影響に配慮する共生的思想（価値観）をベースとした戦略概念」と言うことができる。

(3)　環境経営戦略における環境マネジメントシステム（EMS）の位置づけ

　環境庁［1996］ではEMSについて，「環境経営を行うための重要な一手法であり，環境経営にはEMSのような環境保全努力の成果を評価するシステム

が必要である」と論じている。鈴木［1999］は，この環境庁の考え方を発展させ「EMSは環境経営を行う手段の一つであるが，環境面のみでなく，社会からも承認されるEMSを構築することが重要」と指摘している（p.23）。また金井［2003］は，「EMSとは，環境の切り口から組織の基本理念や行動原則などを明確にし，そのミッションをもとに組織行動を起こすマネジメント手法」と定義している（p.92）。

図表12－2　企業の環境マネジメントシステム概念図

環境	戦略的な意思決定	マネジメントシステム	ディスクローズ	環境
ステークホルダー（消費者，親企業・下請等） 社会・経済 自然 その他	事業機会 環境側面 環境リスク などの**認知**	（ISO14001など） 方針，目的・目標 P→D→C→A 環境コストの把握 など（内部コミュニケーション）	環境報告書など	ステークホルダー（消費者，親企業・下請等） 社会・経済 自然 その他
	インプット	(外部コミュニケーション)	アウトプット	

出所：筆者作成

　企業において，EMSを導入することは環境経営戦略を実践していく上で非常に重要であり，EMSは環境経営戦略の骨格といえる。そしてEMSは，環境面と社会面の配慮が不可欠で，さらに組織の環境に対する基本理念や行動原則を表明することであり，その表明に基づきマネジメントを行っていく環境経営の一手法である。またEMSは，大企業だけでなく中小企業にも適用でき，環境経営戦略の実践ツールとして有効な手段といえる。

2．環境経営戦略の特性
(1)　経営者のコミットメント
　環境経営戦略の構築および実践を行う上で，最も重要なのは経営者のコミットメントである。ＳＷＯＴ（Strength：強み，Weakness：弱み，Opportu-

nity：機会，Threat：脅威）分析に従えば，環境問題は企業にとって脅威ではなく，機会ととらえる姿勢が必要である。さらに，コンプライアンス重視で環境規制だけをクリアすればよいという考えから脱却し，イノベーションの発揮により，環境問題を新たな経営資源のひとつとする積極的な考え方が求められる。

戦略目標を設定するだけでなく，目標達成に向けた全社的な取り組みを行うためには，経営者自らがリーダーシップを発揮しなければならない。環境問題を企業経営のマイナス要因と考えるのではなく，ビジネス・チャンスととらえミッション（経営理念等）に反映させる。そのミッションを組織全体に周知し，理解させる責任は経営者にあると言える。

(2) 目的およびターゲットの明確化

企業の目的をドメイン（事業領域）という形で定義し，そのなかでターゲットとする分野を明確にすることが重要である。顧客層を絞り込み，顧客の環境ニーズに対応する製品・サービスを開発して提供することにより，顧客の環境意識を高め，グリーン・コンシューマーを育成する。

環境ニーズに適合した製品・サービスが市場へ受け入れられるに連れ，環境に配慮した企業というブランド・イメージが形成されていく。ブランドの確立によって企業価値の向上という情報的資源が蓄積されていく。

このように適切な目的およびターゲットの絞り込みは，顧客の環境ニーズの把握，環境技術開発の促進，製品・サービスの市場展開により企業ブランドの確立といった好循環を生むことができる。

(3) 長期的な視点

環境経営戦略には長期的視点が欠かせない。エンド・オブ・パイプ[1]的な対応は，その場限りの一過性の対策であり根本的な解決策にはならない。したがって，本来的な環境経営戦略の実践には，環境配慮製品の開発にともなう技術開発，人材教育や育成および共生的思想（価値観）に基づく組織作りなど，

その成果を期待するためには，一定の投資も必要となってくる。

投資に対する成果としては，製品品質の向上，原材料等の使用効率の向上，資金調達コストの低下など定量的に表せるものばかりでなく，従業員のモラル向上，企業イメージの向上，地域社会やステークホルダーとの良好な関係，将来の環境リスクの低減など定性的なものも多い。長期的な投資とその成果の重視は，環境問題を根本原因にまで遡って解決しようとする姿勢の現れと言える。

(4) 全社的な共生的思想とシステムづくり

環境経営戦略を，企業の成長と競争優位を主眼にした従来の経営戦略の延長線上のものと考えてはいけない。既存の経営戦略に社会性を取り込んだ戦略概念とは一線を画するものであり，環境問題を成長の手段ととらえる考え方ではない。本来の環境経営戦略は，地球環境に配慮する共生的思想（価値観）をベースとした独自性を持った新しい戦略概念として位置づけられる。

したがって，原材料調達，技術開発，設備投資，生産管理，販売活動すべてにおいて環境問題への配慮が必要である。自社が直接関与する部分だけでなく，サプライチェーン全体の環境影響についても配慮する必要がある。

具体的な取り組みとしては，ＬＣＡ（ライフサイクル・アセスメント）[2]の手法を活用し，生産から製品廃棄までの環境負荷を考慮する。またISO14001などに基づく環境マネジメントシステムを構築し，全社的な環境活動の運用と成果をコントロールして環境パフォーマンス[3]の向上に努める必要がある。

(5) 変革による組織化の推進

環境経営戦略の実践は，企業にとって新しい取り組みとなるため，これに対応するべく組織の変革が必要となる。環境管理に関連した職務の創設，必要な人的資源の定義や教育システムをはじめ設備管理や業務手順等々において改革が必要であり，目的・目標に合った組織適合が行われなければならない。

地球環境問題は，企業のすべての部門と関連している。またサプライチェー

ン（供給連鎖）で考えれば，購買部門によるグリーン調達，設計部門による環境製品の開発，製造部門の省エネ・省資源化などの活動があり，間接部門では環境会計の導入による成果の確認や広報などステークホルダーとのさまざまなコミュニケーション活動が考えられる。

(6) コミュニケーションと説明責任

　経営者の方針は，企業全体に伝達し理解されなければならない。また経営者は内外のステークホルダーとのコミュニケーションを効果的に展開し，環境活動の成果を積極的に公表して，適切な説明責任を果たさなければならない。

　具体的には，環境報告書の発行や第三者機関による外部監査の実施により，ステークホルダーとの良好な関係作りが図られる。この結果として，企業は社会との信頼関係を深めることができ，環境リスク[4]の低減だけでなく，企業としての社会的責任を果たすことにもつながっていく。

Ⅲ　中小企業における環境経営戦略の実際

1. 事例調査の対象と方法

　本章では，中小企業における環境経営戦略の成果と課題および有効な環境経営戦略のあり方について考察することを目的としている。ここでは環境戦略実践の代表例であるＩＳＯ14001認証企業および環境経営への取り組みを目指した企業，さらにＩＳＯの審査登録機関に所属する審査員等を調査対象とした。

　今回，採用した主な調査方法はインタビュー調査である。中小企業経営者の感情や意図について深く理解するためには，インタビュー調査が有効であると判断した。なおＩＳＯ審査員等は審査内容等について守秘義務を負っているため，企業名などは伏せるという条件で調査を行っている。

　インタビュー対象者には，事前に質問項目を郵送するか，インタビュー当日に手渡して調査を行った。質問項目はあくまでもインタビューのガイドラインであり，適宜自由に追加し，調査内容は緩やかに構造化された自由質問法を採

用した。たとえば、「環境経営への取り組みのキッカケ」や「取り組み前のイメージ」「取り組み後の成果」など、具体的にどのような意図・感情をもっているのかについて質問を行っている。インタビュー内容は、適宜記録を取り、筆者が後日まとめた内容を分析対象とした。

　今回の調査では、中小企業経営者等に対するインタビュー調査のみであること、またインタビュー依頼が可能な企業を審査員等から紹介を受けた企業のみを調査対象としており、サンプリング・バイアスがあるなど調査上の問題がある。しかし審査員やコンサルタントの多くは、実務を通じて企業のEMSや経営者について的確な情報を持っており、環境経営戦略の考察に大きな問題はないと判断した。

2．事例調査

①建設業Ｉ社（鹿児島県、土木・建築業、従業員約40名）

　公共投資の減少により、先行き不透明な業界のため、今後の生き残り策として「環境経営」を志向し、ＩＳＯ14001の認証取得をしている（合わせてＩＳＯ9001の認証も取得している）。その後、正式な第三者機関による認証は費用面において負担が大きいため、ＩＳＯ14001の認証を返上し、自己宣言として民間機関の認証に切り替えている（ＩＳＯ9001の第三者認証は継続中）。

　建設工事にともなう建設廃材の発生はあるものの、建設リサイクル法などの法規制より、適切な廃棄物処理を行っている。それ以外に特別なエネルギー等の使用はなく、自社の業務に関連する環境負荷はそれほど大きくない。自社開発の工法ではないものの、エコハウスの施工やソーラーパネルの販売・取付工事など、環境関連事業も行っている。

②製造業Ｒ社（広島県、各種産業機械製造業、従業員約30名）

　戦後、時計製造業として創業。現在では、金属加工を中心に各種産業用機械およびその部品等の設計・製造を行っている。取引先からの要請もあり、ＩＳＯ14001の認証を取得している。また同時にＩＳＯ9001の認証も取得している。

使用するエネルギーのほとんどは，生産設備の稼動のための電力であり，大型生産機械や設備を持たない中小企業として，環境負荷は比較的小さい。産業用の機械だけでなく，一般消費者向けのアイディア商品（環境関連商品含む）の設計，製造を行い自社開発商品も多く持っており，地方行政等から数々の表彰も受けている。

3．事例調査の分析
(1) 中小企業における環境経営戦略の課題

多くの中小企業では，環境経営戦略を実践しているにもかかわらず，経営者がその成果を実感できないことが多い。その理由は，期待する成果について本音と建前が複雑に絡み合い，自己矛盾を起こしているからである。

たとえば，建前として掲げる導入目的が，義務感や社会的責任の遂行および取引先からの要請等であれば，EMSの導入そのものが目的であるため，EMSが構築・運用開始された時点で一定の目的達成感が得られるはずである。

しかしEMS導入は一定の費用をかけた取り組みであるため，本音の部分では費用に見合う（またはそれ以上の）コスト削減効果やエネルギー使用量の削減効果を期待している。それがあまり芳しくない場合は，EMSへの満足感が得られない。インタビュー調査の結果等をみても，このようなケースは少なくない。

本来，導入されたEMSが適切に機能すれば，そうしたコスト削減効果等も一定のレベルで得られるはずであるが，建前であるにせよ導入そのものが目的のEMSは形だけの運用となりやすく，その機能が十分発揮される事は少ない。

また中小企業の場合，「人的資源が乏しいため，EMSの運用へ専任者を設けられない」「認証取得はしたものの，紙，ごみ，電気の削減目標以外，どのように運用していけばよいのか分からない」「ISOをマネジメントツールとして，どのように使いこなせばよいのか分からない」など，EMSを有効に機能させうるための能力そのものの低さがあり，EMSに期待される効果が実感

できない要因のひとつとなっている。

　中小企業だけでなくEMS導入による環境経営の実践は，導入目的や動機の如何にかかわらず，社会的には好ましいことである。しかし問題なのは，遠因であれ外圧がなければ環境経営に踏み切れない中小企業の実態と，経営者の誤解や認識の浅さ，および導入後の成果を得ることができない中小企業そのものの能力の低さである。そして，期待した成果が得られないことを理由に，環境経営に対してネガティブな印象を持ち，多くの中小企業がEMSの導入を躊躇することにより，社会全体の環境負荷低減が促進されないことである[5]。

　また世間でいわれている環境経営の成果[6]は，中小企業だけでなく，広く一般的な環境経営の導入成果であり，必ずしも中小企業に当てはまらない部分も多い。中小企業は多様な存在であり，一般的な導入成果を一様に期待すること自体に無理がある。

　たとえば，中小企業は大企業に比べればもともと環境負荷そのものが少ないため，環境負荷の低減やコスト削減の効果は限定的になりやすい。また設計・開発部門を持ち自社製品の製造・販売をしていなければ，新たに設計・開発部門を立ち上げない限り環境製品の開発は困難である。

　多くの場合，これらを十分理解しないままに環境経営が導入されるため，導入目的である期待される成果と，導入目的の達成度である導入後の成果にギャップが生じ，自己矛盾が顕在化することとなっている。

4．事例調査の考察

(1)　成果の分類の必要性

　中小企業の環境経営戦略が意義あるものとして機能するためには，経営者がEMSに対する本音と建前の間で自己矛盾に陥ることなく，その成果を実感できるかどうかにかかっている。

　経営者の自己矛盾を顕在化させないためには，EMS導入前の段階で，自社における環境経営戦略の成果を十分に認識させる必要がある。現時点の自社のポジションおよびEMS導入後に期待する成果を明確にし，経営者がそれをき

ちんと認識できれば，自己矛盾は回避できる可能性が高い。

　つまり経営者が環境経営戦略の成果を実感できるか否かは，期待する成果の不明確さに依存する問題であり，目標とすべき成果の選択の難しさという中小企業としての戦略的経営課題が横たわっている。これを解決するためには，環境経営戦略の成果について分類（種類分け）を行い，得られる成果の可能性を明示するための分かりやすいツールが必要となる。

(2)　環境経営戦略の成果の分類

　中小企業の経営者に対し，成果の実感できる環境経営戦略の道筋を示すため，ＥＭＳの一般的な成果を考慮しつつ分類すると以下のようにまとめられる。

①イメージ・マインド面の成果

　ＥＭＳの導入に向け，準備段階から得られる成果として，従業員の意識改革があげられる。日常業務では品質や納期など目先の業務管理が優先され，従業員が環境に対して意識を持つことは少ない。しかしＥＭＳの導入および運用により，環境保全活動の重要性を理解し，また自社の業務の環境影響を考慮しつつ，著しい環境側面[7]の抽出および目的・目標の設定，さらに環境管理活動の計画立案と進捗管理など，ＰＤＣＡマネジメントサイクルの推進は，従業員に対して否が応でも環境配慮に対する意識を植え付けることとなる。

②マネジメント面の成果

　環境経営戦略を実践する目的は，環境パフォーマンスの管理・改善である。企業は経営活動を通じて環境負荷を発生させている。その環境負荷を低減するためには，自社の経営活動そのものの見直しと改善が必要である。ＥＭＳの導入により，業務フローの見直しや業務改善など，さまざまな改善活動を通じて自社のマネジメント能力を高めていくことができる。このような環境パフォーマンスの改善活動が，エネルギー使用量の削減や生産性向上など，業務の効率化につながり，直接的なコストメリットとしての成果を享受することができるようになる。

EMSの適切な運用を通じて実践されるさまざまな管理手法の習得や改善活動の創意工夫は，イメージ・マインド面との相乗効果により，マネジメント能力そのものの向上が図られ，潜在的・顕在的な環境リスクの低減にもつながる。しかしただ単にEMSを導入・運用すればマネジメント能力が向上するわけではない。マネジメント能力改善のための具体的で意図的な活動に向けた努力が不可欠である。

③プロダクト面の成果

業務改善等による生産性の向上やエネルギー使用量の低減など，自社の環境パフォーマンスの改善だけでなく，新たな環境関連製品の開発や自社商品の改良などにより，自社だけでなく顧客やユーザーを含む利害関係者の環境負荷をも低減させることができる。

地球環境問題は全社会的な活動が必要であり，産業界だけでなく一般消費者においてもグリーン購入運動などが進められている。これに呼応する省エネ製品やエコ関連製品の開発と販売は，自社の売上高や収益性の改善という成果が期待できる。またエコビジネスなど，新分野進出等により新たなビジネスチャンスを獲得し，新規顧客の獲得や新市場の開拓という成果も期待できる。

ただし，社内に設計や製品開発部門等を持ち，設計開発にともなう技術力を持つことが前提となる。また新製品等を開発すれば，直ちにそれが売上につながるということではなく，十分なマーケティング活動や販売促進・営業開拓能力が必要となる。

(3) 環境経営評価モデルのフレームワーク

中小企業の場合，一般的に経営資源も乏しく管理能力も十分でないことが多い。戦略的経営課題を克服し，環境管理活動のツールとしてEMSを使いこなすためには，現状の認識から将来の目標設定および到達点へのロードマップの提示が必要となる。

過去の研究において環境経営の分類や診断ツール（遠藤［2003］, pp.100-103 ほか）はあるものの，環境経営戦略の発展過程を示すツールはないため，ここ

では環境経営戦略の成果の分類と発展段階のレベルをマトリクスにした独自の環境経営評価モデルを提言する。この評価モデルは，米国ＧＥ（ゼネラル・エレクトリック）社とマッキンゼーが開発した「ビジネス・スクリーン」を発展させたモデルであり，環境経営戦略を実践する中小企業の成果の分類・レベル分けを行う（図表12－3）。

　縦軸を，下から上に向かって低・中・高とし，環境パフォーマンスの評価指標（成果のレベル）を表す。横軸は，成果の分類（種類分け）を「イメージ・マインド面」「マネジメント面」「プロダクト面」とし，環境経営戦略の進化の度合いを示す。

図表12－3　中小企業における環境経営評価モデル

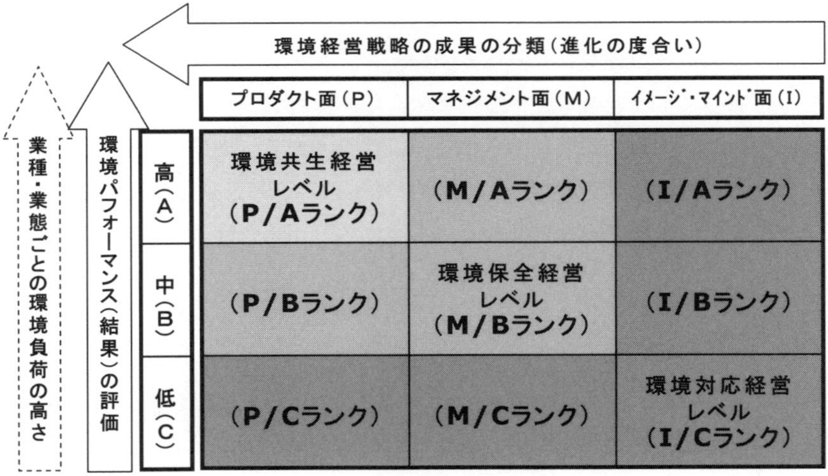

環境パフォーマンス（結果）の評価		プロダクト面（P）	マネジメント面（M）	イメージ・マインド面（I）
高（A）		環境共生経営レベル（P/Aランク）	（M/Aランク）	（I/Aランク）
中（B）		（P/Bランク）	環境保全経営レベル（M/Bランク）	（I/Bランク）
低（C）		（P/Cランク）	（M/Cランク）	環境対応経営レベル（I/Cランク）

（業種・業態ごとの環境負荷の高さ）

環境経営戦略の成果の分類（進化の度合い）

出所：筆者作成

(4) 中小企業における環境経営レベル分類

　中小企業の環境経営のレベルについては，川上義明他［2006］など，いくつかの先行研究が見られるが，ここでは以下のように定義する。

①環境共生経営レベル

環境経営に関するマネジメント能力が非常に高く，環境管理が効果的に行われるため，環境負荷の低減や環境リスクへの対応が適切に行われており，十分な環境パフォーマンスが得られている。また環境関連製品などの開発・販売が行われ，環境経営の実践により収益性というプロダクト面での成果も享受し，企業の内外から高い評価が得られるレベル。

②環境保全経営レベル

環境経営に関するマネジメント能力が十分あり，環境管理が適切に行われるため，環境リスクの低減など，一定以上の環境パフォーマンスが得られている。またなかには環境関連製品などの開発・販売を行い，プロダクト面でも一定の成果をあげる企業があり，企業の内外から一定以上の評価が得られるレベル。

③環境対応経営レベル

一定の環境管理が行われているものの，マネジメント能力が十分ではなく，満足な環境パフォーマンスが得られていない。環境負荷の高い業種などでは，偶発的または一時的な成果が得られている企業もある。逆に環境負荷の低い業種などでは，環境関連製品の開発に着手するものの，販売面で苦戦を強いられ，プロダクト面の成果は十分ではなく，企業の内外からの評価も十分ではないレベル。

(5) 成果が実感できる環境経営戦略のロードマップ

中小企業における環境経営戦略の実践に対する経営者の意識面における自己矛盾を回避するため，評価モデルを活用し，成果の実感できる環境経営戦略のロードマップについて考察する。

環境経営戦略の実践前に，経営者はまず自社の現状のポジションを確認する必要がある。経営方針に基づき，自社の経営環境分析（SWOT分析等）を行い，**図表12－3**の評価モデル上における現在の自社のポジションを認識する。そこからEMS導入による将来的な発展の可能性を検討し，目標とするポジションを決める。これにより，環境経営戦略の実践前における期待する成果と

実践後の結果との関係が明確となる。

　多くの中小企業は，評価モデル右下の［Ｉ／Ｃランク］から出発することになる。そしてＥＭＳ導入と適切な運用により，イメージ・マインド面の成果として［Ｉ／Ｂランク］へ移行することは可能となる。しかし漫然としたＥＭＳの運用だけでは［Ｉ／Ａランク］へ移行することは難しく，設備更新等による偶発的一過性の成果で終わる可能性が高い。よって，自助努力によりマネジメント面の成果である管理能力を向上させ，［Ｍ／Ｃランク］から［Ｍ／Ａランク］へと進む道を選択せざるを得ない。

　エネルギー大量消費型の産業に属する中小企業であれば，もともとエネルギー消費量が多いため［Ｍ／Ａランク］に達すれば，一定以上のコスト削減効果が期待でき，環境経営戦略の成果を実感しやすい。逆にエネルギー消費の少ない産業に属していれば，たとえ［Ｍ／Ａランク］にたどり着いたとしても，環境経営の成果を実感できる可能性は低い。よってプロダクト面の成果を得るため，環境製品の開発に踏み切るなど，企業体としての進化を果さない限り，環境経営戦略の成果は実感しにくいことが分かる。

　このように，環境経営戦略を実践すれば当然に成果が得られるのではなく，意図的にポジションを左または上位へ移行させることによってのみ成果が実感できることが理解できる。ポジションの移動には，一定以上の経営努力が必要であり，戦略的な対応と適切な経営資源の配分が重要となる。

　一方，ポジションを移行しないという意思決定もありうる。それもまた経営者の選択肢のひとつであり，本音の部分でＥＭＳの導入目的と成果は整合し，自己矛盾は発生しないことになる。

(6)　評価モデルの事例適用（パイロット調査２件）
①建設業Ｉ社
　Ｉ社は，ごく一般的な建設業である。環境関連事業も行ってはいるものの，自社独自の開発製品ではなく，販売代理店として工事を行っているだけであり，売上の柱となる事業には至っていない。建設業ではすべてが一品生産であ

り，中小企業レベルでは生産性向上や品質管理等の標準化は難しく，施工は現場代理人という個人のスキルに依存せざるを得ない状況であり，マネジメント面の成果は十分には得られていない。よって現在の評価モデル上のポジションは，[I／Cランク]にプロットされる。

今後の発展の可能性としては，プロダクト面の成果を得るべく，環境関連製品の独自性や営業力の強化による収益性の向上に努める必要がある。環境経営の発展の道筋としては，[I／Cランク]→[M／Cランク]→[P／Cランク]→[P／Bランク]というロードマップが考えられる。

②製造業R社

R社は製品の委託開発を行うため，設計部門を有する金属加工業である。自社の保有する技術や設備を利用し，一般消費者向けオリジナル商品も開発している。しかしシーズ志向の開発商品が多く，マーケティング力や販売促進能力が十分でないため，収益の柱は依然として産業用機械部品等の受注生産である。

EMSの導入により，従業員の意識面（イメージ・マネジメント面）の改善および生産管理能力（マネジメント面）の改善は一定レベルで図られている。よって現在の評価モデル上のポジションは，[M／Bランク]にプロットされる。もともとエネルギー使用量が少ないため，今以上に環境管理能力の向上に努めたとしても，[M／Bランク]から[M／Aランク]へ移行することは難しいと考えられる。したがって今後の環境経営の発展の道筋としては，[M／Bランク]→[P／Bランク]→[P／Aランク]というロードマップが考えられる。

Ⅳ　おわりに

本章では，環境経営戦略を実践する中小企業経営者が，成果を実感できないという問題に着目し，その原因の分析および成果の分類を行い，独自の評価モ

デルを提示して，成果が実感できる環境経営のあり方について考察を行った。

　具体的には，経営者がその成果を実感できない原因として，ＥＭＳの導入前後の期待する成果のギャップによって自己矛盾を引き起こしており，期待する成果の明確化という戦略的経営課題があることを明らかにした。そしてその自己矛盾を回避させるため，中小企業における環境経営の成果の分類について整理し，新しい評価モデルを提言して，これを活用することによって成果が実感できる環境経営への道筋が明確になった。

　企業はさまざまな内的・外的な環境要素から影響を受けるオープンシステムである。環境要素の多くは企業側からのコントロールが難しく，またその変化は複雑かつ不確定である。企業はこれらの環境変化へいかに適応していくかということが重要な課題であり，この環境適応のパターンを示すのが経営戦略である。

　外部環境のうち，マクロ環境のひとつである地球環境をめぐる社会の動向は，前述の通り劇的に変化している。循環型社会へ向けた取り組みなど地球環境問題への対応を戦略的に企業経営へ取り込むことが求められており，その対応いかんで企業の存続が左右されるところまできている。

　これまでは，製品を製造・供給する動脈産業が経済の主役であり，廃棄物処理やリサイクルを行う静脈産業は経済の脇役と考えられていた。しかし地球環境問題が深刻化している今日では，限りある資源を有効に利用することこそ，持続的な社会を形成するための欠かせない条件となっている。

　このようななか，企業は地球的規模の環境影響に配慮する共生的思想（価値観）をベースとした戦略概念，いわゆる「環境経営戦略」にもとづく経営を展開しなければならない。

　しかし中小企業は多様な存在であり，さまざまな規模や業種・業態があるため環境経営戦略の成果の評価については一律に行うこと自体に問題がある。環境経営に向けた戦略的な手法は，今回取り上げたＩＳＯ14001だけでなく，エコアクション21やエコステージなどいくつかの手法がある。環境配慮への社会的要求が高まるなか，地球規模で考えれば，どのような手法であれ，とにかく

圧倒的多数を占める中小企業において，少しでも環境問題への取り組みが促進されることが重要である。

【注】

1) エンド・オブ・パイプとは，出口（技術）で環境負荷物質を制御しようとする考え方である。工場内または事業場内における生産過程等で発生した有害物質を最終的に場外へ排出しないという思想を指す。
2) ライフサイクル・アセスメント（Life Cycle Assessment）とは，製品の一生における環境負荷を評価する手法のこと。製品を製造するために必要な原材料が調達される段階から，製造，輸送，使用，廃棄されるすべての段階（サイクル）において，環境への影響（プラス面，マイナス面）の可能性を評価する手法のことである。
3) 環境パフォーマンスとは，自社の環境方針，環境目的および目標に基づいて，組織が行う環境活動の管理に関する環境マネジメントシステムの測定可能な結果のこと。
4) 環境リスクとは，人の健康や生態系に好ましくない影響を及ぼす可能性のある化学物質等が，大気・水質・土壌等を通じて環境を保全する上で支障を生じさせるおそれのことを言う。
5) 京都議定書に基づく温室効果ガス削減の目標は，基準年である1990年（一部1995年）の△6％である。しかし2006年の総排出量は，基準年の総排出量を逆に6.2％上回っており，家庭部門や中小企業を含む全産業部門等での一層の取り組みが必要となっている。
6) (社)中小企業研究センター［2002］および(財)広域関東圏産業活性化センター［2005］等々，既存の調査結果をまとめると，環境経営戦略の成果は次の5項目にまとめられる。①環境への意識の向上，②マネジメント能力向上による環境負荷の低減やコスト低減，③環境製品の開発による収益性の向上，④対外的な信用とイメージの向上，⑤コミュニケーションの円滑化。
7) 環境側面（Environmental aspect）：ＩＳＯ用語であり，環境と相互に作用する可能性のある，組織の活動又は製品又はサービスの要素のこと。環境側面が原因であり，環境影響はその結果で，それぞれは因果関係にある。

【参考文献】

[1] 遠藤真紀［2003］「環境問題とＩＳＯ」『環境問題と経営診断』同友館。
[2] 金井譲二［2003］「地球温暖化問題への対応」『環境問題と経営学』中央経済社。
[3] 川上義明他［2006］『現代中小企業経営論』税務経理協会。
[4] 環境省［2002］『平成14年版　環境白書』ぎょうせい。
[5] 環境庁［1999］『平成11年版　環境白書』ぎょうせい。
[6] 環境庁［1996］『平成8年版　環境白書』ぎょうせい。
[7] 黒澤正一［2001］『ISO14001を学ぶ人のために』ミネルヴァ書房。

[8]　経済産業省産業構造審議会環境部会産業と環境小委員会［2002］「我が国の環境経営の動向」資料5，pp.2-3。
[9]　経済産業省産業構造審議会環境部会産業と環境小委員会［2003］中間報告，pp.8-13。
[10]　(財)広域関東圏産業活性化センター［2005］「中小製造業の環境経営化による企業競争力に関する調査」。
[11]　鈴木幸毅［1999］『環境経営学の確立に向けて』税務経理協会。
[12]　(社)中小企業研究センター［2002］『中小企業の環境経営戦略』同友館。
[13]　鷲尾紀吉［2001］「循環型経済社会とエコロジカル・マーケティング」『名古屋産業大学論集』第1号。
[14]　鷲尾紀吉［2002］「環境経営の概念に関する一考察」『名古屋産業大学・名古屋経営短期大学環境経営研究所年報』第1号。

（執筆担当：遠藤真紀）

終章　中小企業の戦略実現と評価

I　はじめに

　アメリカの経営史学者チャンドラー（Chandler [1962]）が提示した命題に「組織は戦略に従う」がある。彼は，戦略を「企業の基本的長期目標・目的の決定，とるべき行動方向の選択，これらの目標遂行に必要な資源の配分」，組織を「新たに加わった活動や経営資源をマネジメントするための部門」と位置づけ，事業の成長にしたがって合理的に管理するための組織形態が変化していくことを明らかにした。具体的には，事業活動の発展ステップが「量的拡大」「地理的拡大」「垂直統合」「多角化」の4段階とすると，それを管理する組織は単一職能の管理部門から地域ごとの管理部門とそれを管理する本部の創設，事業部制の導入というように変化することを指摘した。

　一方，アンゾフ（Ansoff [1978]）は，「戦略は組織に従う」という逆の命題を導き出している。これは企業が策定する戦略は，その企業の組織構造や組織能力の制約を受けることを指摘したのである。両者は表裏一体であり，どちらが正しいという議論に発展することはない。だが両者に共通しているのは，戦略は企業の進み行く方向性，その実現手段と経営資源の展開方法を明示したものであり，組織は戦略を効果的に遂行することが前提となっている点である。

　しかし，いかに優れた戦略が策定され，かつ優秀な人材を招集して組織を編成しても，組織が戦略を実行できる道筋を描けなければ，戦略立案は徒労に終わることになる。しかも，このような事例は少なくない。フォーチュン誌（Fortune）によると，「正しい戦略を策定すればそれでビジネスでの成功に必要なことの全てを為し得たというような誤った考え方を持つ経営者が多い」と指摘した上で，「大多数のケース（見積もりでは70%）で問題が生じるのは，

戦略の計画に間違いがあるのではなく、それをうまく実行できなかったことにある」とチャラン＆コルビン（Charan & Colvin [1999]）は指摘している。つまり、戦略の進捗状況を測定し、その評価を経営の舵取りにフィードバックすることが重要なのである。

企業の事業活動における前提は、自社が掲げる経営理念やミッションの達成に向けて継続的に取り組むことにある。そのためには、外部環境と内部環境の変化に対して、善因善果をもたらす柔軟な仕組みを作り上げることが必要となる。企業規模の大小にかかわらず、この仕組みづくりにおけるマネジメントのあり方が問われているのである。そこでは、ドラッカー（Drucker [1974]）が指摘するように、「①目標を設定する」「②組織を構築する」「③動機づけとコミュニケーションを図る」「④評価を測定する」「⑤人材を開発する」という5つの職務をこなすことが求められる。もちろん、その視野には短期と長期の時間軸を見据えなければならない（**図表13－1参照**）。企業は、戦略を遂行するプロセスを俯瞰的かつ合理的に管理し、ＰＤＣＡサイクルを循環させながら戦略実現の仮説検証を繰り返すことが必要になるのである。

そこで、本章ではこれらの課題を克服する手段の一つとして、バランスト・スコアカード（ＢＳＣ：Balanced Scorecard）を取り上げ、その基礎理論と構

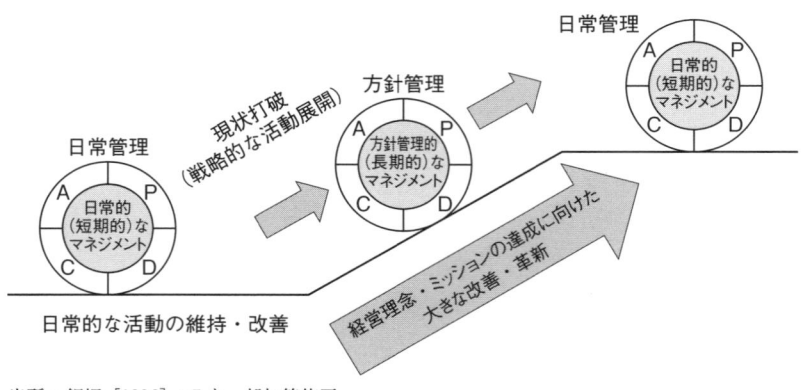

図表13－1　短期と長期を見据えた事業の仕組みづくり

出所：飯塚［1996］p.7を一部加筆修正

築プロセスについて検討を行う。

Ⅱ BSCによるナビゲーション経営

1．BSCとは

　BSCは1992年にキャプラン＆ノートン（Kaplan & Norton [1992]）によって発表された業績評価システムである。BSCの根底にある問題意識の一つに，従来の業績評価が財務成果だけに偏っている点への対応があった。企業活動の全貌を明らかにするには，非財務的な成果も併せて評価することが必須と考えたのである。そこで，「財務の視点」「顧客の視点」「業務プロセスの視点」「学習と成長の視点」の4つの視点からなるフレームワークが提案された（図表13－2）。

　企業が戦略を成功裏に展開するには，それを阻む経営課題の解決に取り組ま

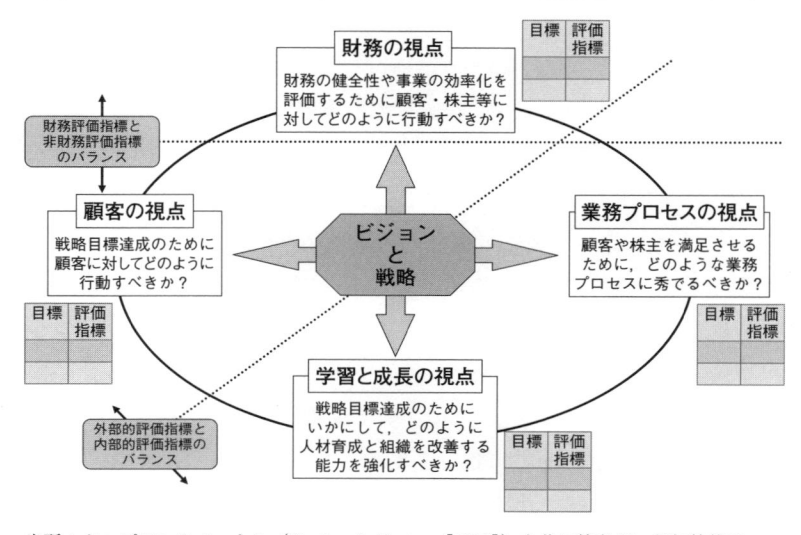

図表13－2　バランスト・スコアカードの4つの視点とフレームワーク

財務の視点
財務の健全性や事業の効率化を評価するために顧客・株主等に対してどのように行動すべきか？

財務評価指標と非財務評価指標のバランス

顧客の視点
戦略目標達成のために顧客に対してどのように行動すべきか？

ビジョンと戦略

業務プロセスの視点
顧客や株主を満足させるために，どのような業務プロセスに秀でるべきか？

学習と成長の視点
戦略目標達成のためにいかにして，どのように人材育成と組織を改善する能力を強化すべきか？

外部的評価指標と内部的評価指標のバランス

出所：キャプラン＆ノートン（Kaplan & Norton [1996]）を基に筆者が一部加筆修正

図表13-3 スコアカードの例

視　点	重要成功要因	成果指標	2008年前期	2008年後期	2009年前期	2009年後期	2010年前期	2010年後期
財務の視点	売上増大	前年度比率（%）						
	利益増大	前年度比率（%）						
	在庫削減	前年度比率（%）						
顧客の視点	顧客満足度	各年度比率（%）						
	市場シェア	前年度比率（%）						
業務プロセスの視点	品質向上	歩留まり（%）						
	サイクルタイム短縮	前年度比率（%）						
学習と成長の視点	資格取得件数	計画実施率（%）						
	教育訓練	計画実施率（%）						

出所：高橋［2007］p.19を一部修正

なければならない。このような戦略実行上の重要なものを戦略目標と言う。この戦略目標を4つの視点に落とし込み，それぞれ設定した評価指標によって成果を測定するのである。これを管理するのがスコアカード（評価表）である（図表13-3）。これによって戦略目標間の因果連鎖の関係を仮説として提示し，その達成状況を一元的に管理するのである。

　当初は業績評価制度として位置づけられたBSCだが，1996年以降は企業での活用事例を基に経営管理のためのマネジメント・システムとして発展していった。なかでも，戦略目標を4つの視点に展開したうえで，それぞれの因果関係を「戦略マップ」として可視化した点が特徴となる（図表13-4）。このスコアカードで戦略目標の評価指標をモニターしながら，戦略マップの因果連鎖を併せて確認することによって，戦略の達成状況をより的確に把握すること

図表13-4　4つの視点と因果関係の結びつき

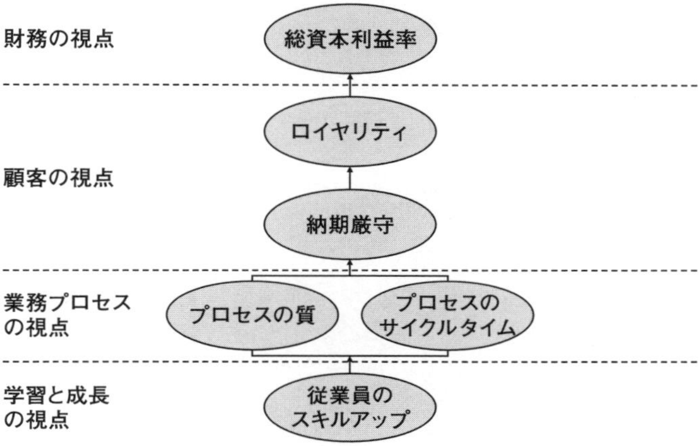

財務の視点：総資本利益率

顧客の視点：ロイヤリティ ← 納期厳守

業務プロセスの視点：プロセスの質、プロセスのサイクルタイム

学習と成長の視点：従業員のスキルアップ

出所：キャプラン＆ノートン（Kaplan & Norton [1996]）を一部修正

が可能となった。

　戦略マップは，戦略を達成するための仮説（シナリオ）とその背景にある戦略目標間の因果関係を可視化したものである。たとえば，「顧客の視点」で収益拡大という戦略目標を実現するには，「顧客の視点」の顧客満足度を高めることが前提となり，納期厳守が不可欠となる。そこで，業務プロセスの質を改善したり，1回のプロセスに要する時間を短縮したりするなど，社内の価値創造の仕組みを改善し続けることが必要となる。そのためには研修等を通じて社員の能力向上が求められるほか，社員相互で知恵や工夫を教え合う場を整備することが必要となる。このように，戦略マップで戦略目標間の因果連鎖を整理することによって，多面的かつ論理的なシナリオが確認できるのである。

　また，戦略マップでは，当事者が企業全体のなかでの自らの役割と位置づけを認識することが可能である。そのため，当事者が目的意識を深めるだけでなく，戦略実行のための設計図として利用することができる。これが組織の壁を越えた，コミュニケーション・ツールとして機能する理由である。

　さらに，戦略マップにおける戦略目標の評価指標を測定し，目標と実際の状

況をリアルタイムで比較することができれば、戦略の仮説検証を迅速に行うことや評価に基づく軌道修正が可能となる。この仮説検証のサイクルが機能すると、問題点を乗り越える課題とその対応方法の精緻化が進むことになり、経営の舵取りが機敏に実行し得るのである。

2．BSCにおけるバランスの意味

　戦略は、組織構成員が協働するための設計図でもある。したがって、企業の戦略は、自らの事業活動が将来にわたって継続されるという前提の下で策定される。戦略の帰結としての廃業・撤退はあるものの、企業が自ら意図的に社会から退出する計画を立案することはほとんど無く、無意味であろう。このように企業は事業活動が永続的に続くことが前提になっており、このような考え方をゴーイング・コンサーン（going concern）という。

　企業がこのゴーイング・コンサーンの下で戦略を策定するには、以下のような課題を解決することが必要となる。

- **戦略で検討対象となる課題の時間的範囲**
   （対象となる期間：長期／短期）
- **戦略の成果を測定する評価指標の視点**
   （評価指標の視点：企業外部／企業内部）
- **戦略での目標の位置づけ**
   （成果の目的：収益性／成長性）

　これらの課題はトレードオフ（二律背反）に陥りがちである。とくに近年、企業はステークホルダーに対する短期的成果や説明責任が求められる傾向が強く、目に見える利益の追求が優先されやすい。しかし、企業が持続的に成長するには、短期／長期などどちらか一方に偏るのではなく、両立させることが必要となる。そこで、ここではBSCにおけるバランスの意味について説明を行う。

(1) 財務評価指標と非財務評価指標のバランス

　従来、企業の業績を測定する指標は、売上や利益といった財務指標に偏重し

ていた。財務指標は計量的尺度であり、かつ全ての企業に共通する企業会計ルールに則るためであった。しかし、財務指標は今年度の活動実績の結果に過ぎない。伊丹 [1980] は、企業が事業活動を行うには「物理的に不可欠な資源」と「うまく活動を行うための資源」の両方が必要だが、特に戦略的に重要なのは後者であることを示した。その理由は、ノウハウやビジネスプロセスをはじめとした「見えざる資産」が企業の競争優位の源泉であり、これらは企業内で育てる必要があることを指摘している。さらにブレア（Blair [2000]）によると、企業価値に占める無形資産の割合は1978年が17%だったのに対して、20年後の1998年では69%へと高まっていることが明らかになった。これは、これまで外部から伺い知ることのできない要素、例えば、商標・銘柄といったブランド、そのブランドや技術を生み出す組織能力、組織能力を支える個々の従業員、そして様々な経営資源の組み合わせ方といったものが大きく評価されることを示している。つまり、企業の価値は企業の商品やサービスが生み出した財務的な業績という表層的な結果だけではなく、それを生み出す深層的なプロセスまでも含められることに他ならない。このように、「見えざる資産」に対する価値とその戦略的な重要性が認識されるようになったのである。

　ＢＳＣでは、このような財務・非財務の指標のバランスを取るため、「財務の視点」に対して「顧客の視点」「業務プロセスの視点」「学習と成長の視点」が設定されるのである。これは短期目的と中長期目的との整合も含意するのである。

(2) 外部的評価指標と内部的評価指標のバランス

　企業の業績を評価する視点は、企業外部で客観的な尺度を持つ外部評価指標と企業内部で主観的な尺度を持つ内部評価指標に区別される。前者は企業とは独立した存在である「顧客の視点」と企業会計原則に則った「財務の視点」を指し、いずれも企業内部の管理統制が及ばないものである。一方、「業務プロセスの視点」「学習と成長の視点」は自社の強みやコア・コンピタンスを独自の尺度によって管理統制されるものである。そのため、自社がその特性や問題

意識に応じて独自の定義や尺度を設定することが必要となる。

　企業内部と外部のバランスという観点では，企業の外部的評価を測定する指標と企業内部の評価指標はそれぞれ独立した関係にある。そのため，双方の因果連鎖を勘案し，バランスを取ることが求められるのである。

(3) 予算管理と業務管理によるダブルループの学習組織

　企業の戦略には，予め立案された計画に従って遂行される計画型と，計画時点の想定を超えた行動が誘発される創発型に区分される。今日のように事業環境が激しく変動し，不確実性が高まる状況の下では，企業は前者と後者を組み合わせながら戦略目標を達成することが求められる。それはすなわち，単に日常業務における予算と業績の管理を行うだけでなく，長期的なミッション達成に至る方針管理との整合性を高めることが求められる。つまり，期初に予算として資源配分計画を立案して事業に投入（インプット）し，期末にその成果（ア

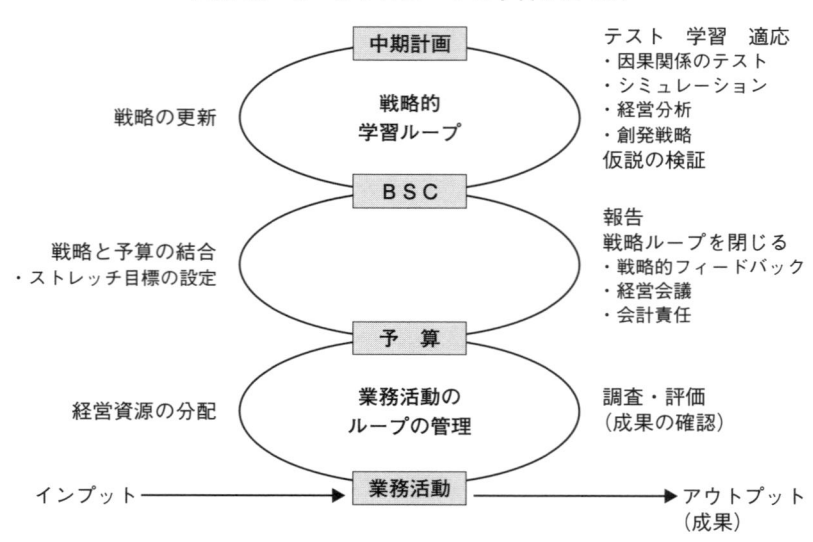

図表13－5　ダブルループの学習プロセス

戦略の更新	中期計画　戦略的学習ループ　BSC	テスト　学習　適応・因果関係のテスト・シミュレーション・経営分析・創発戦略仮説の検証
戦略と予算の結合・ストレッチ目標の設定		報告戦略ループを閉じる・戦略的フィードバック・経営会議・会計責任
経営資源の分配	予　算　業務活動のループの管理　業務活動	調査・評価（成果の確認）
インプット		アウトプット（成果）

出所：櫻井［2003］p.86を一部修正

ウトプット)を測定するという日常業務の管理サイクルだけでなく,その成果がミッション達成に向けてどの程度進捗し,その結果を踏まえて何をしなければならないのかという方針管理の管理サイクルと併せて検討することが必要なのである(図表13-5)。このような二重のサイクルを循環させることによって,日常的な業務活動に対する結果と原因の関係を明らかにするだけでなく,中長期的な枠組みの中での対応策を講じることが可能となる。これによって企業はより効率的に戦略を実行するための経験知や知識を培いながら,戦略の仮説検証の精緻化を進められるのである。

Ⅲ BSCの構築プロセス

BSCを構築するステップは以下のような5つのステップで進められる。
- 戦略を構築するための内部分析
- 戦略目標の設定
- 戦略目標間の因果連鎖を加味した戦略マップの策定
- 戦略目標の評価指標と目標値の設定
- 成果検証とフィードバック

ここでは,それぞれのステップの概要について検討を行う。

(1) 戦略を構築するための内部分析

BSCを構築する最初のステップは,企業が目指すべき方向性を確認することにある。企業は利潤追求のみが目的ではなく,社会的なニーズや課題解決を担うことによって社会に貢献することが目的となる。そこで,自社の経営理念やミッションで明示された使命や目的を,具体的なイメージに落とし込むことが必要となる。このイメージをビジョンという。

次に自社のSWOT分析(自社の強み,弱み,外部における機会,さらされている脅威の分析)によって自社を取り巻く事業環境を詳細に評価しなくてはならない(図表13-6)。具体的には,自社が持つ経営資源の「強み(S)」「弱

図表13-6 SWOT分析

内部要因 (ヒト・モノ・カネ・情報) 外部要因 (マクロ/ミクロ環境)	強み (S)	弱み (W)
機会 (O)	環境変化をチャンスとして捉え,自社の強みを伸ばす (成長戦略)	環境変化をチャンスとして捉え,弱みを克服する (改善戦略)
脅威 (T)	自社の強みを活かしながら,環境変化によるリスクを回避する (回避戦略)	自社の弱みと環境変化による脅威を勘案して,徐々に市場から撤退する (撤退戦略)

出所:龍・佐々木[2002] p.125を基に一部加筆修正

み(W)」と経済状況・法規制・技術革新等が自社に及ぼす影響を「機会(O)」「脅威(T)」にそれぞれ書き出す。そして,内部資源(S・W)と外部要因(O・T)を2軸にしたマトリックス表を作成し,それぞれ考え得る打ち手を事業方策として列挙するのである。この方策の中から,優先度の高い戦略案(テーマ)を選択するのである。このように具体的内容が検討されるのだが,この内容が戦略を実現するための戦略目標となる。

(2) 戦略目標の設定

戦略目標は,戦略を進める上で達成しなければならない具体的かつ重点的に取り組む目標群である。例えば,企業価値の向上という目標を「財務の視点」に置いた場合,その実現には収益拡大とコスト削減の二つの方向性が考えられる。そして,これらの目標を実現する取り組みとして,顧客満足度の向上や生産効率の向上などさまざまな課題解決が導出される。そこで,戦略案を実現する上で,企業が優先的に取り組むべき目標をリストアップすることが求められる。そしてこれらの目標をBSCの4つの視点ごとに振り分け,戦略を実現するための要因を整理するのである。

ところで，戦略目標を達成するには重点的に対処する項目として，重要成功要因（ＣＳＦ：Critical Success Factor）を洗い出すことが不可欠となる。例えば，企業の戦略目標が収益拡大であるならば，企業は売上のさらなる増大を図るか，原価を削減するか，あるいは両方同時に実現することが必要となる。この場合，「財務の視点」におけるＣＳＦは，売上増加と原価低減があげられる。このように，４つの視点の中の戦略目標に応じて，企業活動の具体的な行動目的を漏れなく抽出することが必要となる。

(3)　戦略目標間の因果連鎖を加味した戦略マップの策定

次のステップでは，戦略をより具体的に可視化するため，戦略マップを策定する。ノートン（Norton [1999]）は戦略マップの位置づけを「ビジョンを具体的な行動に落とし込んだ上で，組織全体で戦略を共有するためのモデル」と述べている。そのため，戦略マップは戦略目標間の因果連鎖を確認し，かつ戦略全体の論理的構成を鳥瞰する見取り図として機能することが求められる。

そこで，まず企業のビジョンを戦略マップの最上段に記述し，それを実現するために必要となる戦略目標をＢＳＣの４つの視点に合わせて落とし込む。次に，戦略目標間の因果連鎖を考慮しながら，それぞれを手段と目的の関係となる矢印（リンク）を描くのである。

実際の作業においては，財務的な成果，特に利益等の短期的な成果に偏ることを避ける工夫が必要になる。そこで，「顧客の視点」における戦略目標が最初に記載され，その実現の手段となる戦略目標を「業務プロセスの視点」「学習と成長の視点」に落とし込むことが要点となる。そして最後に「財務の視点」を記入したうえで，それぞれの因果連鎖を検討することが望ましい。これは，企業はゴーイング・コンサーンを実践する上で顧客に価値を提供し，その結果として財務的な成果を享受する考えが背景にあるためである。

(4)　戦略目標の評価指標と目標値の設定

戦略を適切に展開するには，単に戦略マップで可視化するだけではなく，戦

略の進捗状況や実効性を確認しながらPDCAサイクルのC（チェック）を機能させることが重要である。そのためには，戦略目標の達成度を測定する評価尺度の設定が必要であり，それを成果測定の際の全社共通の「ものさし」として活用することが不可欠となる。この評価尺度のことを業績評価指標（KPI：Key Performance Indicator）という。

　KPIは，成果を計量的かつ継続的に測定できる指標を設定することが求められる。たとえば，戦略目標の一つに「コスト削減」があげられたなら，そのKPIは販売費原価率や棚卸資産回転率などが考えられる。一方，「業務プロセスの視点」「学習と成長の視点」では，企業のコア・コンピタンスに基づく独自の評価指標が設定されることになる。

　さらに戦略を展開するには，戦略目標に対する目標値を設定することが必要となる。この目標値が設定されることにより，戦略マップで示された戦略の方向性に加え，その実現に対する具体的なリソース配分と照らし合わせることが可能となる。具体的には戦略と関連づけされた予算等が策定されることによって，権限と責任の所在が明確になるのである。

(5)　成果検証とフィードバック

　企業は戦略の達成状況を把握し，戦略の実行に対する仮説検証を繰り返すことが必要となる。そのためには，企業は戦略に対する成果と目標値との差異を定期的に測定するだけでなく時系列で比較することによって，その差異が生じる要因について分析することが可能となる。これによって，新たな戦略の阻害要因を特定し，その解決の糸口を見つけ出すのである。

(6)　戦略マップ作成にあたっての注意点

　戦略マップを作成する際に注意すべきは，最初に「顧客の視点」から検討し始め，「財務の視点」を最後にすることである。企業は商品やサービスを顧客に提供することによって対価を得る。したがって，顧客が求める価値に合致しなければ，対価を得ることはできない。このような顧客の視点に立った顧客起

点が原点になり，そのための価値創出プロセスが「業務プロセスの視点」「学習と成長の視点」に組み込まれるのである。

そこで，食品偽装で問題となった食品企業の事例を**図表13－7**に示す。この企業が不祥事を起こす発端は，社長が率先して利益獲得を支持し，最優先課題に位置づけたことにある。つまり，利益獲得が最上位の戦略目標となり，その達成のためなら手段を選ばないという視野狭窄に陥ったことが問題なのである。そこには，顧客への価値提供という視点が無く，偽善を含めた業務プロセスに取り組まざるをえなかったのである。

このように，戦略マップを通じて事業の仕組みを確認するには，「学習と成長の視点」から「財務の視点」までの論理構成と因果連鎖のシナリオが適切に描かれているかに焦点を合わせなければならない。一方，戦略マップを作成する際には，「財務の視点」は事業活動の結果と位置づけることが肝要である。

図表13－7　戦略マップにおける「財務の視点」の位置づけ

某食品偽装会社		食品生産企業のあるべき姿
不明（企業理念が無かった模様）	企業理念	安全な食肉を安価に食卓に提供することによって社会に貢献する
利益増	財務の視点	利益増
顧客拡大／低価格・コスト削減	顧客の視点	顧客拡大／高品質・安定供給　低価格
食肉偽装　法律・規制の無視	業務プロセスの視点	加工作業の質　大量生産手法
（思考停止）	学習と成長の視点	従業員のスキルアップ

出所：筆者作成

つまり,「顧客の視点」から検討を始め,そこで検討される戦略目標を達成するための要因について「業務プロセスの視点」「学習と成長の視点」に落とし込むことが必要なのである。

IV 戦略マップに見る中小企業の戦略

1. 事例の概要

BSCは戦略を多面的な視点で構造的に整理し,効果的に評価を行うことによって業務管理の効率化・意思決定の迅速化を推し進める管理手法である。その中でも,戦略マップはビジョンを達成する戦略目標と目標間の相互関係を確認することで,戦略の整合性を評価することが可能である。そこで,ここでは日本酒製造企業からバイオ企業に転身したある企業を例に挙げて,戦略の整合性について検討を行う。

日本酒は日本人の生活に密着した飲料であり,その存在は3世紀頃の書物である『魏志倭人伝』にも掲載されている。日本酒の原料になるのは,日本人の主食である米と米麹,水,酵母であり,日本酒はこれらを発酵させて作るアルコール飲料である。日本酒の特徴は使用する酵母との組み合わせによって香りや味が大きく異なることにある。そのため,地域ごとに異なる味わいの日本酒が蔵元から販売され,その多くは地産地消で消費されてきた。しかし,日本酒の消費は1976年から長期減少傾向にあり,現在ではピーク時の43%にまで落ち込んでいる(図表13－8)。これは,飲酒習慣の変化,とくに若年層を中心とした日本酒離れが主因である。一方,愛飲者の嗜好の変化に加えて,飲酒機会の多くが友人との外食や自宅といったプライベートの場に移ったことにより,より気軽に飲めるビール,発泡酒,焼酎等へと消費が移っているためでもある。このような事業環境の下,中小の酒蔵は大手メーカーの下請けとして酒を造る「桶売り」の比重を増やして稼働率を高めたり,商品価値にこだわった少量の美酒をブランド化して販売したりするなど,競争優位の獲得に向けたさまざまな戦略が取り組まれている。その一方で,廃業や買収される酒蔵も増加傾向に

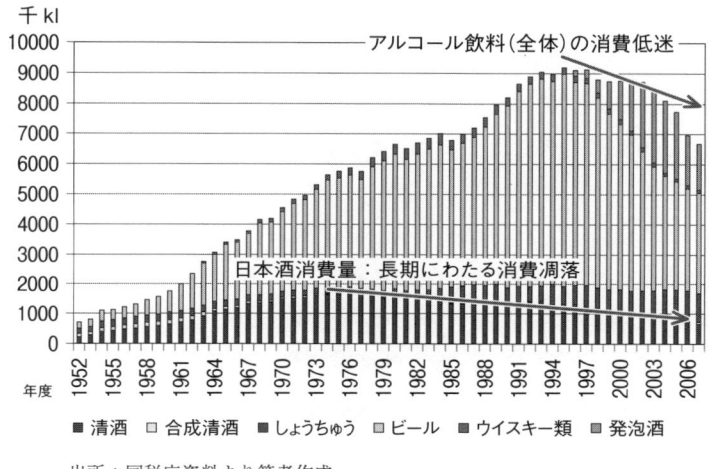

図表13-8　酒類販売(消費)数量の推移

■ 清酒　□ 合成清酒　■ しょうちゅう　□ ビール　■ ウイスキー類　■ 発泡酒

出所:国税庁資料より筆者作成

ある。このように，日本酒製造企業を取り巻く事業環境は厳しい状況にある。

2．事例企業の概要[1]

　勇心酒造(株)(以下，勇心酒造)は1854年に創業した香川県の造り酒屋であり，現在の社長は5代目にあたる。先代の意向を受けて東京大学大学院で微生物の研究で博士号を取得した後，国税庁醸造試験場に2年間勤務し，香川の実家に戻った。

　しかし現社長が会社を引き継いだ頃から消費者の日本酒離れが顕在化し，実家の日本酒製造の売上は伸び悩んだ。そこで，酒造だけでは行き詰まると考え，日本酒製造の中核である微生物による醸造技術を用いて新しい商品分野に応用する研究を開始した。米や麹といった原料は天然由来の成分であり，その安全性は酒造りによって証明されている。そこで，この日本固有の発酵・醸造技術を用いて，化粧品や家庭用品向けに，「保湿」「温浴」「清浄」「保存」「鮮度保持」「成長促進」といった生活必須機能を支援する新しい機能性素材の開発に取り

組んだのである。

　しかし，この素材開発は難航を極めた。新素材の開発過程は，米に微生物や生理活性物質反応を加えて米エキスを抽出し，それに米麹や酵母，乳酸菌を加えて米エキスを発酵させるものである。この発酵に使用する原材料の組み合わせや発酵方法に工夫を加えることによって，米の持つエキスを抽出し，新しい機能商品を開発するのである。しかし，原材料の組み合わせ方やその使用量の組み合わせは無限に考えられ，かつ，その結果を得るのに10～90日間もの時間が必要であったため，研究成果が結実するには長い年月が必要となった。特に，化粧品等にこのエキスを配合するには，発酵臭の解消といった実用面での課題克服に加えて，エキスがもたらす効能を科学的に証明することが必要であった。この一連の開発プロセスは困難を極めたのであった。その間，年間1億円以上の研究費支出が続き，年商数億円しかない企業への負担は非常に重いものとなった。そして，現社長は自宅以外の私財全てを切り売りすることで凌いだのであった。

　勇心酒造に明確な経営理念は掲げられていないが，現社長は以下の家訓を基に，事業に邁進してきた。一つは「積善の家に余慶あり」であり，世の中に役立つことを繰り返せば，必ず良いこととなって返ってくるというものである。もう一つは「不義にして富まず」であり，義理を欠いた行動や不正では利益をあげてもうまくいかないという意味である。この家訓の下で，現社長は「利潤よりも世間で必要とされる商品を作りたい」と真摯な研究姿勢を貫いた。その姿勢は地元の経営者や科学者の共感を呼び，経営危機の際には無担保で資金が融資されたりした。現在でも大学の研究者が手弁当で効能分析を手伝っているのである。現社長は「勇心酒造は，人に支えられてここまで来られた」と振り返るのだが，周囲の人間が協力を惜しまないのは，現社長がこの二つの理念からぶれることなく強く信念を貫き通したことと，その実現への道筋を具体的な行動によって示し続けたことが挙げられる。このような社長の考えの下で従業員は一枚岩の堅牢な組織を作り上げた。そして，必ずしも社長を取り巻く人々すべてが善人ではないが，経営危機に陥った際には社長の考えに共鳴する人が

自発的に支援したのである。

　なお，本社のある四国には「お接待」という文化が今なお残る。これは，四国八十八カ所を巡るお遍路さんに対して，地元の人々ができる限りのことをできる範囲でおもてなしをするという慣わしである。この行為によって，地元の人も徳を積み重ねていくのである。現社長の「勇心酒造は顧客によって生かされている」という言葉には，単に顧客へ価値提供が目的ではなく，顧客と共に徳を積むという考え方が反映されていると考えられる。

　米抽出エキスの開発商品は入浴剤に始まり，洗顔フォームや洗剤等にも利用されている。同社の売上を最も伸ばしたのは，皮膚の保湿効果を持つセラミドを増やす効果を持つ商品で，厚生労働省から医薬部外品の新規効能の承認を得た。従来の美容液は皮膚表面に一時的に保湿剤の膜を作るもので効果が限定的だったのに対し，この商品は生体機能そのものに働きかけて健全化を促すものであった。そのため大手化粧品メーカーがこの商品を配合した美容液を売り出したところ，わずか1週間で20万個を販売するヒット商品となった。これによって知名度が高まり，化粧品やベビー用品に相次いで採用されるとともに自社の化粧品ブランドの立ち上げに結びついた。

　勇心酒造の2006年度の年商は25億円であった。その8割は米エキスに関連した化粧品事業が占めている。一方，日本酒生産は売上高全体の1％程度に過ぎないが，企業の根幹として廃業しない方針である。

3．事例の分析

(1)　ビジョンと戦略について

　勇心酒造について，公開されている資料を基に作成した戦略マップを図表13－9に示す。この会社のビジョンは，「社会で必要とされる商品を（自社で蓄積した米発酵技術で）作りたい」であり，その実現に向けて現社長自らが率先して開発の陣頭指揮を行っていた。しかし，事業の中核である日本酒製造業は衰退期にあり，事業環境に適応するには市場規模の縮小に合わせて事業規模を縮小均衡させるか，あるいは業態を変更するしかなかった。一方，少子高齢化

図表13-9　勇心酒造(株)の戦略マップ

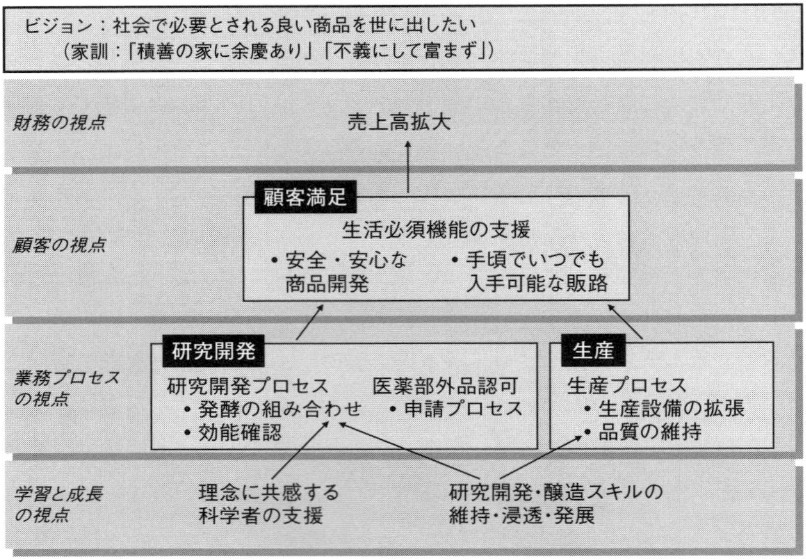

```
ビジョン：社会で必要とされる良い商品を世に出したい
　　（家訓：「積善の家に余慶あり」「不義にして富まず」）
```

財務の視点	売上高拡大
顧客の視点	**顧客満足**　生活必須機能の支援 ・安全・安心な商品開発　・手頃でいつでも入手可能な販路
業務プロセスの視点	**研究開発**　研究開発プロセス・発酵の組み合わせ・効能確認／医薬部外品認可・申請プロセス／**生産**　生産プロセス・生産設備の拡張・品質の維持
学習と成長の視点	理念に共感する科学者の支援／研究開発・醸造スキルの維持・浸透・発展

出所：筆者作成

社会の到来とともに，市場は健康・美容志向が高まりつつあった。そのため勇心酒造では，ドメイン（顧客ニーズ）を従来のアルコール飲料提供から生体機能健全化商品の提供に拡大したのである。そして，既存の日本酒購入層とは異なる顧客層を新たに獲得することが目的となり，その実現に向けて米エキスを利用した新しい製品開発に取り組んだのである。まさに，多角化戦略が実践されたのである。

(2)　4つの視点について

次にBSCの4つの視点から戦略目標と目標間の相互関係について主だったポイントについて検討する。

①顧客の視点

顧客の視点では，顧客満足度の向上が戦略目標のテーマとなる。そこでは，

人間が快適に生活する上で必要となる効果に焦点が当てられており，これをいかに高めるかが課題であった。つまり，「清浄」「鮮度保持」「成長促進」といった生活必須機能を高めることが顧客ニーズに応えることにつながる。そして，その解決方法が原因療法（問題発生させる原因そのものを取り除く方法）であれば，効果が長く期待できることから，顧客満足度の向上に大きく寄与し，他社との差別化にもつながることとなる。

　また，顧客が必要なときに必要なだけ購入する機会を提供することも重要である。そこで，化粧品メーカーやベビー用品メーカーへの素材提供事業が柱となるものの，より顧客に接する機会を得るために自社ブランド化粧品の販売を手がけている。これは大手百貨店やカタログ通販，インターネットを通じて販売されており，販路の拡大とともに付加価値の向上にも注力されていることがわかる。

②業務プロセスの視点

　業務プロセスの視点では，代々受け継いだ醸造技術をコア・コンピタンスとして利用しながら，新分野に応用する研究開発能力と生産能力の向上が戦略目標のテーマとなる。

　その中でも，米エキスの源泉となる発酵の組み合わせと効能確認は研究開発能力の根幹を担うものとなる。前者の組み合わせは，米エキスを抽出するために加える微生物の種類や数，時間，さらに抽出した米エキスで発酵させる米麹や酵母等の種類や時間等，無数に考えられる。それを，これまでの酒造りで培った知恵だけでなく，先端技術であるバイオ手法で組み合わせた経験や知識を重ねることによって，研究開発能力を高めていくのである。これは他社には真似できない経営資源を育むことでもある。また，後者の効能確認は厚生労働省から医薬部外品として認証されるために，効能を科学的に証明することが必要となる。微生物の生み出す効能は予測不能な働きによるものもあり，証明は困難を極めることになる。そのため，分析化学の知識が果たす役割は大きく，この知識を研究開発にフィードバックすることで新たな知識が蓄積されることになる。加えて，このプロセスを内製化することは，独自技術を背景とした新たな

コア・コンピタンスを作り出すことにもつながるのである。

③学習と成長の視点

学習と成長の視点では、卓越した研究開発能力を維持・発展するための人的・組織的な強化が戦略目標のテーマとなる。

前述の業務プロセスを支える知識・経験は全て人に蓄積されている。とくに発酵技術の組み合わせ方法等の知識は長年の研究成果で生み出された賜である。そこで、研究者個人の持つ暗黙知を形式知に変えることによって、知識等を含めた情報が組織内で共有されなければならない。また、これらの情報を単に報告書やマニュアル等で文字情報化するだけではなく、その情報を等しく理解（解釈）し、意思疎通に必要なコンテクスト（文脈）を組織が醸成することも重要なのである。このコンテクストには、ニュアンスや思考方法などをはじめ、五感に触れるものや問題意識の持ち方といった文化的側面のものが含まれる。そのため、単に研究スキルを向上させるのではなく、研究者間のコミュニケーションを促すことで同質化を高めていくことが重要になるのである。

さらに、企業理念に共感する科学者のサポートを維持拡大することも重要な目標である。とくに、効能分析領域では専門家養成も容易ではなく、有識者の協力を仰ぐことが重要である。

このように、勇心酒造では研究開発における知識がコア・コンピタンスと考えられることから、人材開発が何よりも重要な戦略目標であることが確認できる。

④財務の視点

勇心酒造の社会的存在意義の原点は「利潤よりも困っている人への商品開発」である。したがって、売上規模が25億円に成長しているが、これは顧客満足度を高めた製品開発の結果に過ぎないと考えられる。

(3) 考察

①戦略目標間の因果連鎖

勇心酒造では、顧客の快適な生活を阻害する問題に着目し、それを根本的に

解決する商品開発に取り組んでいる。米を原材料にしており，その製法は日本酒醸造であることから比較的高い安全性が担保されている。加えて，生活必須機能の乱れは体調不良だけでなく，加齢等によって慢性的に引き起こされることもあり，ニーズ自体が消滅することは無いであろう。このニーズに対応することが戦略上の課題となる。しかし，顧客への価値提供の源泉となる研究開発能力と生産能力が強固にリンクしており，とくに開発プロセスでは他社が真似できないケイパビリティ（独自能力）が蓄積されていることから，強固な競争力を内包していると考えられる。

また，これらの業務プロセスを支えているのは，現社長の研究開発に対する情熱と，それに裏打ちされた組織内外からの支援であろう。

②**今後の課題**

しかしながら，問題点も浮き彫りとなる。最も大きな問題は，「業務プロセスの視点」における研究開発能力，それを支える「学習と成長の視点」の研究スキルや科学者のサポートは全て現社長に依存する度合いが高いことである。そのため，後進の育成が今後の課題と考えられる。社内研究者の人材育成は急務だが，それ以上に研究者がこれまでに培った知識の全容を把握するためのコンテクストを醸し出す機会を創出することが重要と考えられる。

このようなコンテクストは企業文化によって培われることが多く，文字や言葉だけで伝達するには限界がある。つまり，質の高い人材を採用するだけでなく，その人材同士が組織内で効率的に協働できるようにコミュニケーションを密に図る必要がある。コンテクストそれ自体は，個人の価値観やこれまでの経験に大きく影響を受けるため，個人間で全く同一のコンテクストを作り出すことは不可能である。しかし，企業という一つの組織文化の下で，リーダーである社長とほぼ等しい意味解釈ができるようになるには，職場で長い時間をかけて業務プロセスやその背後にある組織的な価値観を時間をかけて習熟するだけでは不足である。それに加えて，ＢＳＣの評価指標や戦略マップ等によって戦略を可視化して従業員に企業として進む方向性を共有させ，その実現に向けて知恵を出し合いながら，仮説検証のサイクルを回し続けることが必要なのである。

V おわりに

　本章では，ＢＳＣの理論説明とともに，日本酒メーカーの成長戦略について戦略マップを用いて考察した。企業はその規模を問わず，複雑多様化した事業環境に適応することが重要である。自社が社会に提供する価値が高まるほど，社会から必要とされる度合いも高まり，その責任も重くなるのである。したがって，ドラッカー（Drucker [1969]）が指摘するように，いずれの組織も「自らの目的をより明確に規定しているものの方が強いであろう。またその行動（活動成果）を評価する尺度と測定方法を具体化しているものの方が，より効果的な活動をするであろう。自らの権威をより厳格に，行動によって正当化されるものに立脚させている方がより適法性が高いであろう」。つまり，企業は経営理念に裏打ちされたビジョン（目的）から目標設定と成果分析を行い，その達成に向けて仮説検証を繰り返すことが必要となるのである。

　戦略はビジョン達成のための仮説である。しかし，ＢＳＣを用いれば戦略を可視化することができ，その論理構造を４つの視点から整理・確認することが可能となる。そして，戦略目標に応じた評価指標で成果が測定されることによって，仮説の検証とその結果に至った理由をフィードバックすることが可能となる。このように，成果分析のフィードバックをもとに修正を重ね続けることが，経営の舵取りを行う上で重要なのである。

　今回取り上げた事例では，市場競争に勝ち残るために多角化戦略が採用されている。しかし，その目的は売上高の向上ではなく，顧客満足度の向上に向けられていた。これが反対になると，利潤追求のためだけの戦略に矮小化されることになる。ゴーイング・コンサーンを実現するには，短期的な利益重視の轍を踏まないことが大切なのである。

【注】
　1）　この事例研究は，以下の資料を基に作成した。

日経ビジネス 2007/2/12，pp.78-79，日経ベンチャー 2007/3，pp.52-54
日本経済新聞地方経済面 1991/4/16，p12，日経産業新聞 2003/7/17，p.17
日経産業新聞 2004/10/25，p.22，日本経済新聞地方経済面 2007/10/06，p.12
日本経済新聞地方経済面 2008/1/17，p.12

【参考文献】

[1] Ansoff, H. I. [1978] *Strategic Management*, Macmillan Press. 中村元一訳『戦略経営論』産能大学出版部，1980年。
[2] Blair, M. M. & Kochan, T. A. [2000] *The New Relationship: Human Capital in the American Corporation*, Brookings Institution.
[3] Chandler, A. D, Jr. [1962] *Strategy and Structure*, MIT Press. 有賀裕子訳『組織は戦略に従う』ダイヤモンド社，2004年。
[4] Charan, R. & Colvin, G. "Why CEO's Fail", *Fortune*, 21 June, 1999.
[5] Drucker, P. F. [1969] *The Age of Discontinuity*, Harper & Row Publishers Inc. 林雄二郎訳『断絶の時代』ダイヤモンド社，1969年。
[6] Drucker, P. F. [1974] *Management Tasks, Responsibilities, Practices*, Harper & Row Publishers Inc. 野田一夫，村上恒夫監訳『マネジメント』ダイヤモンド社，1974年。
[7] Kaplan, R. S. & Norton, D. P. [1992] "The Balanced Scorecard: Measures that Drive Performance", *Harvard Business Review*, Jan-Feb, 1992. 本田圭子訳「新しい経営モデル バランス・スコアカード」『ダイヤモンド・ハーバード・ビジネス・レビュー』第17巻第3号，ダイヤモンド社，1992年5月，pp.81-90。
[8] Kaplan, R. S. & Norton, D. P. [1996], *The Balanced Scorecard: Translating Strategy into Action*, Harvard Business School Press. 吉川武男訳『バランス・スコアカード—新しい経営指標による企業変革』生産性出版，1997年。
[9] Norton, D. P. [1999] "Use Strategy Maps to Communicate Your Strategy", *Balanced Scorecard Report*, Nov.-Dec. 1999,「戦略マップで戦略ストーリーを論理的に伝える」『ダイヤモンド・ハーバード・ビジネス・レビュー』第28巻第8号，ダイヤモンド社，2003年8月，pp.72-93。
[10] Kaplan, R. N. & Norton, D. P. [2001] The Strategy: Focused Organization, *Harvard Business School Publishing*, 櫻井通晴監訳『キャプランとノートンの戦略バランスト・スコアカード』東洋経済新報社，2001年。
[11] 飯塚悦功（監修）[1996]『TQM時代の戦略的方針管理』日科技連。
[12] 伊丹敬之 [1980]『経営戦略の論理』日本経済新聞社。
[13] 櫻井通晴 [2003]『バランスト・スコアカード—理論とケース・スタディ—』同文舘出版。
[14] 高橋義郎 [2007]『使える！バランス・スコアカード』PHP研究所。
[15] 龍慶昭・佐々木亮 [2002]『戦略策定の理論と技法』多賀出版。

（執筆担当：奥居正樹）

索　引

あ　行

RM　35
ＩＳＯ14001　251, 257, 258, 267
アイデンティティ　36
アンゾフの成長ベクトル　123
暗黙知　34
ＥＲＭ　36, 48
ＥＳ　34
ＥＭＳ　253, 254, 259, 260
異業種交流　233, 237
意思決定　53, 54
意思決定システム　9
意思決定の最適解　76
意思決定プロセス　56
委託販売　218
5つの競争要因　200, 201, 202
イノベーション　255
歪（いびつ）な球体　79
運営シナジー　127, 135, 136
エコビジネス　262
Ｍ＆Ａ　101, 161, 162
Ｍ＆Ａの評価　167
ＭＢＯ　101
ＯＥＭ　128, 131, 218, 220
ＯＥＭ供給　218, 228
ＯＥＭ戦略　221, 225, 227, 231
ＯＥＭ調達　218
ＯＥＭのメリット・デメリット　220
ＯＪＴ　25, 106
オーナー企業　100
オーナー経営者　165, 170, 177
オープンシステム　267

か　行

海外子会社　194
海外市場参入　181
海外直接投資　181
階層性　33
外部環境　127, 130, 132, 135
外部環境不適合タイプ　112
外部情報認識　59
外部成長戦略　162
外部評価指標　277
価格優位性　131
学習と成長の視点　273
革新　8
拡大性向　76
可視化　36
家族経営　100
課題解決タイプ　103, 110
課題解決能力　103
価値　200, 204, 206, 207
価値的要素　75
価値連鎖　225
合併　164
ガバナンス　103
株式譲渡　165
可変的資源　122
川上　163
川下　163
環境経営　253
環境経営戦略　251, 253, 254, 259, 260
環境経営評価モデル　263
環境適応　7, 8, 10, 24
環境パフォーマンス　256, 261, 262, 263, 264
環境不適合タイプ　104, 110, 112
環境報告書　253, 257

索　引　295

環境マネジメントシステム　251, 253
環境リスク　253, 256, 257, 262, 264
関係性　244
感情的要素　95
間接輸出　182
完全実力主義　106
完全所有子会社　183
管理的意思決定　55
キーマン　178
機会主導型開発体制　125
企業家精神　66
起業家精神　103
企業価値　277
企業価値の向上　32
企業間関係　217, 218, 219
企業間関係構築方式　218
企業進化論　8
企業成長　73
企業成長観　79
企業存立　139
企業特異性　122
企業力　205, 206
凝集性　236
技術　12
技術移転機関　237
既存事業の衰退　141
機能的連関　231
基本戦略　200, 202, 203
逆移転　194
キャリア系　21
教育訓練計画　20
供給業者　201
競合他社　201, 202, 203, 205, 206, 213
共生的思想　253, 255, 256, 267
業績比較　68
業績評価　63, 64
業績評価指標　282
競争　199, 200, 203, 206, 214
競争環境　215
競争業者　201, 211
競争戦略　200, 202, 214, 215

競争地位　202
競争優位　199, 200, 202, 203, 204, 205, 206, 207, 213, 214, 215
競争優位性　220
協働　178, 218, 230
共同開発　218
共同経営　73
共同経営形態　74
共同経営者　73
共同経営パターン　74
共同生産　218
恐怖感　76
業務管理　278
業務的意思決定　55
業務プロセスの視点　273
クラスタ分析　83
グリーン・コンシューマー　255
グローバル戦略　182
クロス分析　9
経営革新　103
経営権　99
経営資源　57, 199, 203, 205, 206, 207, 214, 215, 279
経営資源の集合体　126
経営資源の束　120
経営者権限　75
経営者の役割　102
経営承継円滑化法　113
経営陣　75
経営の承継　99
経営理念　31, 272, 279
経営理念の組織内浸透　45, 51
経営理念の定義　32
形式知　34
継続革新　60
ケイパビリティ　291
契約製造（委託生産）　183
ＫＰＩ　282
結節点　34
研修系　21
検討活動　56

コア・コンピタンス　36, 103, 176, 200, 205, 206, 212, 213, 214
コア事業　134
効果的な意思決定　60
後継者の能力　102
構造的空隙　235
合弁　183
合弁会社　192
ゴーイング・コンサーン　35, 171, 276
顧客　201
顧客価値　205, 206, 207
顧客機能　12
顧客セグメント　136
顧客層　12
顧客の視点　273
顧客満足　33
個人的意思決定　54
コスト・リーダーシップ　11
コスト・リーダーシップ戦略　203
固定的資源　122
コミットメント　241
コミュニケーション　33, 37
コミュニケーション能力　103
コレスポンデンス分析　21
コングロマリット　163
コンテクスト　291
コンプライアンス　38, 103, 255

さ 行

財産権　99
財務の視点　273
財務評価指標　276
差別化　11, 202, 203, 206, 207, 214
差別化戦略　203
参画意識　45
産学連携　233, 237
産業のライフサイクル　139
ＣＳ　34
ＣＳＦ　281
事業開始シナジー　127, 135, 136
事業承継　99, 170

事業譲渡　166
事業戦略　200
事業の仕組みレベルの差別化　11
事業の優位性　7, 11, 15, 24
事業売却　172
資源依存アプローチ　234
資源展開戦略　119
自己啓発系　21, 26
仕事経験　25
資産の承継　99
事実的要素　75
次世代育成支援対策推進法　130
シナジー　142, 143, 144
シナジー効果　124, 126, 134, 162
社外教育　21
社会的責任　253
社会ネットワーク　238
社会ネットワーク理論　243
社内教育　21
収益還元価額法　168
収益の安定化　141
従業員数成長率　64
従業員の能力開発意欲　24
従業員満足　34
集成型多角化　144
集中　11
集中型多角化　144
集中戦略　203
重要成功要因　281
樹状図　83
受動的ＯＥＭ　232
循環型社会　251
純資産価額法　167
俊敏性　61
ジョイント・ベンチャー　239
情報活動　56
情報収集力　102
情報的経営資源　218
情報的資源　122, 123, 126, 128, 130
静脈産業　267
将来構想　7, 15, 20, 24

索　引　297

所有者権限　74
新会社法　113
新株引受　166
新規参入　211
新規参入者　201
人材育成計画　20
人材育成方針　20
人材育成方法　21
新事業創造　245
新事業展開　119, 120
垂直型多角化　144
垂直的関係　229
垂直的統合　163
水平型多角化　143
水平的関係　229
水平的統合　163
スコアカード　274
ステークホルダー　109
ＳＷＯＴ　254
ＳＷＯＴ分析　176, 264, 279
性向強度　95
生産シナジー　142
生前贈与　113
静態的　199
成長測定指標　81
成長要因　80
成長力の源泉　95
制度化アプローチ　234
製品・サービスレベルの差別化　11
製品の多様化・短命化　218
製品ライフサイクル　141, 220
セグメント戦略　131
世襲　100
設計活動　56
説得力　103
全社横断的リスクマネジメント　36
選択活動　56
先発優位性　125
戦略行動　7
戦略的意思決定　55
戦略的なＯＥＭ　232

戦略的ネットワーク・アプローチ　235
戦略の概念　7
戦略マップ　274, 275, 281, 282
戦略目標　274, 280
相関分析　83
相続時清算課税　113
創発戦略　16
ソーシャル・キャピタル　235
組織ＩＱ　58, 69
組織一体感　31
組織的意思決定　54
組織フォーカス　60
組織文化　37
組織力　103

た　行

対外的折衝力　103
第三者承継　109
対市場行動　214
代替品　201
第二創業　119
第二創業タイプ　103, 110
多角化度指数　145
多角化のタイプ　143, 146
多角化の程度　144
多角化の動機　141
多義性　39
多重利用　123
タスク環境　8
多様性　235
地球環境問題　207, 208
知識共有　219, 230
中間管理職　32, 40, 43
中小企業診断士　94
中小企業のネットワーク　233, 246
中小企業白書　64
直接輸出　182
ＴＭＴ　75
ＴＬＯ　237
定型的意思決定　54
低コストオペレーション　131

適応機能　33
適時性　213
統計的一般化　26
統合機能　33
投資シナジー　142
同族企業　100
同族経営　32
動態的　199
動脈産業　267
独立採算制　106
トップ・マネジメント・チーム　75
ドメイン　12, 255

　　　　　な　行
内部環境不適合タイプ　112
内部情報発信　59
内部成長戦略　162
内部評価指標　277
内部分裂　73
中抜き　132
ナビゲーション経営　273
ニュービジネス大賞　133, 136
ネットワーク戦略　233, 234, 238, 242
ネットワークの事業性　244
ネットワークの制約　236
能動的なOEM　232

　　　　　は　行
パートナー企業　183, 190
パートナーシップ　244
ハーフィンダール指数　144, 145
買収　165
柱創造型開発体制　126
発展段階説（ステージ・モデル）　184
バランスト・スコアカード　272
バリューチェーン（価値連鎖）　200, 204, 213
範囲の経済　120, 126
販売子会社　192
販売シナジー　142
ＢＳＣ　272, 273
ＢＳＣの構築プロセス　279

ＰＤＣＡ　261
ＰＤＣＡサイクル　272
非財務評価指標　276
ビジネス・システム　203
ビジネス・モデル　200, 206, 207, 208, 212, 214, 215
ビジネスリスク　31
ビジョナリー・カンパニー　37
ビジョン　34, 279
非定型的意思決定　54
ファブレス企業　133
ファミリー企業　100
不確実性　39
プラザ合意　187
フランチャイジング　183
プリンスタイプ　103, 110
ブルー・オーシャン戦略　200
ブレーン　111
分散効果　76
分析的一般化　26

　　　　　ま　行
マージン　204
マクロ環境　8
マネジメント力　102
満足感　76
未上場企業のM&A　168
ミッション　35, 254, 255, 272, 279
ミッションマネジメント　35
３つの基本戦略　202
ミドル・アップダウン・マネジメント　34
ミドル・マネージャー　34
未利用資源　120, 124, 135, 136
未利用資源の有効活用　141, 142

　　　　　や　行
遺言　113
融合効果　77
予算管理　278
弱い紐帯　235

ら行

ライセンシング　183
ライフサイクル　120
リーダーシップ　42, 103
リーダーへの登用　21
リスク分散　126, 130, 135, 141
リスクマネジメント　35

理性的要素　95
利他的な意欲　249
理念経営　32
理念経営のフレームワーク　50
倫理観　42
連帯　235
ローコストオペレーション　136

執筆者紹介 (執筆順)

井上　善海（いのうえ　ぜんかい）……………………………… 編著者，序章担当
　東洋大学経営学部教授，博士（商学）

瀬戸　正則（せと　まさのり）……………………………………… 第1章担当
　広島経済大学経済学部教授，博士（マネジメント），社会保険労務士，行政書士

小寺　崇之（こでら　たかゆき）…………………………………… 第2章担当
　グリーンオアシス株式会社，修士（マネジメント），中小企業診断士

木下　良治（きのした　りょうじ）………………………………… 第3章担当
　株式会社クリスタル，博士（マネジメント），中小企業診断士

増田　幸一（ますだ　こういち）…………………………………… 第4章担当
　九州共立大学経済学部准教授，修士（経営学），中小企業診断士

山本　公平（やまもと　こうへい）………………………………… 第5章担当
　広島経済大学経済学部准教授，修士（経済学），中小企業診断士

大杉　奉代（おおすぎ　ことよ）…………………………………… 第6章担当
　香川大学経済学部専任講師，修士（マネジメント）

中井　透（なかい　とおる）………………………………………… 第7章担当
　京都産業大学経営学部教授，博士（マネジメント），中小企業診断士

遠原　智文（とうはら　ともふみ）………………………………… 第8章担当
　大阪経済大学経営学部准教授，博士（経営学）

森　宗一（もり　そういち）………………………………………… 第9章担当
　別府大学国際経営学部専任講師，修士（マネジメント）

山本　久美（やまもと　くみ）…………………………………………………… 第10章担当
　株式会社ＳＲＳコメンスメント，修士（マネジメント），中小企業診断士

木村　　弘（きむら　ひろし）…………………………………………………… 第11章担当
　広島修道大学商学部准教授，博士（マネジメント）

遠藤　真紀（えんどう　まさき）………………………………………………… 第12章担当
　九州情報大学経営情報学部教授，修士（経営学），中小企業診断士

奥居　正樹（おくい　まさき）…………………………………………………… 終章担当
　広島大学大学院社会科学研究科准教授，修士（経済学）

【編著者紹介】

井上　善海（いのうえ　ぜんかい）

東洋大学経営学部教授，博士（商学）

　1954年生まれ。神奈川大学法学部卒業。会社経営，経営コンサルタントを経て，福岡大学大学院商学研究科博士後期課程単位取得退学。九州情報大学経営情報学部・大学院経営情報学研究科助教授，広島大学大学院社会科学研究科教授を経て，2013年から現職。専門分野は，経営戦略論，中小企業経営論，事業創造論。

　主な著書に，『ベンチャー企業の成長と戦略』（単著，中央経済社，商工総合研究所「中小企業研究奨励賞」受賞図書），『テキスト基本経営学』（共著，中央経済社），『環境問題と経営診断』（共著，同友館，日本経営診断学会「学会賞（優秀賞）」受賞図書），『事業再構築のプランニング』（共著，中央経済社），『ベンチャービジネスのファイナンス研究』（共著，中央経済社），『よくわかる経営戦略論』（編著，ミネルヴァ書房），『中小企業の成長と戦略』（編著，同友館）などがある。

2009年7月30日　第1刷発行
2014年4月1日　第2刷発行

中小企業の戦略
―戦略優位の中小企業経営論―

Ⓒ 編著者　井　上　善　海

発行者　脇　坂　康　弘

発行所　株式会社 同友館

〒113-0033　東京都文京区本郷3-38-1
TEL. 03 (3813) 3966
FAX. 03 (3818) 2774
http://www.doyukan.co.jp/

乱丁・落丁本はお取り替えいたします。　　三美印刷・東京美術紙工
ISBN 978-4-496-04556-1　　　　　　　　Printed in Japan

本書の内容を無断で複写・複製（コピー），引用することは，特定の場合を除き，著作者・出版社の権利侵害となります。